Spanish

Second edition

Simon Barefoot
José Antonio García Sánchez
Timothy Guilford
Mónica Morcillo Laiz
Mike Thacker
Tony Weston

HODDER
EDUCATION
AN HACHETTE UK COMPANY

The questions, example answers, marks awarded and/or comments that appear in this book were written by the authors. In examination, the way marks would be awarded to answers like these may be different.

® IGCSE is the registered trademark of Cambridge International Examinations.

The Publishers would like to thank the following: Jackie Coe, for her dedication as freelance publisher and development editor, and Emma Díaz Fernández, for her hard work as development editor and teacher reviewer.

The Publishers would like to thank the following for permission to reproduce copyright material.

Photo credits

p. 144 José Antonio García Sánchez; all other photos © Fotolia.

Acknowledgements

Every effort has been made to trace all copyright holders, but if any have been inadvertently overlooked, the Publishers will be pleased to make the necessary arrangements at the first opportunity.

Although every effort has been made to ensure that website addresses are correct at time of going to press, Hodder Education cannot be held responsible for the content of any website mentioned in this book. It is sometimes possible to find a relocated web page by typing in the address of the home page for a website in the URL window of your browser.

Hachette UK's policy is to use papers that are natural, renewable and recyclable products and made from wood grown in sustainable forests. The logging and manufacturing processes are expected to conform to the environmental regulations of the country of origin.

Orders: please contact Bookpoint Ltd, 130 Park Drive, Milton Park, Abingdon, Oxon OX14 4SE. Telephone: (44) 01235 827720. Fax: (44) 01235 400454. Email education@bookpoint.co.uk Lines are open from 9 a.m. to 5 p.m., Monday to Saturday, with a 24-hour message answering service. You can also order through our website: www.hoddereducation.com

ISBN: 978 1 4718 8883 0

© Simon Barefoot, José Antonio García Sánchez, Timothy Guilford, Mónica Morcillo Laiz, Mike Thacker and Tony Weston 2017

First published in 2013

This edition published in 2017 by

Hodder Education,

An Hachette UK Company

Carmelite House

50 Victoria Embankment

London EC4Y 0DZ

www.hoddereducation.com

Impression number 10 9 8 7 6 5 4

Year   2021 2020 2019 2018

Cover photo Siede Preis/Photodisc/Getty Images

Illustrations by Barking Dog

Typeset by Lorraine Inglis

Printed in India

A catalogue record for this title is available from the British Library.

Contents

How to use this book

Structure of the book

This book is split into five areas: A, B, C, D and E. Each area is broken down into units that cover topics on your course. Each unit is split into several spreads. Every spread has listening, reading, writing and speaking activities to help develop your skills. Below is an example of what you can find on each spread.

Reading material and exercises: interesting reading texts and a variety of question types help develop your reading skills

Grammar exercises: practice of a particular grammar point. You can refer to the grammar section at the end for an explanation of the grammar point before trying the exercise.

Learning objectives: one linguistic objective and one grammar objective

Title of the spread

Level: *Embarque, Despegue* or *Vuelo*

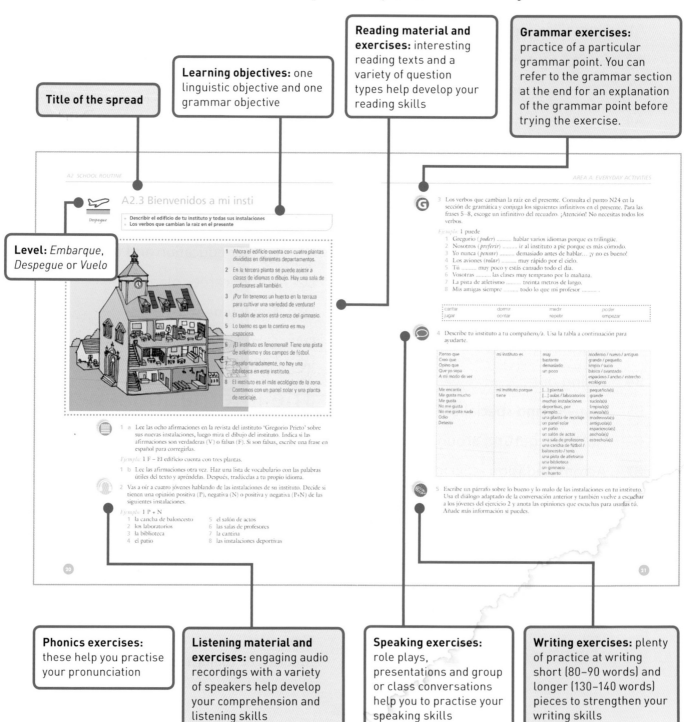

Phonics exercises: these help you practise your pronunciation

Listening material and exercises: engaging audio recordings with a variety of speakers help develop your comprehension and listening skills

Speaking exercises: role plays, presentations and group or class conversations help you to practise your speaking skills

Writing exercises: plenty of practice at writing short (80–90 words) and longer (130–140 words) pieces to strengthen your writing skills

At the end of areas A, B, C and E, you will find the following:

- **Vocabulary** — lists of key vocabulary for that area. (The words in italics in these lists are not part of the Cambridge minimum core vocabulary.)
- **Magazines** — four pages of magazine material. These introduce you to a hispanophone country or area with extra reading material and exercises to practise your skills.
- **Exam corners** — these sections focus on a particular key skill you need to develop for your exam. These include exam-style tasks and suggested answers.

Differentiation

The three levels of difficulty in the book are indicated by an aeroplane icon along with the following terms: *Embarque*, *Despegue* and *Vuelo*.

- *Embarque* — these sections introduce you to the topic with simple reading or listening material and exercises. There are no *Embarque* sections in Areas D and E, as your skills will have developed beyond this level by that point in the course.

Embarque

- *Despegue* — the material in these sections is of medium difficulty.

Despegue

- *Vuelo* — these sections are for students who are aiming for top marks.

Vuelo

Grammar

- There are grammar exercises throughout the book, covering all the grammar you need to know.
- There is a grammar reference section at the back of the book with explanations of all the grammar points in the book.
- Grammar exercises include a reference to the grammar section so that you can use this to help you complete the exercises.
- Examples of the grammar point in the exercise can be found in the reading or listening passage on the same spread.

El mundo hispanohablante

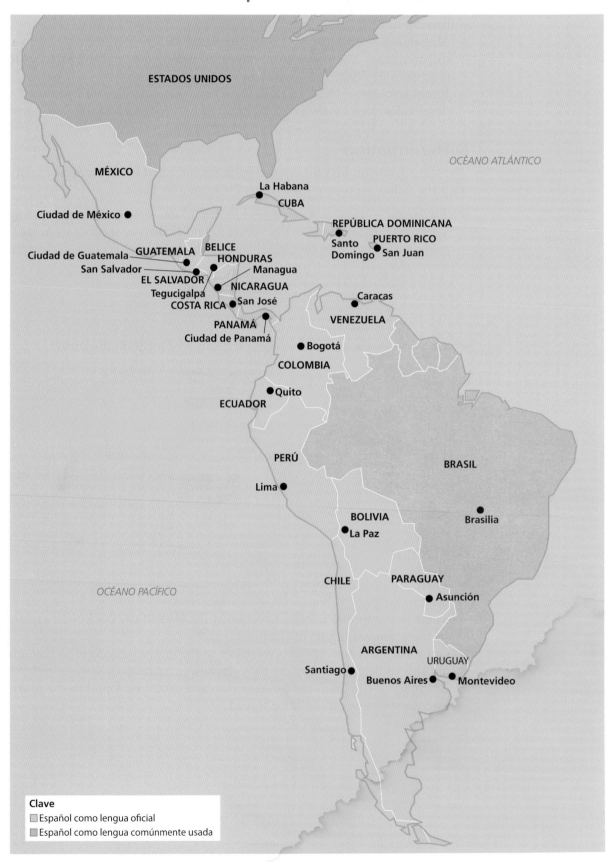

ESTADOS UNIDOS

OCÉANO ATLÁNTICO

MÉXICO

La Habana

CUBA

Ciudad de México ●

REPÚBLICA DOMINICANA

PUERTO RICO

Santo
Domingo ● San Juan

Ciudad de Guatemala ● GUATEMALA BELICE
HONDURAS
San Salvador Managua
EL SALVADOR NICARAGUA
Tegucigalpa
COSTA RICA ● San José
PANAMÁ
Ciudad de Panamá

Caracas

VENEZUELA

● Bogotá

COLOMBIA

● Quito

ECUADOR

PERÚ

BRASIL

Lima ●

BOLIVIA
● La Paz

● Brasilia

OCÉANO PACÍFICO

CHILE PARAGUAY

● Asunción

ARGENTINA

URUGUAY

Santiago ●

Buenos Aires ● ● Montevideo

Clave
▨ Español como lengua oficial
▨ Español como lengua comúnmente usada

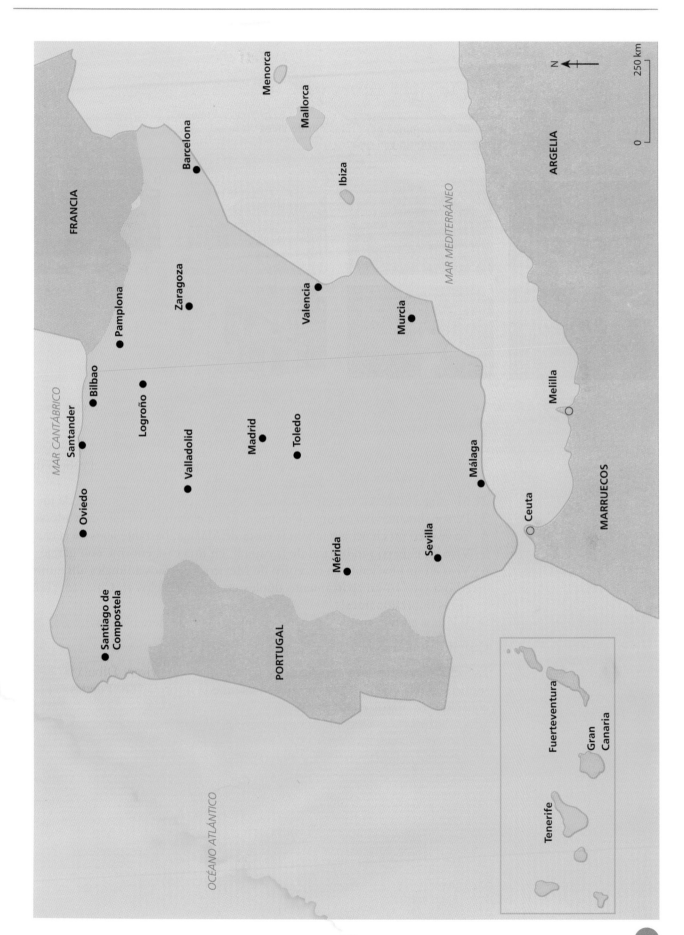

MAR CANTÁBRICO

OCÉANO ATLÁNTICO

FRANCIA

PORTUGAL

MAR MEDITERRÁNEO

ARGELIA

MARRUECOS

Santiago de Compostela

Oviedo

Santander

Bilbao

Pamplona

Logroño

Valladolid

Zaragoza

Barcelona

Madrid

Toledo

Mérida

Valencia

Sevilla

Murcia

Málaga

Menorca

Mallorca

Ibiza

Melilla

Ceuta

Tenerife

Fuerteventura

Gran Canaria

N

0   250 km

Home life

Embarque

A1.1 Donde vivo yo

- ⋆ **Describir en términos generales donde vives**
- ⋆ **El artículo definido y el género**

1 a Lee las siguientes frases. Escribe los números que se corresponden con los dibujos. ¡Atención! Hay más frases que dibujos.

Ejemplo: 1 C

1 Yo vivo con mis padres en un piso en un bloque moderno en el centro de la ciudad.
2 Mi amiga Verónica vive en un castillo renovado en la montaña, cerca de un río.
3 Personalmente vivo en una aldea pequeña en el campo, en una casa adosada.
4 Yo vivo en un chalet aislado en la costa de Málaga, bastante lejos de la ciudad.
5 Vivo en el barrio industrial de la capital, en una casa enorme con garaje.
6 Vivo en una hacienda en el centro de México. Tenemos animales allí también.
7 Ahora vivo en un apartamento dúplex en un rascacielos en Chicago. ¡Tengo vistas impresionantes!
8 Vivimos en un estudio pequeño en un edificio de siete plantas.

1 b Cuando termines, dibuja la casa para la frase extra.

2 a Escucha a las siguientes personas que hablan de donde viven. Dibuja la siguiente tabla con siete filas en total y escribe la información. Puedes consultar los mapas en las páginas 6 y 7.

	Nombre	Vivienda	Ciudad	País
1	*Marina*	*casa moderna*	*Tijuana*	*México*
2	Fabio			
3	Hiro			
4	Erika			
5	Camila			
6	Leo			
7	Sharon			
8	Linda			

2 b Después de escuchar, haz una lista con el vocabulario útil del ejercicio 2a, tradúcela a tu idioma nativo y apréndela. Añade más palabras útiles que sepas o puedas encontrar de la sección de vocabulario sobre casas y vivienda.

3 a Los artículos definidos y el género. Consulta el punto B1 en la sección de gramática. Completa las frases con los artículos (el, la, los, las) correctos.

Ejemplo: 1 *la*

1 En la actualidad, vivo en .... casa de mis padres con y mi hermano.
2 .... chalet donde vivo es muy grande y está en .... costa de Italia.
3 Sena vive en una cabaña en .... montaña, cerca de Verona.
4 .... casas adosadas no me gustan. Prefiero .... apartamentos.
5 .... palacio de .... reyes de España está en .... centro de Madrid
6 En .... granja de mi tío Aurelio hay muchos animales.
7 Mi amiga Carmina vive en .... barrio más antiguo de Barcelona.
8 Mis amigas viven en .... casas más grandes de .... aldea.

3 b Ahora busca algunos ejemplos de artículos definidos en las frases del ejercicio 1. ¿Cuántos puedes encontrar?

4 a El sonido 'c' antes de la a, o, u. Escucha esta frase y separa las palabras. Repite la frase tres veces, tradúcela a tu propia lengua y apréndela de memoria.

CasualmenteCamilovieenunacalleconcuatroamigosdeColombia

4 b Lee la frase en alto y díctala a tu compañero/a para que la escriba. Después tu compañero/a te la dicta a ti. ¿Quién tiene menos fallos?

5 Responde a las siguientes preguntas con un(a) compañero/a de clase. Usa la tabla a continuación para ayudarte en tus respuestas.

- ¿De qué país eres?
- ¿En qué ciudad / pueblo / aldea vives?
- ¿Dónde está exactamente?
- ¿En qué tipo de casa vives?
- ¿Cómo es tu casa?

Soy de	España Inglaterra Alemania	Japón India Arabia Saudí		
Vivo en	una ciudad de un pueblo de un aldea de		Madrid Londres Berlín	Tokio Chennai Medina
Está en	el campo la ciudad la montaña	las afueras el centro la costa	cerca de... lejos de...	
Vivo en	una casa una casa adosada un chalet un piso una granja	un castillo una cabaña una hacienda una caravana		
Es	grande antiguo/a moderno/a	aislado/a pequeño/a renovado/a	tranquilo/a	

6 Escribe tres frases sobre donde vives. Usa información de la tabla de la actividad 5.

A1.2 Esta es mi casa

Despegue

★ **Describir tu casa al detalle**
★ **El uso de adjetivos**

Casas en venta

1 La casa tiene dos plantas y es muy moderna. Abajo hay una cocina, un salón y un comedor muy amplio. Arriba hay un dormitorio doble, otro dormitorio y un baño. El dormitorio doble es muy luminoso porque tiene un balcón.

2 Este apartamento es ideal para los jóvenes ejecutivos. Tiene una cocina abierta en el salón con muebles modernos, ventanas grandes y un diseño funcional. El dormitorio principal tiene baño incluido.

3 En la planta baja de la casa hay una cocina un poco estrecha, un salón y un garaje enorme. En la primera planta hay dos dormitorios, un despacho con calefacción y el aseo.

4 Esta casa adosada es ideal para familias grandes. Tiene una cocina-comedor con vistas al jardín y un porche. Arriba hay dos plantas más, una con todos los dormitorios y aseos, y otra con un ático reformado.

5 Este piso en un bloque está muy deteriorado, pero es perfecto para una renovación. Tiene un balcón, un salón-comedor, y un solo dormitorio.

6 La casa es impresionante. Es de diseño clásico y tiene un jardín muy colorido, con flores exóticas y una fuente en el centro del césped.

7 Este piso es muy antiguo y elegante con una escalera de caracol, dos dormitorios, una cocina y un salón con una biblioteca pequeña. Tiene mucho carácter, pero es bastante oscuro.

8 Estas dos casas pequeñas son muy funcionales. Son ecológicas porque tienen paneles solares. Tienen jardines enormes.

1 Lee las descripciones de casas. Escribe los números que se corresponden con los dibujos.

Ejemplo: 1 E

(A)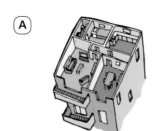

(B)

(C)

(D)

(E)

(F)

(G)

(H)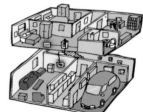

2   Vas a oír a unos jóvenes que describen sus casas. En cada frase hay algo que no corresponde a lo que se dice. Escribe la palabra correcta.

Ejemplo: 1 casa

1   A Julia le encanta su ~~piso~~.
2   La fachada de la casa de Julia es naranja y ~~rosa~~.
3   Mauricio vive con su padre y su hermano ~~menor~~.
4   La caravana de Mauricio no es ~~oscura~~ ni espaciosa.
5   La casa de Sofía es aislada y ~~pequeña~~.
6   El padre de Sofía tiene ~~pocas~~ botellas de vino.
7   Hace ~~calor~~ en la casa de Pablo.
8   No hay espacio en el salón de su casa porque ~~el sofá~~ es demasiado grande.

3   Los adjetivos y sus terminaciones. Consulta el punto C1 en la sección de gramática. En las frases siguientes, escoge el adjetivo correcto de acuerdo con la terminación necesaria en cada caso.

Ejemplo: 1 blanca

1   La cocina es muy grande y *blanco / blanca*.
2   En mi granja hay un jardín muy *verde / verdes* y una entrada *luminoso / luminosa*.
3   Hay dos dormitorios *amplios / amplias* y tres balcones muy *pequeños / pequeñas*.
4   En la *primero / primera* planta hay un ático *naranjas / naranja*.
5   El aseo de mi casa es un poco *oscuro / oscura* porque no hay ventana.
6   En mi apartamento, tengo una cocina marrón y *azul / azules* y unas cortinas *amarillos / amarillas*.
7   Mi casa es muy *colorido / colorida* y el comedor es muy *agradable / agradables*.
8   Los sofás en el salón son *incómodos / incómodas* pero muy *hermosos / hermosas*.

4   Responde a las siguientes preguntas con un(a) compañero/a de clase. Usa la información del ejercicio 1 para ayudarte.

-   ¿Cómo es tu casa?
-   ¿Te gusta tu casa? ¿Por qué (no)?
-   ¿Cuántas habitaciones hay?
-   ¿Qué hay en la planta baja? ¿Y en la primera planta?
-   ¿Cuál es tu habitación favorita?

Mi casa es (No) me gusta porque es	moderna / antigua / grande / enorme / pequeña / cómoda / limpia / oscura / luminosa / estrecha / amplia / atractiva / bonita
En total hay	[...] habitaciones
En la planta baja / la primera planta / la segunda planta hay	un salón / un comedor / una cocina [...] dormitorio(s) / un cuarto de baño / un ático
Mi habitación favorita es	mi dormitorio / el salón / la cocina

5   Imagina tu casa de ensueño. Dibújala y escribe tres frases con una descripción de las habitaciones, colores, tamaños, etcétera. Incluye la información de la actividad 4 para dar forma a tu respuesta.

Despegue

A1.3 ¿Qué haces en casa?

★ **Describir qué hace la familia en cada habitación de la casa**
★ **Los pronombres personales de sujeto y los verbos regulares en el presente**

1 Los pronombres personales de sujeto y los verbos regulares en el presente. Consulta los puntos M1 y N1 en la sección de gramática. Conjuga los infinitivos en presente de indicativo. Subraya cada pronombre personal de sujeto y en los últimos dos ejemplos, escribe el pronombre personal correcto.

Ejemplo: 1 Yo toco

    1 Yo (*tocar*) .... el piano en el salón.
    2 Mis padres (*leer*) .... en el salón por la noche.
    3 Mi prima Elsa (*escuchar*) .... música en su dormitorio.
    4 ¿Vosotros no (*comer*) .... en la cocina?
    5 Ellas siempre (*preparar*) .... el desayuno a las ocho y cuarto.
    6 Nosotros (*hablar*) .... por teléfono todos los días.
    7 .... (*escribir*) .... en tu diario en la oficina.
    8 .... (*vivir*) .... en una granja con mis padres y mi hermanito.

Mi familia y mi casa

¡Hola! Me llamo Sebastián. Yo vivo en un chalet en la playa en Chile, cerca de Viña del Mar. En casa, mi hermana pequeña siempre está en su dormitorio, y a ella le gusta comer allí también, aunque mi madre no lo permite. Mi padre prefiere leer sus libros de aventuras en el estudio y yo siempre estoy en el salón porque allí me relajo o juego a videojuegos. En cambio, mi hermano mayor pasa mucho tiempo en el garaje, porque tiene un coche antiguo y lo quiere reparar, pero los repuestos cuestan mucho. ¡Ah! Y cuando mi primo Saúl me visita, él prefiere el jardín, para jugar al fútbol y subir a la casita del árbol, donde nosotros leemos cómics. Nunca paso por el ático porque está vacío; no hay nada allí.

2 a Lee el mensaje de Sebastián a su amigo Mario. ¿Qué hace su familia en cada habitación? Contesta a las preguntas en español.

Ejemplo: 1 En un chalet.

    1 ¿En qué tipo de casa vive Sebastián?
    2 ¿Por qué su hermana pequeña no come mucho en su dormitorio?
    3 ¿Dónde lee sus libros el padre de Sebastián?
    4 ¿Cómo es el coche de su hermano mayor?
    5 ¿Por qué es difícil reparar el coche?
    6 ¿Qué deporte juega Saúl en el jardín?
    7 ¿Qué hacen Sebastián y Saúl después de subir a la casita del árbol?
    8 ¿Por qué Sebastián nunca va al ático?

2 b Ahora busca cinco ejemplos de verbos regulares en el presente en las frases del ejercicio 1 y haz una lista con ellos. Además, busca un infinitivo y conjúgalo en el presente.

3 Escucha las ocho descripciones de las actividades que las personas hacen y escribe el nombre de la habitación donde están.

Ejemplo: 1 El garaje

4 Practica la siguiente conversación con un(a) compañero/a de clase. Después, adáptala con tu información personal y practícala. Utiliza la tabla para ayudarte.

> Rosa: ¿Qué haces en el salón de tu casa?

> Juan: Normalmente leo libros y veo mis series favoritas en la tele con mi hermano. Y tú, ¿qué haces en el jardín?

> Rosa: Generalmente me relajo o escucho música. ¿Qué haces en la cocina?

> Juan: No mucho, pero a veces preparo unas pizzas deliciosas. ¿Y qué haces en tu dormitorio?

> Rosa: Oh, es mi habitación favorita porque es muy tranquila. Allí duermo y hago los deberes. ¿Y en el garaje?

> Juan: No tenemos garaje en casa, pero hay un ático donde tengo un ordenador antiguo.

En el salón / comedor / garaje / jardín En la cocina / habitación / terraza / bodega	hago mis deberes me relajo duermo juego a videojuegos no hago nada escucho música observo las vistas desayuno / como / ceno / meriendo descanso hago yoga	con mi padre / madre / tío tía / abuelo / abuela / hermano / hermana / amigo / solo/a.
Mi habitación favorita es Me gusta Me encanta	la cocina / el salón / el comedor / el garaje / el jardín / la terraza / la bodega mi habitación	porque es tranquilo/a, cómodo/a, guay, bonito/a, moderno/a, amplio/a.

5 Escribe un párrafo sobre lo que haces en tu casa. Utiliza el diálogo adaptado de la conversación anterior. Añade más información si puedes. Debes escribir unas 80–90 palabras en español. Menciona:
- las actividades que haces en casa normalmente
- dónde haces estas actividades y por qué
- con quién haces algunas de estas actividades
- tu habitación favorita y por qué

Ejemplo: Generalmente me relajo en el salón con mis padres porque es tranquilo, y a veces juego a videojuegos con mi prima Elena en mi dormitorio.

13

vuelo

A1.4 Las habitaciones de mi casa a examen

> ★ **Describir en detalle algunas habitaciones de la casa**
> ★ **Las preposiciones de lugar**

El dormitorio de Jerónimo

Me encanta **1**.......... mi dormitorio porque creo que es el **2**.......... del universo. ¡Tengo mucha suerte! Hay una cama doble con un edredón de Spiderman, mi superhéroe **3**.......... . Tengo una estantería con muchos libros y a la derecha hay una mesa marrón con una silla roja metálica. Encima de la mesa tengo mi ordenador y mis cuadernos. A la izquierda de la mesa hay una ventana muy grande con **4**.......... a mi jardín. También tengo una lámpara delante del equipo de música y una alfombra negra y morada cerca de la cama. Debajo de la cama, tengo unas cajas con cuadernos **5**.......... de mi colegio de primaria. También, delante del armario amarillo tengo un sillón pequeño donde me relajo cuando **6**.......... mis deberes.

Definitivamente, mi dormitorio es fabuloso. Sin embargo, el dormitorio de mis padres es muy diferente. Tienen una cómoda blanca con fotos de su boda. Encima de su cama tienen **7**.......... cojines de diferentes colores y una muñeca antigua de mi madre.

Finalmente, en la parte trasera de la casa hay un jardín pequeño con una hamaca que a veces uso los fines de semana. ¡Es muy divertida pero es difícil **8**.......... el equilibrio!

---

varias	vistas	favorito	muchos	antiguos	pequeño
allí	termino	*describir*	mejor	hacer	mantener

1 Lee el blog sobre el dormitorio de Jerónimo y su casa. Escribe la palabra adecuada del recuadro para rellenar los espacios. ¡Atención! Hay palabras que no necesitas.

Ejemplo: 1 describir

2 Las preposiciones de lugar. Consulta el punto P2 en la sección de gramática. Empareja las frases con el dibujo en la página 15. Hay un error en cada frase. Encuéntralo y cámbialo, escribiendo la palabra que falta.

Ejemplo: 1 encima de
  1 La lámpara está ~~debajo de~~ la mesa.
  2 La ventana está a la ~~derecha~~ de la puerta.
  3 El cuaderno rojo está ~~debajo de~~ la estantería.
  4 La silla verde está ~~delante de~~ la mesa amarilla.
  5 La lampa está a la ~~izquierda~~ del ordenador.
  6 El póster de Superman está ~~encima del~~ reloj.
  7 El osito de peluche está ~~detrás del~~ sofá.
  8 El ordenador está ~~encima de~~ la lámpara y los libros.

 3 a Vas a oír la opinión de cuatro jóvenes sobre una habitación de sus casas. Lee las preguntas antes de escuchar. Contesta a las preguntas en español.

Ejemplo: 1 Es último modelo.

  1 ¿Cómo es el frigorífico?
  2 En la cocina de Loreto, ¿dónde está el hervidor?
  3 ¿Para qué utiliza Loreto la batidora?
  4 ¿Con quién toma un café Silvia?
  5 ¿Por qué son tan especiales sus cuadros de paisajes?
  6 ¿Qué objeto hay para jugar en el sótano de Ramón?
  7 ¿Qué opina Ramón del sótano?
  8 Según Bea, ¿dónde está la lámpara?

3 b Escucha las opiniones otra vez. Escribe cinco palabras que no entiendes y busca lo que significan en un diccionario. Haz una lista de vocabulario con estas palabras y apréndelas.

 4 ¿Quién es tu famoso/a favorito/a? Escribe un párrafo con una descripción de cómo imaginas su casa, con 130–40 palabras. Imagina que es para una competición nacional y tienes que describir todo lo que hay. Incluye:
  ● los muebles de las habitaciones
  ● los colores, tamaños y formas de los objetos
  ● preposiciones
  ● las actividades que tu famoso/a favorito/a hace en cada habitación
  ● tu opinión personal

 5 Prepara una presentación sobre la casa de tu famoso/a favorito/a con la información del párrafo de la actividad anterior. Prepara unas tarjetas para memorizarlas (no tienes que aprender todos los datos, solo lo más relevante). Presenta la información en clase.

School routine

Embarque

A2.1 Así es mi día en el insti

★ **Describir tu horario escolar y asignaturas**
★ **Las formas contractas (del/al) de los artículos definidos**

A

B

C

D

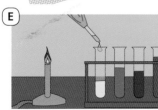

E

F

G

H

1 a Lee las siguientes frases y escribe los números que se corresponden con los dibujos. ¡Atención! Hay más frases que dibujos.

Ejemplo: 1 H

1 Odio el inglés porque es difícil.
2 La educación física es divertida.
3 Detesto la geografía porque es compleja.
4 Las matemáticas son útiles.
5 La informática es mi asignatura favorita. Es interesante.
6 Me gusta el español porque es entretenido.
7 El profesor de ciencias manda muchos deberes.
8 Me encanta la música porque es estimulante.
9 El dibujo es fácil.
10 ¡Qué aburrido! El teatro es una pérdida de tiempo.

1 b Cuando termines, traduce las frases sin dibujo.

2 Escucha a Fermín y Estrella hablando sobre su horario. Mira el horario con atención y escribe el día de la semana del que hablan.

Ejemplo: 1 martes

	LUNES	MARTES	MIÉRCOLES	JUEVES	VIERNES
9.00–10.00	inglés	teatro	física	matemáticas	literatura
10.00–11.00	francés	teatro	inglés	música	geografía
11.00–11.10			DESCANSO		
11.10–12.10	matemáticas	literatura	matemáticas	inglés	química
12.10–12.40			RECREO		
12.40–13.40	biología	educación física	historia	dibujo	lengua española
13.40–14.40	biología	educación física	informática	dibujo	lengua española

3 a Las formas contractas de los artículos definidos. Consulta el punto B1 en la sección de gramática. Completa las frases escogiendo la forma contracta correcta.

Ejemplo: 1 a la

 1 Normalmente voy *a la / al* clase de informática los miércoles.
 2 El cumpleaños *del / de el* amigo de mi hermano es el ocho de octubre.
 3 Mi primo juega *al / a la* baloncesto los fines de semana.
 4 No me gusta hablar mal *del / de la* profesor de inglés.
 5 Mis abuelos no van *al / a la* fiesta el domingo.
 6 El director *del / de el* instituto se llama Don González.
 7 Mi hermano no tiene el libro *de la / del* señora López.
 8 En matemáticas, no tiramos los papeles *a la / al* suelo.

3 b Escucha otra vez el ejercicio 2 y escribe tres ejemplos de formas contractas de artículos definidos en las frases que oyes.

4 a Los sonidos 'b' y 'v' al principio de una palabra. Escucha esta frase y separa las palabras. Repite la frase tres veces, tradúcela a tu propia lengua y apréndela de memoria.

ValentínbailabienenlabodadeVíctoryVanesaperonovieneaBarcelona

4 b Lee la frase en alto y díctala a tu compañero/a para que la escriba. Después tu compañero/a te la dicta a ti. ¿Quién tiene menos fallos?

5 Responde a las siguientes preguntas con un(a) compañero/a de clase. Usa la tabla a continuación para ayudarte en tus respuestas.

- ¿Cuál es tu asignatura favorita y por qué?
- ¿Qué asignatura te gusta menos y por qué?
- ¿Qué asignaturas tienes el martes? ¿Y el viernes?
- ¿Cuál es tu día escolar favorito de la semana?

Mi asignatura favorita es / son	la biología las ciencias el dibujo la educación física la física		aburrido(a)(s) complejo(a)(s) difícil(es) divertido(a)(s) entretenido(a)(s) estimulante(s) fácil(es) fascinante(s) interesante(s) inútil(es) relajante(s) una pérdida de tiempo útil(es)
No me gusta(n) nada	el francés la geografía la informática el inglés la lengua española la literatura las matemáticas la música la química el teatro	Es / Son	
El martes / El viernes tengo	francés matemáticas química		
Mi día favorito es el lunes / martes / miércoles/ jueves / viernes porque tengo			

6 Escribe tres frases sobre las asignaturas que tienes y tu horario. Incluye la información de la actividad 5.

Despegue

A2.2 Mi día escolar

★ **Describir un día cualquiera en el instituto**
★ **La hora. Los verbos irregulares en el presente**

(A)  (B)  (C)  (D)

(E)  (F)  (G)  (H)

 1 a Mira los dibujos y escoge la letra que corresponde mejor a cada descripción.

Ejemplo: 1 E

1 Pienso que mi día favorito es el miércoles, porque tengo lengua española y se me da muy bien.
2 A las tres en punto hay actividades extraescolares. Yo voy al club de ajedrez los lunes.
3 Durante el recreo siempre voy al patio central y charlo con mis amigas.
4 A las once y veinticinco vuelvo a clase, y tengo teatro… ¡Me encanta actuar!
5 Los miércoles tengo esgrima. No cabe duda de que es mi deporte favorito.
6 Salgo de casa pronto y la jornada escolar empieza a las ocho y media.
7 Los martes hago mis deberes, luego voy al taller de fotografía. ¡Es muy divertido!
8 Las clases de química son muy interesantes. Las ciencias me fascinan.

1 b Lee las frases otra vez. Trabaja con un(a) compañero/a. Por turnos, decid lo que hace la chica durante su jornada escolar usando la tercera persona.

Ejemplo: El miércoles tiene lengua española.

 2 Vas a oír la opinión de cuatro jóvenes sobre el día escolar. Para cada pregunta indica la respuesta correcta. Vas a oír cada opinión dos veces.

Ejemplo: 1 C

Lola

1 ¿A qué hora va al instituto?
  A 6.30   C 7.30
  B 9.25   D 9.35

2 ¿Cuántos minutos dura el descanso?
  A 50   C 5
  B 15   D 25

Carlitos

3 ¿A qué hora juega al baloncesto?
  A 17.10   C 16.00
  B 16.02   D 15.10

4 ¿Cuál es el problema con las clases de ruso?
  A Son difíciles.
  B El profe no es entusiasta.
  C No es un idioma muy popular.
  D Son aburridas.

Gala

5 ¿A qué hora empieza la clase de educación física el jueves?

A 12.55   C 12.15

B 12.00   D 13.00

6 ¿Por qué no le gustan las ciencias naturales?

A Odia los animales.   C No hay mucha variedad.

B A veces es una asignatura cruel.   D No es nada interesante.

Reinaldo

7 A qué hora empieza su día escolar?

A 8.20   C 8.40

B 7.20   D 7.40

8 ¿Cuál es su pasatiempo favorito?

A cantar   C la natación

B la fotografía   D el instituto

3 a Los verbos irregulares en el presente. Consulta el punto N1 en la sección de gramática y conjuga los siguientes infinitivos en el presente. ¡Atención! Tienes que decidir qué infinitivo del recuadro necesitas en las frases 5–8.

Ejemplo: 1 salgo

1 Por la mañana, (*salir*) .... de casa a las ocho menos veinte y voy al insti.
2 Mi primo (*construir*) .... un castillo con cartas.
3 Mi hermana Laura (*decir*) .... que prefiere el campo a la ciudad.
4 Nosotros (*ver*) .... un documental a las dos y media.
5 Yo nunca me .... los pantalones azules para ir al instituto.
6 ¿Tú no .... teatro por la tarde?
7 Vosotras .... a la fiesta o .... estar en casa?
8 Yo no .... los deberes en mi habitación, es mejor en la biblioteca.

> hacer   preferir   venir   tener   poner

3 b Ahora busca seis ejemplos de verbos irregulares en el presente en las frases del ejercicio 1 y haz una lista con ellos. Luego busca ejemplos de infinitivos y conjúgalos en el presente.

4 Prepara una presentación sobre tu día escolar con toda la información posible. Contesta a las siguientes preguntas para dar forma a tu respuesta.

- ¿A qué hora empieza / termina tu día escolar / el recreo / la hora de comer?
- ¿Qué asignaturas tienes el lunes?
- ¿Cuál es tu día favorito? ¿Por qué?
- ¿Haces actividades extraescolares?

El día escolar / el recreo / la hora de comer	empieza / termina a las […]
El lunes tengo	matemáticas, inglés, ciencias, historia, geografía, español, etc.
Mi día favorito es el […] porque es	útil / estimulante / relajante / fascinante / fácil / divertido / emocionante
Hay varias actividades extraescolares, por ejemplo hay	un club de idiomas / ajedrez / teatro un taller de arte / fotografía un coro deportes como el futbol / el baloncesto / el tenis / la natación / el atletismo

5 Describe en tu blog tu día escolar. Usa la información de la tabla de la actividad 4. Debes escribir 80–90 palabras en español. Menciona:

- la estructura de tu día escolar
- las asignaturas que tienes el lunes
- tu día favorito y por qué
- las actividades extraescolares que haces

Despegue

A2.3 Bienvenidos a mi insti

★ **Describir el edificio de tu instituto y todas sus instalaciones**
★ **Los verbos que cambian la raíz en el presente**

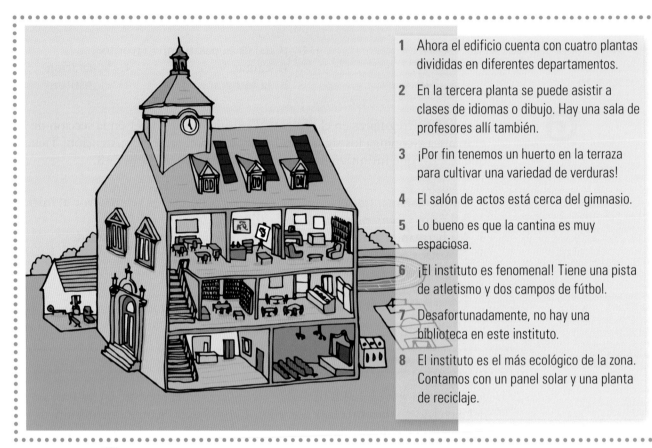

1 Ahora el edificio cuenta con cuatro plantas divididas en diferentes departamentos.

2 En la tercera planta se puede asistir a clases de idiomas o dibujo. Hay una sala de profesores allí también.

3 ¡Por fin tenemos un huerto en la terraza para cultivar una variedad de verduras!

4 El salón de actos está cerca del gimnasio.

5 Lo bueno es que la cantina es muy espaciosa.

6 ¡El instituto es fenomenal! Tiene una pista de atletismo y dos campos de fútbol.

7 Desafortunadamente, no hay una biblioteca en este instituto.

8 El instituto es el más ecológico de la zona. Contamos con un panel solar y una planta de reciclaje.

1 a Lee las ocho afirmaciones en la revista del instituto 'Gregorio Prieto' sobre sus nuevas instalaciones, luego mira el dibujo del instituto. Indica si las afirmaciones son verdaderas (V) o falsas (F). Si son falsas, escribe una frase en español para corregirlas.

Ejemplo: 1 F – El edificio cuenta con tres plantas.

1 b Lee las afirmaciones otra vez. Haz una lista de vocabulario con las palabras útiles del texto y apréndelas. Después, tradúcelas a tu propio idioma.

2 Vas a oír a cuatro jóvenes hablando de las instalaciones de su instituto. Decide si tienen una opinión positiva (P), negativa (N) o positiva y negativa (P+N) de las siguientes instalaciones.

Ejemplo: 1 P + N

1 la cancha de baloncesto
2 los laboratorios
3 la biblioteca
4 el patio
5 el salón de actos
6 las salas de profesores
7 la cantina
8 las instalaciones deportivas

3 Los verbos que cambian la raíz en el presente. Consulta el punto N24 en la sección de gramática y conjuga los siguientes infinitivos en el presente. Para las frases 5–8, escoge un infinitivo del recuadro. ¡Atención! No necesitas todos los verbos.

Ejemplo: 1 puede

1 Gregorio (*poder*) .... hablar varios idiomas porque es trilingüe.
2 Nosotros (*preferir*) .... ir al instituto a pie porque es más cómodo.
3 Yo nunca (*pensar*) .... demasiado antes de hablar… ¡y no es bueno!
4 Los aviones (*volar*) .... muy rápido por el cielo.
5 Tú .... muy poco y estás cansado todo el día.
6 Vosotras .... las clases muy temprano por la mañana.
7 La pista de atletismo .... treinta metros de largo.
8 Mis amigas siempre .... todo lo que mi profesor ....

cantar	dormir	medir	poder
jugar	contar	repetir	empezar

4 Describe tu instituto a tu compañero/a. Usa la tabla a continuación para ayudarte.

Pienso que Creo que Opino que Que yo sepa A mi modo de ver	mi instituto es	muy bastante demasiado un poco	moderno / nuevo / antiguo grande / pequeño limpio / sucio básico / avanzado espacioso / ancho / estrecho ecológico
Me encanta Me gusta mucho Me gusta No me gusta No me gusta nada Odio Detesto	mi instituto porque tiene	[...] plantas [...] aulas / laboratorios muchas instalaciones deportivas, por ejemplo… una planta de reciclaje un panel solar un patio un salón de actos una sala de profesores una cancha de fútbol / baloncesto / tenis una pista de atletismo una biblioteca un gimnasio un huerto	pequeño/a(s) grande sucio/a(s) limpio/a(s) nuevo/a(s) moderno/a(s) antiguo/a(s) espacioso/a(s) ancho/a(s) estrecho/a(s)

5 Escribe un párrafo sobre lo bueno y lo malo de las instalaciones en tu instituto. Usa el diálogo adaptado de la conversación anterior y también vuelve a escuchar a los jóvenes del ejercicio 2 y anota las opiniones que escuchas para usarlas tú. Añade más información si puedes.

Vuelo

A2.4 La vida escolar

* ⋆ **Describir las jornadas escolares del mundo hispano**
* ⋆ **Las formas de los adjetivos**

Dos institutos hispánicos

Instituto Diego Rivera, Zacatecas, México

En nuestro instituto tienes las mejores instalaciones y los mejores profesores de la zona. Nuestra jornada escolar empieza temprano, a las ocho de la mañana, y termina a las dos en punto. Nuestras seis clases al día son intensivas, así pues solo hay un descanso de media hora a las once todos los días, cuando muchos estudiantes se relajan en nuestra cantina y compran comida sana como ensaladas deliciosas o pasta en el bar.

En Diego Rivera todas las asignaturas son obligatorias. Se estudian dos idiomas: inglés y chino mandarín. Tenemos viajes a Los Ángeles y también la opción de mantener correspondencia con un instituto chino. Al final de la jornada escolar hay varios talleres y clubes. Somos un colegio joven especializado en la tecnología, y tenemos varios garajes donde es posible montar y desmontar coches.

Instituto Nacional Lucero, Asturias, España

Estamos orgullosos y felices de estar en unas instalaciones restauradas históricas, del siglo XVIII. Lo que más destaca es la biblioteca, con más de tres mil libros para poder consultar, leer o también acceder a información en otros idiomas. Nuestra jornada es la típica española, empezamos a las nueve de la mañana y terminamos a las tres. Todos los días hay un descanso de quince minutos y un recreo de cuarenta minutos. A la hora del recreo es posible adquirir una bebida caliente en la cafetería o un bollo, pero por lo general, la mayoría de los estudiantes traen sus propios bocadillos y refrescos de casa.

Hay cinco lecciones todos los días y los estudiantes dividen sus estudios en asignaturas obligatorias, como la literatura, el español, el inglés, la historia, las matemáticas y las ciencias, y las optativas, como el francés, la filosofía o la biología.

1 Lee las descripciones de los institutos. Dibuja la tabla y haz una lista de las diferencias entre los dos institutos. Hay ocho diferencias en total, incluyendo el ejemplo.

Instituto Diego Rivera, Zacatecas, México	Instituto Nacional Lucero, Asturias, España
Las clases empiezan a las ocho.	*Las clases empiezan a las nueve.*

2 Vas a oír a tres estudiantes que hablan de su rutina escolar. Escucha lo que dicen con atención y responde a las preguntas en español.

Ejemplo: 1 Las clases terminan temprano.
   1 ¿Qué es lo bueno del horario de Lolo?
   2 ¿Qué hace Lolo después del día escolar?
   3 ¿Por qué el profesor de matemáticas es innovador?
   4 ¿Qué hace Josué en el insti después de las clases?
   5 ¿Por qué no hay cantina en el colegio de Josué?
   6 ¿Qué desventaja tiene el colegio de Rebeca?
   7 ¿Por qué Rebeca no puede concentrarse?
   8 ¿Qué ventaja tiene llamar a los profesores por su nombre?

3 a Las formas de los adjetivos. Consulta el punto C1 en la sección de gramática. Escribe el adjetivo entre paréntesis con la forma adecuada. Para las frases 5–8, escoge un adjetivo del recuadro. ¡Atención! Tienes que cambiarlos a su forma correcta.

Ejemplo: 1 jóvenes
   1 Los profesores del instituto de mi amigo Carlos son muy (*joven*) ....
   2 Mis perros son (*capaz*) .... de correr muy rápido en el parque.
   3 La gata de mi tía es muy (*fiel*) ....
   4 Los ordenadores (*gris*) .... y (*azul*) .... del aula de informática no funcionan.
   5 La biología es una asignatura muy .... en todos los institutos.
   6 Para mí, el francés y el italiano son idiomas muy ....
   7 Mí madre es muy .... Siempre tiene conversaciones con los vecinos.
   8 Claudia y Eloísa son muy .... y ....

| hablador | feliz | común | trabajador | familiar |

3 b Busca al menos ocho ejemplos de adjetivos en el texto del ejercicio 1. Escríbelos en su forma masculina, femenina y plural, y tradúcelas a tu propio idioma.

4 Practica la siguiente conversación con un(a) compañero/a en clase. Mira las ideas para cada pregunta y extiéndelas con tu información personal y opiniones.
   A ¿Qué te gusta más de tu instituto? ¿Y menos?
      ● el horario / las instalaciones / los amigos
   B ¿Qué diferencias hay entre tu instituto y los institutos hispanos?
      ● el horario / las asignaturas / las instalaciones / el uniforme
   C ¿Qué te gustaría cambiar de tu instituto para mejorar?
      ● Me gustaría cambiar…
      ● Sería mejor si hubiera…

5 Imagina que eres un(a) estudiante de intercambio en un instituto español. Describe tu día escolar. Debes escribir 130–140 palabras en español. Menciona:
   ● el horario del instituto y las instalaciones que hay
   ● cómo son los profesores y los estudiantes
   ● lo que te gusta o no te gusta del instituto
   ● lo que cambiarías del instituto

Embarque

A3.1 Las comidas típicas

★ **Hablar sobre las comidas y bebidas que tomas**
★ **Los pronombres interrogativos y el singular y el plural de los sustantivos**

(A)    (B)    (C)    (D)

(E)   (F)    (G)    (H)

 1 Lee las siguientes frases y escribe los números que se corresponden con los dibujos.

Ejemplo: 1 H

1 Para el desayuno, siempre tomo un yogur y un zumo de naranja.
2 ¿Qué desayuno? Muy fácil: unos cereales y un café con leche.
3 ¿Cuál es mi desayuno preferido? Pues… mi desayuno preferido es una tostada con mermelada y un vaso de leche.
4 Mi almuerzo es un filete de pollo con una ensalada. Bebo solo un vaso de agua.
5 Durante la hora de comer, tomo una sopa de tomate y pan con mantequilla.
6 Normalmente como un bocadillo de jamón y una manzana o un plátano.
7 Por la noche, ceno una pizza con champiñones y pimientos.
8 A veces para mi cena tomo una paella. ¡Me encanta el arroz!

 2 a Vas a oír a cuatro jóvenes hablando de comidas típicas en sus países. Escucha lo que dicen con atención y marca las opciones correctas.

Ejemplo: 1 C

1 Fernando habla de lo que come en España. ¿Cuándo come la paella?
  A 10.00   C 14.00
  B 12.00   D 12.30

2 ¿Qué hay en una paella típica?
  A carne y mariscos   C verduras y espaguetis
  B arroz y fruta   D carne y espaguetis

3 Zulema describe las fajitas. ¿Qué ingredientes menciona?
  A los pimientos y la sal   C los pimientos y el queso
  B la salsa de tomate y los plátanos   D el pan y el queso

4 ¿De dónde son las fajitas?
  A Honduras   C Estados Unidos
  B México   D Brasil

5 El ceviche es el plato favorito de Julio. ¿De qué país es este plato?
  A Venezuela   C Colombia
  B Estados Unidos   D Ecuador

6 ¿Cuál de los siguientes ingredientes no se necesita en un ceviche?
  A el pollo   C el tomate
  B la cebolla   D el pescado

2 b Haz una lista con todo el vocabulario nuevo del texto referente a comidas, bebidas y opiniones y apréndelo.

3 Los pronombres interrogativos y el singular y el plural de los sustantivos. Consulta los puntos H2 y A2 en la sección de gramática. Completa las frases con un pronombre interrogativo correcto entre las tres opciones y decide si cada sustantivo subrayado es singular (s) o plural (p).

Ejemplo: 1 Cuándo, s, p

1 *¿Cuándo / Dónde / Cuál* van a servir el arroz y las verduras en el restaurante? — A las dos y media.
2 *¿Qué / Quién / Cuál* ingredientes necesito para preparar una paella típica?
3 *¿Cuándo / Dónde / Cuáles* puedo comer los churros famosos en España? —En una churrería.
4 *¿Cuál / Quiénes / Cuáles* prefieres? ¿La tortilla con guacamole o con salsa de tomate?
5 *¿Por qué / Cuál / Qué* las tapas son tan diferentes?
6 *¿Cuáles / Dónde / Qué* bebida te gusta más? ¿El zumo de naranja o la limonada?
7 *¿Qué / Cuál / Cuándo* comemos hoy? Son las dos y media ya y quiero probar los huevos fritos.
8 Juan, *¿por qué / dónde / cuál* vas a beber? ¿El zumo de piña o el zumo de naranja?

4 Los sonidos 'b' y 'v' en una palabra. Escucha esta frase y separa las palabras. Repite la frase tres veces, tradúcela a tu propia lengua y apréndela de memoria.

Pablocomíahabasconcaviarenunacuevadondehabíaclavelesenunarbusto

5 a Responde a las siguientes preguntas con un(a) compañero/a de clase. Usa la tabla a continuación para ayudarte en tus respuestas.

- ¿Qué desayunas normalmente?
- ¿Qué prefieres comer y beber a la hora del almuerzo?
- ¿Y qué comes para cenar? ¿Qué bebes en la cena?
- ¿Cuál es tu comida favorita?
- ¿Cuál es tu bebida favorita?
- ¿Qué comida o bebida no te gusta?

5 b Copia las preguntas y tus respuestas y apréndelas de memoria para practicar con un(a) compañero/a.

Normalmente Generalmente Frecuentemente Personalmente	desayuno	tostadas / cereales / huevos un zumo (de naranja / pera / manzana / piña…) café / té / leche
Prefiero Suelo	almorzar cenar comer beber	un bocadillo / una hamburguesa sopa (de tomate, cebolla…) pescado (salmón, atún, trucha…) carne (pollo, filete…) verduras (patatas, pimientos, cebolla, guisantes, tomates…) fajitas paella
Mi comida(s)/bebida(s) favorita(s) es/son No me gusta(n) nada / odio / detesto		las patatas fritas las hamburguesas el arroz el agua (con / sin gas) la limonada el batido de fresa / chocolate / vainilla el zumo (de naranja / pera / manzana / piña…)

6 Escribe un párrafo con todas las comidas y bebidas que tomas un día de la semana, por la mañana, tarde y noche. Usa la información de la tabla.

Despegue

A3.2 Mis gustos culinarios

★ **Dar opiniones sobre diferentes tipos de comidas internacionales**
★ **Los verbos idiomáticos referentes a placeres**

¡Hola Mariola!

Gracias por escribirme la semana pasada. Te escribo para responder a tu pregunta sobre el tipo de comida que me apetece más y menos.

Primero, me fascina la comida india porque me gustan el curry y las salsas de diferentes colores, aunque a veces es demasiado picante para mí. También me chifla la comida italiana porque es muy simple, pero fresca. A mi hermana Nuria también le encanta, sobre todo la lasaña de verduras, y el tiramisú porque le gusta mucho el café.

Segundo, me gusta mucho la carne de Argentina. Es bastante grasienta y por eso intento no comerla muy a menudo. El asado de mi madre es delicioso y muy rico, porque tiene patatas, coles, cebollas, salchichas y zanahorias. Mi padre nunca come carne, pero le gusta mucho la comida japonesa porque el sushi contiene mucho pescado.

Finalmente, también me gusta el sabor de las tartas y pasteles franceses, en especial las galletas de vainilla y chocolate, y los helados porque son dulces y muy cremosos.

Emiliano

1 a Lee el correo de Emiliano a Mariola sobre sus gustos y preferencias culinarios y responde a las preguntas en español.

Ejemplo: 1 la semana pasada

   1 ¿Cuándo escribió Mariola a Emiliano?
   2 Menciona dos elementos de la comida india que le gustan a Emiliano.
   3 ¿Por qué a veces a Emiliano no le gusta la comida india?
   4 Menciona dos cualidades de la comida italiana para Emiliano.
   5 ¿Por qué le gusta a Nuria un postre italiano en particular?
   6 ¿Por qué no consume Emiliano comida argentina frecuentemente?
   7 ¿Qué tipo de cocina le gusta al padre de Emiliano?
   8 ¿Qué dos postres le gustan a Emiliano en especial?

1 b Haz una lista de vocabulario con las palabras útiles del texto. Tradúcelas a tu idioma y apréndelas. Añade más palabras útiles de la sección de vocabulario.

2 Verbos idiomáticos referentes a gustos. Consulta el punto N20 en la sección de gramática. Lee el siguiente párrafo y usa los verbos del recuadro (página 27) en la persona adecuada. ¡Atención! No necesitas todas las palabras.

Ejemplo: 1 H

Mi familia y yo siempre comemos muchas comidas diferentes. A mí **1**.......... las verduras frescas porque son muy sanas. También a mi hermano **2**.......... la fruta como los plátanos y las peras porque son deliciosas. A mi hermana **3**.......... la carne porque es demasiado grasienta. Prefiere la comida vegetariana. A mi padre **4**.......... los mariscos, pero, por otro lado, a mis padres **5**.......... los huevos fritos. Personalmente, **6**.......... la comida rápida, es muy grasienta.

A no les apetecen	**D** le encanta	**G** nos gustan
B no me interesa	**E** le encantan	**H** *me gustan*
C Me apetece	**F** no le gusta	

3 Vas a oír a unos jóvenes que hablan de las comidas y bebidas que les gustan y las que no. Decide si la opinión es positiva (P), negativa (N) o positiva y negativa (P+N).

Ejemplo: 1 P

Sonia
1 comida caribeña
2 ajiaco

Marcos
3 comida vegetariana
4 comida alemana

Sagrario
5 comida inglesa
6 comida estadounidense

Luís
7 frutas tropicales
8 verduras

4 a Imagina que acabas de llegar a un restaurante nuevo que no conoces. Trabaja con otra persona para realizar un juego de rol. Debes elegir o el papel A (el/la camarero/a) o el papel B (el/la cliente).

B: Cliente
1 (i) Saluda al camarero/a la camarera y
  (ii) Pregúntale qué tipo de comida sirven.
2 Dile qué quieres comer de primer plato.
3 (i) Dile qué quieres comer de segundo plato y
  (ii) Explica qué tipo de comida o ingredientes quieres evitar.
4 Pregúntale si recomienda algo para beber.
5 Dile por qué te gusta la limonada.

A: Camarero/a
A: <u>Buenas tardes</u>.
B: 1(i) y (ii)
A: Tenemos todo tipo de comida <u>internacional</u>. ¿Qué desea de primer plato?
B: 2
A: Muy bien. ¿Qué desea de segundo plato?
B: 3(i) y (ii)
A: Por supuesto. ¿Algo más?
B: 4
A: Sí, recomiendo <u>la limonada</u>.
B: 5
A: Lo traigo en seguida.

4 b Practica el diálogo otra vez. Sustituye las palabras marcadas por las de la lista a continuación.

el zumo de piña	china	buenos días

5 Escribe un párrafo sobre la comida y bebida internacional que más te gusta. Incluye opiniones extendidas y justificadas. Mira el ejemplo para empezar:

Ejemplo: Me encanta la comida francesa porque es muy creativa. Me encantan las ensaladas porque son deliciosas y nutritivas…

Vuelo

A3.3 La dieta sana y nutritiva que necesito

> ★ **Considerar en qué consiste una dieta equilibrada**
> ★ **Sustantivos comunes con géneros irregulares y la construcción verbo + preposición + infinitivo**

La pirámide nutricional

Todo es sano en la parte baja de la pirámide

Hoy en día tener una dieta **1**.......... es esencial para llevar un estilo de vida saludable y evitar problemas de **2**.........., sobrepeso o colesterol.

Es esencial dejar de comer muchas grasas saturadas y comida frita y empezar a tener una dieta basada en la comida fresca y natural.

Para empezar, en la **3**.......... de la pirámide alimenticia se encuentran alimentos como el pan integral, el arroz y la pasta. Luego tenemos todas las frutas y verduras: tomar cuatro o cinco porciones diarias es ideal para no **4**.......... y estar en forma.

Atención con la parte alta de la pirámide

En el tercer grupo encontramos una gran variedad de productos: desde queso, leche y derivados como el **5**.........., huevos, carnes y pescados. Este grupo contiene alimentos con muchas proteínas y grasas animales. Como consecuencia, no es conveniente abusar de ellos. Es esencial insistir en mantener una dieta variada, pero con dos o tres porciones diarias es **6**.......... .

Finalmente, en el último grupo encontramos el aceite y los alimentos con demasiado azúcar como **7**.......... , tartas, caramelos o bebidas artificiales como los refrescos. Este grupo puede ser perjudicial para la salud, pero con una consumición reducida y en **8**.......... con otros ingredientes de los otros grupos, no amenaza con afectar a la salud negativamente.

1 a Lee el folleto informativo sobre la pirámide alimenticia y sus beneficios. Escribe la palabra adecuada del recuadro para rellenar los espacios. ¡Atención! Hay palabras que no necesitas. Puedes mirar la foto de la pirámide para ayudarte.

Ejemplo: 1 equilibrada

obesidad	suficiente	pasteles	*equilibrada*	base	yogur
leche	combinación	engordar	pasta	pan	huevos

1 b Haz una lista de vocabulario con las palabras útiles del texto. Tradúcelas a tu idioma y apréndelas. Añade más palabras útiles de la sección de vocabulario.

2 Vas a oír la opinión de dos jóvenes sobre sus gustos alimentarios. Escucha lo que dicen con atención y responde a las preguntas en español.

Ejemplo: 1 la dieta

1 Según Hilario, ¿qué es lo más importante si quieres llevar una vida sana?
2 ¿Por qué se deben hacer cinco comidas al día?
3 ¿Cuál es la ventaja de comer frutos secos?
4 ¿Qué se debe evitar antes de dormir?
5 ¿Por qué debe guardar la línea Susi?
6 ¿Por qué nunca come carne?
7 ¿Por qué llama por teléfono a la pizzería a veces?
8 ¿A Susi le gusta qué ingrediente picante?

3 a Sustantivos comunes con género irregular. Consulta el punto A1 en la sección de gramática y selecciona el artículo apropiado.

Ejemplo: 1 la, el

1 Siempre levanto *la / el* mano en clase para leer *el / la* poema.
2 Jerónimo tiene *un / una* mapa en *el / la* moto cuando viaja a China.
3 No entiendo *el / la* sistema de ecuaciones en matemáticas. ¡*El / la* tema es tan difícil!
4 *El / la* problema de la comida rápida es que es muy grasienta.

3 b La construcción verbo + preposición + infinitivo. Consulta el punto N23 en la sección de gramática y elige la preposición correcta en cada caso.

Ejemplo: 1 a

1 Los amigos van a empezar .... comer ahora.
2 Cuando termino .... cenar, siempre tomo un yogur de fresa de postre.
3 Mi hermana Julia siempre sueña .... las vacaciones en la playa pero se olvida .... comprar crema solar.
4 Nunca insistimos .... consumir carne roja porque preferimos aprender .... comer sano.

---
a   con   de   en   de   a
---

4 Tienes un(a) amigo/a que busca consejos sobre su dieta. Escribe un correo a tu amigo/a. Menciona:
- lo que comes en un día típico
- cuándo debes comer durante el día y por qué
- la comida que debes comer y la que debes evitar y por qué
- dos razones por las que llevar una dieta mala puede ser peligroso

Debes escribir 130–140 palabras en español.

5 ¿Tienes una dieta sana? Describe a un(a) compañero/a lo que comes en un día típico, y lo bueno y lo malo de tu dieta. Tu compañero/a puede darte unos consejos para cambiar lo malo de tu dieta.

Ejemplo:

- Como mucha fruta y verdura porque es sana y nutritiva, pero me encantan los helados y los caramelos también.
- Debes evitar los caramelos y comer más fruta, por ejemplo peras, manzanas y plátanos.

Health and fitness

Embarque

A4.1 ¡Ay, qué dolor!

★ **Expresar cómo te sientes y tu estado de salud**
★ **Los artículos indefinidos y las frases negativas**

(A)

(B)

(C)

(D)

(E)

(F)

(G)

(H)

1 a Lee las siguientes frases. Escribe los números que se corresponden con los dibujos. ¡Atención! Hay más frases que dibujos.

Ejemplo: 1 F

1 ¡Ay! Me duele la garganta.
2 Comí siete pasteles y ahora me duele el estómago.
3 Jugué tres horas al fútbol. Ahora me duelen las piernas.
4 ¡Au! Tengo dolor de cabeza.
5 Bebí muchos refrescos, me duelen las muelas.
6 Me duele bastante una mano. No estoy bien.
7 ¡Qué dolor de pies!
8 ¡Me duele la espalda!
9 ¡Tengo un dolor enorme en el brazo derecho otra vez! ¡Nunca me siento bien!
10 ¡Ay, ay! Me duelen mucho los ojos.

1 b Cuando termines, dibuja las frases extra que no tienen dibujo.

2 Vas a oír a unas personas que tienen problemas físicos. Escucha atentamente y vuelve a mirar los dibujos del ejercicio 1. Escribe los números que se corresponden con los dibujos y para los números 5–8, dibuja la otra parte del cuerpo mencionada.

Ejemplo: 1 H

3 a El artículo indefinido y las frases negativas. Consulta los puntos B2 y O en la sección de gramática. Escoge el artículo indefinido correcto en cada caso.

Ejemplo: un, unos
1 Leonardo tiene *un / una* perro en casa y *unos / unas* gatos pequeños.
2 Siempre prefiero comprar *un / una* botella de leche y *unos / unas* pasteles de postre.
3 Vi *un / una* foto de mi abuela en blanco y negro en el salón de casa.
4 Solo tengo *un / una* oportunidad para completar *un / una* examen en el ordenador.
5 En casa siempre hay *un / una* habitación con *un / una* ventana abierta.
6 Me duele *un / una* diente y es *un / una* dolor muy intenso.
7 Tengo *unos / unas* problemas muy serios en el instituto.
8 Hay *un / una* ciudad en Rusia que me gustaría visitar.

3 b Vuelve a escuchar a las personas del ejercicio 2. Haz una lista de los términos negativos que escuchas y di cuántos hay de cada uno.

4 a El sonido 't' en español. Escucha esta frase y separa las palabras. Repite la frase tres veces, tradúcela a tu propia lengua y apréndela de memoria.

Teresavaaaterapiaparatenerlostobillosmástersosycomepastacontomates

4 b Lee la frase en alto y díctala a tu compañero/a para que la escriba. Después tu compañero/a te la dicta a ti. ¿Quién tiene menos fallos?

5 a Imagina que no te sientes bien y acabas de llegar al consultorio. Trabaja con otra persona para realizar un juego de rol. Debes elegir o el papel A (el/la paciente) o el papel B (el/la doctor a)).

A   Hola doctor(a).
B   ¿Qué te pasa?
A   No me siento bien. Me duele mucho el brazo.
B   ¿Algo más?
A   Sí, me duele la espalda.
B   Vale. Vamos a echar un vistazo...
A   Gracias. Adiós doctor.

5 b Practica el diálogo otra vez. Sustituye las palabras marcadas por las de la lista a continuación.

| tengo dolor de | ¿Qué te duele? | Hasta luego | la pierna |

6 Dibuja unas viñetas con el/la doctor(a) y el/la paciente en el hospital y escribe lo que dicen. Usa la información de la actividad 5.

Despegue

A4.2 En el hospital

★ **Explicar los síntomas que tienes en el hospital o la farmacia**
★ **Verbos conjugados como *gustar***

Síntomas, dolores y soluciones comunes

1 Insolación

¿Tienes síntomas como picor en la espalda, nariz roja o también vómitos y mareos este verano? ¿Te duelen los ojos y la cabeza? La solución más fácil es beber agua fría para bajar la temperatura corporal y evitar el contacto directo con el sol.

2 Constipado o gripe

Estos virus son muy comunes en los meses más fríos del año. Los síntomas pueden ser variados: tos, fiebre, malestar general y fatiga. A veces también te duele la garganta. ¿El remedio más eficiente? Tomar paracetamol cada ocho horas, quedarse en la cama y tomar una bebida caliente.

3 Diarrea

Este problema resulta muy molesto para tu estómago e intestinos. El fuerte dolor puede ser terrible, ¿Soluciones caseras? Beber té, agua de arroz y comer plátanos y manzanas. Si no desaparece en tres días, consulta a tu médico o farmacéutico.

4 Dolor de muelas

Este dolor puede afectar a otras partes de tu cuerpo como la cabeza y la garganta. Produce vómitos y mareos a veces. Tomar ibuprofeno puede aliviar el dolor, y en casa se recomienda aplicar frío o calor en la zona del dolor. Si persiste, visita a tu dentista.

1 Lee el folleto informativo sobre dolores y síntomas. Contesta a las preguntas en español.

Ejemplo: 1 picor en la espalda, nariz roja, vómitos, mareos
1 Menciona tres síntomas de la insolación. (3)
2 ¿Qué se debe beber si tienes insolación?
3 ¿Cuándo es más probable estar constipado o tener la gripe?
4 ¿Con qué frecuencia se debe tomar paracetamol si tienes la gripe?
5 ¿Qué es importante comer si tienes diarrea? (2)
6 ¿Con quién debes hablar si no desaparece la diarrea?
7 ¿A qué otras partes del cuerpo puede afectar el dolor de muelas? (2)
8 ¿Qué se puede tomar para el dolor?

2 Vas a oír cuatro conversaciones en el hospital. Escribe la palabra adecuada para rellenar los espacios.

Ejemplo: 1 tres
1 A la Señora López le duelen los tobillos desde hace .... días.
2 Debería tomar unas pastillas cada cuatro ....

3 Rubén tiene la .... congestionada.

4 Tiene que tomar un jarabe para la ....

5 Alicia no va al .... desde hace dos días.

6 Lo mejor para Alicia es beber zumo de ....

7 El Señor Téllez se ha roto la pierna ....

8 No debe andar más de .... minutos al día.

3 a El uso de verbos como *gustar*. Consulta el N20 en la sección de gramática y usa la forma correcta del verbo *gustar*, *doler*, *quedar* o *faltar* en cada frase. ¡Atención! En las frases 1–4 tienes que escoger el pronombre correcto, en las frases 5–8 tú decides.

Ejemplo: 1 le duele

1 A mi madre siempre *me/te/le* .... la garganta en invierno.

2 Personalmente, cuando *me/te/le* .... las piernas, no juego al fútbol.

3 Creo que *te/le/me* .... dos ingredientes para hacer sopa.

4 ¿A vosotros *nos/les/os* .... la cabeza cuando estudiáis mucho?

5 A nosotros no .... los hospitales del centro de la ciudad porque son antiguos.

6 A mis padres siempre .... tiempo para ir al cine los viernes por la noche porque están tan ocupados.

7 Loli, ¿Cómo .... esta chaqueta?

8 A Sonia siempre .... las rodillas cuando juega al tenis.

3 b Vuelve a escuchar el ejercicio 2 y anota los ejemplos de verbos de este tipo que escuches.

4 Imagina que estás en una farmacia. Trabaja con otra persona para realizar un juego de rol. Debes elegir o el papel A (el/la farmacéutico/a) o el papel B (el/la paciente).

B: Paciente

1 (i) Saluda al/a la farmacéutico/a y

(ii) Dile que no te sientes bien.

2 Dile dos problemas que tienes.

3 (i) Explica desde hace cuánto tiempo tienes estos problemas y

(ii) Pregúntale si es grave o no.

4 (i) Dile gracias y

(ii) Pregúntale cuánto cuesta en total.

A: Farmacéutico/a

A: Buenas tardes. ¿Qué le pasa?

B: 1(i) y (ii)

A: De acuerdo. ¿Cuál es el problema exactamente?

B: 2

A: Entiendo. ¿Desde hace cuánto tiempo?

B: 3(i) y (ii)

A: No parece muy grave. Tome estos comprimidos y quédese en cama.

B: 4(i) y (ii)

A: De nada. Siete euros en total.

5 Vas al médico pero no está y le dejas una nota. Escribe entre 80–90 palabras. Menciona lo siguiente:

- qué te duele
- desde hace cuánto tiempo
- qué otros síntomas tienes
- qué remedios vas a tomar hasta poder ver al médico

Despegue

A4.3 Qué hacer para mantenerse en buena forma

★ **Describir las diferentes maneras de mantenerse en forma**
★ **Los adjetivos posesivos**

1 Vas a oír a unos jóvenes que hablan de lo que hacen para estar en forma. Escucha con atención lo que dicen y elige las opciones correctas según lo que oyes. Solo puedes elegir seis afirmaciones de las doce que hay.

Ejemplo: A

Opciones para mantenerse en forma

Josué
A Tiene una dieta sana.
B Normalmente no va al gimnasio.
C No le gusta practicar la musculación.

Cata
D No es muy activa.
E Es muy creativa.
F Piensa que el yoga puede ser relajante.

Vicente
G No come carne.
H Hace escalada con su hermano.
I Hace escalada tres veces al mes.

Lidia
J Es una profesora muy estricta.
K No le gusta el ejercicio físico.
L Nunca va al instituto a pie.

Ejercicio moderado y dieta mediterránea para vivir en forma

La combinación dieta y ejercicio es la solución perfecta para vivir más años y estar en forma y sano. Es recomendable practicar un mínimo de veinte minutos de ejercicio al día para evitar el sedentarismo y dolores musculares. El gimnasio es cada vez más popular, pero montar en bici o la natación son ideales para mover tu cuerpo al completo. También se recomienda hacer footing o la zumba con música para bailar.

No obstante, según un estudio reciente de la universidad de Valencia, solo el 36% de españoles hace deporte de forma regular. Además, el 45% no desayuna por la mañana porque no tiene tiempo antes de ir a su trabajo; normalmente prefieren dormir un poco más.

En conclusión, nuestra salud es lo más importante, y una dieta equilibrada y un poco de ejercicio diario puede hacerte vivir unos cuatro años más… ¡no lo olvides! ¡Tu vida tiene que ser larga y sana!

2 Lee el artículo con recomendaciones para tener una vida sana. Empareja las frases con las terminaciones correctas según el sentido del texto. ¡Atención! Hay terminaciones que no necesitas.

Ejemplo: 1 B

1 Para vivir más años	**A** cuesta mucho dinero.
2 Si quieres evitar dolores musculares	**B** la dieta y el ejercicio son muy importantes.
3 La natación es un deporte perfecto	**C** todos los días.
4 El 36% de los españoles	**D** para mover el cuerpo al completo.
5 Muchas personas no desayunan	**E** es posible vivir 4 años más.
6 Si comes bien y haces ejercicio	**F** es buena idea hacer veinte minutos de ejercicio al día.
	G no son muy deportistas.
	H porque prefieren dormir un poco más.
	I el sedentarismo.
	J causa problemas físicos.

3 Los adjetivos posesivos. Consulta el punto G1 en la sección de gramática y elige el posesivo correcto en cada caso.

Ejemplo: 1 mi

1 Cuando hago yoga en el polideportivo siempre voy con *mi / nuestra* hermana.
2 Nos gusta mucho nadar en *nuestro / nuestra* piscina.
3 Yo tengo *mi / su* dinero y tú tienes *su / tu* dinero para hacer la compra.
4 Chicos y chicas, *vuestro / vuestra* idea es muy buena, dijo el profesor.
5 *Sus / su* padres son mexicanos.
6 *Nuestros / nuestras* ejercicios son muy buenos para perder peso.
7 Juan tiene *su / tu* propia casa con *su / mi* jardín y *sus / tus* árboles.
8 Elisa y Lola, ¡*Vuestras / sus* ensaladas son deliciosas! ¿Cuál es *nuestro / vuestro* secreto?

4 Escribe un párrafo sobre lo que haces personalmente para estar en forma. Menciona:
- cómo es tu dieta
- qué actividades haces para mantenerte en forma
- cuánto tiempo dedicas al ejercicio
- por qué haces ejercicio
- qué ejercicio recomiendas y por qué

5 Ahora reduce el párrafo de la actividad 4 a unas notas en unas tarjetas. Cuéntale a un(a) compañero/a cómo te mantienes en forma con la ayuda de tus tarjetas y después repite la operación con un(a) compañero/a diferente sin tarjetas.

vuelo

A4.4 Los diferentes estilos de vida

- ⋆ **Describir los estilos de vida sana diferentes**
- ⋆ **El gerundio**

Los dilemas de la vida sana

Viernes, cuatro de noviembre

¡Hola a todos! Sarita al habla. Hace apenas una semana que empezó mi nueva dieta. De lunes a viernes, me levanté a las siete de la mañana y continué con mi desayuno súper sano y rico en fibra: lunes y miércoles, cereales con leche desnatada y un zumo de melocotón; martes y jueves, un plátano y un mango frescos con un zumo de naranja. Después de mis clases universitarias, volví a casa para comer una ensalada con pollo y tomates y fui a mi clase diaria de yoga. Creo que el yoga me está ayudando a estar en forma y también a meditar y relajarme. Para mí, escapar del estrés diario es necesario porque soy muy nerviosa. Por lo general, mis cenas son bastante ligeras pero un poco aburridas: arroz con verduras y un yogur con fruta.

Mi dilema de los viernes es si debería olvidar la dieta por un día a la semana o no. Muchos expertos en nutrición recomiendan hacer una comida o dos a la semana fuera de la dieta, para disfrutar y olvidar la presión de estar en forma… pero no pienso que sea buena idea. ¿Qué pensáis? Ahora me encantaría no ir a clase de yoga y estar viendo una película en el sofá o jugando videojuegos con mi hermano o comiendo una lasaña con mucho queso… pero el sábado por la mañana voy a sentirme fatal, ¿no?

Enviadme vuestros comentarios, por favor… ¿Debería tomar un día libre a la semana, comer comida basura y no hacer ejercicio?

1 Lee el blog sobre el estilo de vida de Sarita y contesta a las preguntas.

Ejemplo: 1 desde hace una semana
1 ¿Desde hace cuánto tiempo lleva Sarita una vida sana?
2 ¿Cuáles son los beneficios de su nuevo desayuno?
3 ¿Cuándo hace yoga Sarita?
4 Según Sarita, ¿para qué sirve el yoga?
5 ¿Cómo es Sarita de carácter?
6 ¿Cuál es el problema con sus cenas?
7 ¿Qué opinan los expertos sobre hacer dieta?
8 ¿Qué le gustaría hacer a Sarita en lugar de ir a hacer yoga?

2 Vas a oír a tres estudiantes que hablan de la vida sana. Escucha con atención y decide quién dice cada frase: Manuela (M), Silvestre (S) o Begoña (B).

Ejemplo: 1 B

1 Aunque no engordo, creo que mi dieta es poco saludable.
2 No sé cómo preparar comida saludable.
3 Mis amigas y yo tenemos metabolismos muy diferentes.
4 Siempre estoy demasiado ocupada para hacer ejercicio.
5 En mi dieta hay demasiados dulces.
6 Voy al gimnasio cada día.
7 Me encanta la comida rápida.
8 No tengo problemas de peso.

3 El gerundio. Consulta el punto N17 en la sección de gramática y completa las frases con el gerundio de los infinitivos del recuadro. ¡Atención! Hay infinitivos que no necesitas.

Ejemplo: 1 comiendo

1 Sofía está ………. una ensalada de arroz y maíz para mantener la línea.
2 Llevamos cinco años ………. la natación en la piscina olímpica.
3 Tú debes continuar ………. agua mineral para estar en forma.
4 Norberto siempre va ………. a trabajar, porque le gusta el atletismo.
5 Nosotros ganamos mucho dinero ………. equipamiento deportivo en la tienda.
6 Calixta está ………. peso para participar en la maratón de Barcelona.
7 Prefiero seguir ………. en un apartamento pequeño que mudarme a una granja.
8 Ellas llevan ………. el coche verde siete meses.

correr	practicar	gastar	animar
vivir	ganar	conducir	beber
perder	vender	*comer*	volar

4 Responde a las siguientes preguntas sobre tu estilo de vida con un(a) compañero/a de clase.

- ¿Qué estás comiendo ahora para estar sano/a? ¿Qué estás tomando en tu dieta que es malsano?
- ¿Qué ejercicio estás haciendo hoy en día para estar sano/a?
- ¿Qué estás haciendo para mantenerte en forma?
- ¿Qué debes evitar comer si quieres perder peso?

5 Escribe unas líneas sobre tu estilo de vida y qué haces para mantenerte en forma. Incluye la información de la actividad 4. Mira el ejemplo para ayudarte.

Ejemplo: Para llevar una vida sana, en este momento no estoy haciendo mucho ejercicio, pero tengo una dieta muy sana que consiste en cinco comidas al día. Normalmente desayuno cereales y evito grasas. Debo ir al gimnasio y hacer ciclismo también…

Vocabulario

A1.1 Donde vivo yo

a las afueras de	en el centro de	la montaña
aislado/a	cerca de	nacer
la aldea	*el chalet*	pequeño/a
antiguo/a	la ciudad	el piso
el apartamento	la costa	el pueblo
el barrio	la granja	*renovado/a*
el bloque	industrial	el río
el campo	lejos de	situarse
la casa	el lugar	tranquilo/a
la casa adosada	moderno/a	vivir

A1.2 Esta es mi casa

abierto/a	cómodo/a	luminoso/a
amplio/a	el despacho	los muebles
el apartamento	*el diseño*	*oscuro/a*
el aseo	el dormitorio	el pasillo
atractivo/a	la escalera	la planta
la butaca	estrecho/a	la planta baja
la calefacción	*la fachada*	el salón
la chimenea	grande	solo/a
la cocina	la habitación	la ventana
el comedor	el jardín	la vista

A1.3 ¿Qué haces en casa?

el ático	*la intimidad*	preparar
la caja	el lavaplatos	relajarse
comer	leer	*el repuesto*
de madera	el microondas	el sillón
dormir	la música	subir
estar	el ordenador	el tiempo
el florero	pasar	vacío/a
hacer	permitir	
el horno	el piano	

A1.4 Las habitaciones de mi casa a examen

la alfombra	los electrodomésticos	*la mancha*
al lado de	encima de	*la muñeca*
el/la cocinero/a	entre	el paisaje
el congelador	el espejo	pintar
el cuadro	*la estantería*	el reloj
debajo de	el horno	el rincón
delante de	izquierda	el tamaño
derecha	el lavaplatos	
detrás de	el microondas	

A2.1 Así es mi día en el insti

aburrido/a
la asignatura
la biología
las ciencias
complejo/a
los deberes
el dibujo
difícil

divertido/a
entretenido/a
fácil
la física
el idioma
el instituto
interesante
la lengua

las matemáticas
la música
una pérdida de tiempo
el/la profesor(a)
el recreo
útil

A2.2 Mi día escolar

el/la amigo/a
el ajedrez
aprender
la carta
charlar
el coro
el descanso
el día

durar
empezar
en punto
favorito/a
la fotografía
la hora
la jornada
el mediodía

el patio
el problema
pronto
el taller
terminar
volver

A2.3 Bienvenidos a mi insti

allí
el aula
la biblioteca
la cancha
la cantina
contar
el departamento
deportivo/a

el edificio
fuera
el gimnasio
la instalación
el laboratorio
el patio
la pista
la planta

el polideportivo
el reciclaje
la sala
la sala de profesores
el salón de actos
la variedad

A2.4 La vida escolar

acceder
adquirir
el/la alumno/a
cambiar
el chino
el colegio
el curso
el descanso
destacar

la desventaja
escolar
especializado
el/la estudiante
el horario
la instalación
la lección
mantener
mejor

montar
obligatorio/a
optativo/a
propio/a
el proyecto
el taller
temprano/a

A3.1 Las comidas típicas

el agua
almorzar
el arroz
la carne
la cebolla
cenar
comer
el desayuno
la ensalada
la fajita

el gazpacho
el huevo
la leche
la limonada
la mantequilla
el marisco
la mayonesa
la mermelada
el pan
el pimiento

el pollo
la sal
la salsa
las uvas
la verdura
el vinagre

A3.2 Mis gustos culinarios

chiflar · grasiento/a · el plato
contener · gustar · recomendar
delicioso/a · el helado · rico/a
dulce · interesar · salado/a
encantar · jugoso/a · la salchicha
evitar · la mezcla · la salsa
fascinar · el pastel · servir
fresco/a · picante · la tarta
la galleta · el postre · la zanahoria

A3.3 La dieta sana y nutritiva que necesito

el aceite · dejar (de) · el pastel
afectar · encontrarse · perjudicial
el alimento · equilibrado/a · recomendar
el almuerzo · guardar · el refresco
la amenaza · el horno · seco/a
la cantidad · el ingrediente · suficiente
cocinar · la línea
contener · la parte

A4.1 ¡Ay, qué dolor!

aliviar · la espalda · la pierna
bajar · el estómago · recomendar
el brazo · la frecuencia · el remedio
la cabeza · la garganta · la rodilla
casero/a · el hombro · sentirse bien/mal
el cuello · la mano · el síntoma
el dedo · las muelas · la solución
doler · el ojo · una venda
el dolor · el pie · visitar

A4.2 En el hospital

afectar · dormir · la pastilla
andar · evitar · quedarse
el comprimido · la fiebre · romper
constipado/a · la insolación · el tobillo
la crema · el jarabe · la tos
desde hace · el mareo

A4.3 Qué hacer para mantenerse en buena forma

además · físico/a · perder peso
a veces · el footing · las pesas
la carrera · el gimnasio · el polideportivo
consumir · hacer · sedentario/a
el cuerpo · mover · solo
deportista · la musculación · tener tiempo
la escalada · nadar · la vez
el ejercicio · la natación · la vida
estar en forma · no obstante · el yoga
el estilo de vida · normalmente

A4.4 Los diferentes estilos de vida

apenas	el estrés	relajarse
aumentar	la falta	rico/a
el caramelo	ligero/a	seguir
la comida basura	llevar	siempre
disfrutar	olvidar	
la envidia	preocuparse	

Chile, una joya al oeste de América del Sur

Mi vida, a la chilena

¡Hola a todos! Me llamo Ludovico, tengo quince años y soy chileno. Voy a describir mi vida aquí en este país tan especial.

Vista del puerto de Antofagasta, Chile

Vivo en Antofagasta, una ciudad de casi 400.000 habitantes. Está dentro del desierto de Atacama, en la costa, en el norte de Chile. Muchas personas describen la ciudad como *La Perla del Norte*. Vivo con mis dos hermanas, mi padre y mi madre en una casa cerca del centro. Desde mi habitación tengo unas vistas muy bonitas de los rascacielos que hay en el centro financiero. Voy al colegio metropolitano San José todos los días, de lunes a viernes, de nueve a tres y media. Me encanta mi cole, especialmente las asignaturas de ciencias naturales y la educación física. Entre semana, siempre me levanto temprano y estudio mucho.

Los fines de semana son muy diferentes. Los sábados me levanto más tarde y hago los deberes por la mañana, para tener el resto del 'finde' (es decir, el fin de semana) libre. A veces voy al puerto o al parque con mis amigos. Los domingos son especiales, porque mi madre cocina el *charquicán* y suelen venir también mis abuelos, mis tíos y mis primos. Esta comida es tradicional y contiene cebolla, ajo, porciones pequeñas de carne, patatas y *zapallo*, que es una calabaza naranja muy sabrosa… ¡mmmm! Es muy sabroso. ¡Ah! También soy un fanático del fútbol, y mi equipo favorito es el CDA (Club de Deportes de Antofagasta), que juega en la Primera División.

1 Lee el blog sobre la vida de Ludovico y elige las cinco frases correctas de la lista.

1 Antofagasta tiene 4.000 habitantes.

2 El desierto de Atacama está en el norte del país.

3 Ludovico vive en una casa con cuatro personas.

4 Ludovico se levanta muy temprano los fines de semana.

5 Los domingos Ludovico come con su familia.

6 El *charquicán* es un postre chileno tradicional.

7 A Ludovico le gusta el *charquicán*.

8 El CDA es un equipo de fútbol chileno.

2 ¿Cuánto sabes de Chile? Lee la página web sobre Chile. ¡Haz esta prueba! Hay palabras que no necesitas.

1 En Hanga Roa hay .... personas.

2 La población de Santiago de Chile es ....

3 Las ciudades más grandes de Chile son Santiago, ..., Concepción, La Serena y Antofagasta.

4 El desierto más grande de Chile se llama ....

5 Los Andes son una de las cadenas de .... más grandes del mundo.

6 Las personas nativas de Chile se llamaban los ....

Chihuahua	mapuches	montañas	5.000.000	mayas	3.000
1.000.000	Valparaíso	Lima	Atacama	ríos	

Antigüedad y modernidad de la mano en Chile

En nuestro foro de viajes *muchoviaje.com* tenemos muchas opiniones para todos los gustos. ¡Escribe unas líneas y sube una foto a nuestra página después de volver de tus excursiones! Hoy nos centramos en dos caras diferentes de Chile.

@rompecorazones23

El mes pasado fui a Chile pero no pasé mucho tiempo en el territorio principal porque viajé a Hanga Roa, la capital de la Isla de Pascua. Tiene poco más de 3.000 habitantes, es pequeña y muy tradicional. En la calle principal desafortunadamente solo hay unas cuantas tiendas, un supermercado y una farmacia. Lo más importante aquí es el turismo, lo que explica que haya 15 hoteles en una población tan pequeña. Aunque todos

hablan español, algunas personas aún hablan el idioma original de la isla, el rapa nui. ¡Es fascinante! A veces me sentí un poco aislado ya que no tenía mucho acceso a Internet. Mi amigo Pedro y yo organizamos una excursión en autobús a los moáis, las famosas estatuas monolíticas. que representan

Unas estatuas Moái en un valle de la Isla de Pascua

caras de personas nativas de la isla. ¡Qué maravilla! Hay más de 900 estatuas en toda la isla y los más altos miden diez metros, aunque el más grande se llama Te Tokanga ¡y mide 21 metros! Es una experiencia única.

@la_viajera03

Yo viajé a la capital de Chile, Santiago de Chile, que es una de las ciudades más modernas de América Latina y muy similar a muchas capitales europeas. Tiene una arquitectura colonial muy

Edificios icónicos de Santiago de Chile

bonita. Desde el avión vi los Andes, con mucha nieve, y ¡tan enormes! ¡Guau!

En Santiago hay cientos de hoteles, y la ciudad tiene una de las conexiones a Internet más rápidas y eficaces del continente. Me quedé en la ciudad cuatro días, y me sorprendió su transporte público: el metro es limpio y muy bien organizado. El centro financiero de la ciudad tiene muchos edificios grandes de cristal, pero algunos no tienen demasiada personalidad. Mi lugar favorito es el mercado central, en especial el restaurante Don Augusto, donde sirven la mejor comida marina del país. ¡Me encanta el marisco! Además, visité el Centro Cultural del Palacio de la Moneda y la catedral, de estilo colonial español. Lo malo es que a las afueras de la ciudad hay mucha pobreza. ¡Qué triste!

----

vuelo

Los sabores y colores de Texas

Ficha de información ✓

► Texas es el segundo estado más grande de los Estados Unidos, tanto en área como en población, y tiene mucha influencia mexicana y de los colonos españoles.

► El Texas español duró de 1690 a 1821. Ciertas ciudades y pueblos tienen nombres en español, como Del Río, San Antonio, Amarillo o Sonora.

► La mayoría de la población habla inglés, pero casi siete millones de personas hablan español de forma nativa, y muchos millones lo usan también como segunda lengua.

► En las últimas décadas hay un híbrido de las dos lenguas que se conoce como el *Spanglish*. Esta mezcla de español e inglés se usa de forma casual por muchos hijos de inmigrantes latinos en Texas. Aunque hay muchas variantes y formas de mezclar los dos idiomas, es normal transformar algunas palabras inglesas y hacerlas españolas. Por ejemplo, 'vacunar la carpeta' para decir *to vacuum the carpet,* 'lonchear' para decir *to have lunch*, y otros usos como 'chequear' (*to check*) y 'la chorcha' (*church*).

► Otra forma de hablar *Spanglish* es simplemente usar palabras en inglés y en español en la misma frase. Esto es muy popular hoy en día en la música latina moderna, y muchos artistas intercambian los dos idiomas en sus canciones. El *Spanglish* no es una lengua oficial, pero su uso está cada vez más extendido en Texas, Puerto Rico y Nuevo México.

1 Lee la ficha descriptiva sobre Texas y escribe los números que se corresponden con las letras. ¡Atención! Hay letras que no necesitas.

1 Hace más de tres siglos, España...

2 La ciudad de San Antonio...

3 La lengua más hablada en Texas...

4 El *Spanglish* es común...

5 'Chequear' y 'chorcha'...

6 Mucha música latina moderna...

7 Actualmente el *Spanglish* no es...

8 El *Spanglish*...

A entre los hijos de inmigrantes latinos.

B es el inglés.

C son ejemplos del híbrido de las dos lenguas.

D estableció una colonia en Texas.

E duró muchos años.

F tiene letras en inglés y español.

G es un ejemplo de un topónimo español.

H se habla en otros estados también.

I se conoce como el *Spanglish.*

J una lengua oficial.

Texas, ¡qué rico!

Las comidas típicas de Texas son una mezcla deliciosa de comida estadounidense y mexicana, pero con personalidad propia. En la gastronomía Tex-Mex se usan ingredientes como la carne, los frijoles y muchas especias picantes; también hay tortillas, nachos y chili con queso o chili con carne.

Un plato muy rico es el chimichanga. Se puede probar, por ejemplo, en un restaurante típico en la ciudad de El Paso. Es un burrito tradicional mexicano pero está frito y se sirve con guacamole o salsa de tomate. Aquí está la receta:

Chimichanga Tex-Mex

Ingredientes:

Carne o mezcla de verduras (pimiento, cebolla, calabacín)
Tomates naturales
Frijoles mexicanos
Queso rallado
Tortillas de harina tradicionales
…y para acompañar: arroz o salsas (de tomate, guacamole o tabasco)

2 Ahora la preparación… ¡pero está todo desordenado! ¿Puedes poner los diferentes pasos en orden?

1 Cuando esté terminado, colocar la mezcla sobre una tortilla y cerrarla bien en forma de paquete.

2 Finalmente, servir con arroz cocido con especias, o guacamole o salsas.

3 Segundo, añadir los tomates en trozos pequeños a la mezcla en la sartén y los frijoles, y continuar cocinando.

4 Colocar el paquete en un plato con el queso rallado encima.

5 Primero, cocinar la carne o la verdura en una sartén con un poco de aceite.

6 Luego, freír el paquete en aceite abundante durante uno o dos minutos, hasta obtener un color dorado.

3 Lee el texto sobre el rodeo y empareja los subtítulos A–D con los párrafos 1–4.

A El traje ideal **C** Su popularidad
B Los inicios de la tradición **D** Una definición

El rodeo: ¿Sabías que…?

1 En Texas, el rodeo es un deporte competitivo muy famoso. Para participar en esta actividad extrema, hay que montar un caballo o un toro en estado salvaje y realizar una serie de ejercicios. ¡Algunos son muy peligrosos! La prueba más tradicional consiste en estar sentado en un caballo bravo durante ocho segundos.

2 La ropa especial para participar en un rodeo es muy importante: sombrero típico, camisa vaquera y botas especiales. ¡Y no hay que olvidar unos pantalones muy resistentes!

3 En la ciudad de San Antonio se celebran las competiciones más famosas de rodeo en Texas. Según una estimación reciente, hay más de treinta millones de aficionados al rodeo en Estados Unidos, la mayoría en Texas, Nuevo México y California.

4 El origen de esta actividad viene del estado de Chihuahua, en México, donde los vaqueros en sus caballos formaban un círculo para proteger a su ganado.

Despegue

Rincón del examen 1.1

Cómo tener éxito en tu examen de audición

En tu examen podrías encontrar tres tipos de ejercicios de audición:

- verdadero/falso
- corregir frases
- preguntas en español

Dos tipos de grabaciones que podrías encontrar son:

- entrevistas
- testimonios individuales

Estrategias generales para la audición

→ Lee las preguntas con atención antes de escuchar.
→ Toma notas de las palabras clave más relevantes que escuches.
→ Recuerda que escucharás todo dos veces. ¡No te preocupes!

Decide qué frases son correctas

1 a Lee las frases del ejercicio 1b y con un(a) compañero/a, intenta reformularlas con otras palabras.

Ejemplo: 1a La casa de Álvaro está en un lugar ruidoso.

→ Comprueba cuántas 'X' debe haber en el ejercicio y cuéntalas cuando hayas terminado.
→ Adivina dentro de lo posible, si no estás seguro/a.
→ Estate alerta a los sinónimos que escuches.

---

1 b Vas a oír la opinión de cuatro jóvenes sobre donde viven. Escucha lo que dicen con atención y escribe una X en la casilla si la afirmación es **Verdad**.

Hay que marcar **solo 6** casillas (XXXXXX).

Álvaro	Verdad
a Álvaro vive en un sitio animado.	☐
b La casa de Álvaro es inusual.	☐
c Álvaro se lleva bien con sus hermanos.	☐
Gloria	
d Gloria no tiene hermanos.	☐
e El apartamento de Gloria tiene unas vistas increíbles.	☐
f En su opinión, la mejor habitación es el dormitorio.	☐
Casimiro	
g En la planta baja hay tres habitaciones.	☐
h El dormitorio en la tercera planta es bastante grande.	☐
i Según Casimiro, la casa es antigua, pero no tiene problemas.	☐

Dolores

j   La casa de Dolores es básica. ☐

k   En su barrio el transporte público es de alta calidad. ☐

l   En su casa la familia come en el comedor. ☐

Corrige la información falsa

2   a   Lee las palabras marcadas como incorrectas del ejercicio 2b y para cada una escribe un antónimo u otra posibilidad.

Ejemplo: 1 público

> → Identifica las palabras más propensas a cambiar.
> → Estate alerta a los sinónimos y antónimos de las palabras.
> → Si no estás seguro/a, adivina la respuesta ségun lo que sabes.

2   b   Vas a oír una entrevista con Ybéyise, una chica que habla de su rutina escolar. En cada frase hay algo que no corresponde a lo que dice Ybéyise. Escucha y escribe la palabra correcta en español.

1   El instituto donde va Ybéyise es **privado**.

2   El profesor de matemáticas tiene un carácter **estricto**.

3   Este **año** hay clases de natación.

4   En la **cantina** se pueden comer bocadillos.

5   Ybéyise suele hacer muchas **asignaturas** extraescolares por la tarde.

6   Los **viernes** hay una clase de kárate.

7   Las **casas** de sus artistas favoritos son muy impresionantes.

8   Sofía e Ybéyise van a clase de kárate **separadas**.

Responde a las preguntas en español

3   a   Antes de contestar a las preguntas del ejercicio 3b, intenta predecir qué tipo de contenido necesitarás para cada respuesta.

Ejemplo: 1 alimentos y/o bebidas

> → Asegúrate de que entiendes el vocabulario en las preguntas, como parte de tu revisión.
> → Predice lo que necesitarás en cada respuesta, durante el tiempo de preparación.
> → Usa respuestas concisas.

3   b   Vas a oír a dos jóvenes que hablan de la dieta y el ejercicio. Contesta a las preguntas en español. Tienes unos segundos para leerlas.

1   ¿Qué desayuna Martina a veces? [1]

2   ¿A qué hora almuerza Martina por lo general? [1]

3   ¿Por qué no se preocupa mucho Martina si come comida rápida? [1]

4   ¿Quién prepara el plato favorito de Martina? [1]

5   ¿Por qué no es tan importante la dieta para Paco? [1]

6   ¿Qué hace Paco cuando tiene hambre? [1]

7   ¿Para qué bebe mucha coca-cola en su dormitorio? [1]

8   ¿Qué necesitará Paco después de los exámenes? [1]

Despegue

Rincón del examen 1.2

Cómo tener éxito en tu examen de lectura (1)

En esta sección vamos a centrarnos en varios tipos de ejercicios de lectura:

- rellenar los espacios en blanco
- elección múltiple
- preguntas en español

Tres tipos de textos que podrías encontrar son:

- anuncios
- diarios y cartas
- comentarios personales

Estrategias generales para la lectura

→ Lee las instrucciones generales y el título primero para hacerte una idea del contenido del texto.

→ Asegúrate de que entiendes qué tipo de texto es, por ejemplo, un folleto o una carta.

→ Lee todo el texto rápidamente para hacerte con las ideas generales de su contenido.

Ejercicios de elección múltiple

El diario de Norberto

De lunes a viernes hago ejercicio media hora antes de cenar. Quiero estar en forma y evitar engordar. Me gusta hacer pesas, hacer footing y también hago yoga a veces. Mi deporte favorito es la natación; no obstante, el jueves pasado hablé con el médico y le expliqué que me duele la espalda y las rodillas después de nadar. Me dijo que la solución más fácil es nadar menos días y sin intensidad.

En cuanto a mi dieta, como muchas proteínas y generalmente evito las grasas y los dulces. Lo bueno de tener una dieta de lunes a viernes es que los fines de semana puedo saltarme el régimen durante dos días y comer algo diferente. Lo malo es que cuando continúo con la dieta el lunes por la mañana es un poco difícil. Quiero ser jugador de fútbol profesional en el futuro y necesito tener un peso ideal.

---

1 Lee este texto sobre la salud de Norberto y las actividades deportivas que hace para estar en forma. Para cada pregunta indica tu respuesta escribiendo una X en la casilla correcta.

1 Norberto hace ejercicio…

A		todos los días.
B		los días laborables.
C		dos días a la semana.

2 Físicamente, Norberto no quiere…

A		ganar peso.
B		estar en forma.
C		adelgazar.

3 Norberto debe intentar nadar…

A		los jueves.
B		de manera más intensa.
C		con menos frecuencia.

4 Norberto suele comer grasas…

A		muchas veces.
B		raras veces.
C		a veces.

5 Los fines de semana, Norberto puede…

A		dejar de seguir su régimen.
B		dejar la dieta para siempre.
C		continuar con la dieta.

6 Para ser futbolista, Norberto tiene que…

A		practicar mucho.
B		guardar la línea.
C		perder peso.

Responde a las preguntas en español

Una experiencia con 'La Roja'

¡Hola Leopoldo!

Tengo mucha información que contarte de mi estancia con el equipo de fútbol nacional español 'La Roja' el mes pasado. Fui con un grupo de estudiantes de medicina de mi universidad.

Fue una experiencia muy útil para mí, porque hablé con un doctor y dos enfermeros que continuamente viajan con los jugadores cuando juegan en diferentes países del mundo. Me explicaron que hubo varios problemas que sufrieron los jugadores durante el año.En Brasil, tres jugadores tuvieron problemas de garganta debido a la humedad y el remedio más eficiente fue tomar leche caliente con miel y evitar el agua muy fría.

Además, ¿sabías que después de jugar un partido en el norte de Europa, dos jugadores tuvieron lesiones en los tobillos y dolores en las piernas? El enfermero usó una crema caliente sobre la zona del cuerpo afectada.

Al volver de Australia, muchos jugadores tenían mucho sueño a causa del viaje en avión tan largo. El doctor organizó unas sesiones de yoga muy eficaces para la relajación muscular.

Finalmente, hablé con la cocinera que siempre prepara las cantidades necesarias de vitaminas, hidratos, azúcar y sal que los jugadores necesitan para mantener una dieta sana, sabrosa y especial para el fútbol.

¿Qué tal tus estudios y experiencias laborales?

Un saludo, Pascual

2 Lee la carta sobre las lesiones en el deporte y contesta a las preguntas en español.

1 ¿Cuándo fue Pascual a pasar tiempo con 'La Roja'? [1]

2 ¿Quién acompañó a Pascual en el viaje? [1]

3 ¿Cómo fue su experiencia? [1]

4 ¿Qué no se recomienda beber si tienes problemas de garganta? [1]

5 ¿Qué problemas sufrieron dos jugadores después de jugar en el norte de Europa? [2]

6 ¿Dónde se pone la crema caliente exactamente? [1]

7 ¿Por qué estaban cansados los jugadores al volver de Australia? [1]

8 ¿Qué actividad ayuda a la relajación muscular? [1]

Despegue

Rincón del examen 1.3

Cómo tener éxito en tu examen de lectura (2)

Rellena los espacios en blanco

Se vende chalet

- Chalet con dos plantas y piscina. Está en una zona residencial cerca de la playa de Calas Blancas, con acceso privado hasta la costa.
- En la planta baja hay una cocina, dos salones y un comedor enorme con cinco ventanas y vistas al jardín.
- En la segunda planta hay dos balcones, tres dormitorios (dos dobles y uno más grande con baño incluido) y una terraza espectacular con vistas a la piscina.
- En la zona residencial no se admiten mascotas de ningún tipo.
- Esta zona es muy familiar y está prohibido hacer ruido desde las once de la noche hasta las ocho de la mañana.
- Hay un descuento de un 5% para las tres primeras personas que se interesen por la propiedad y la visiten.

---

1 a Antes de leer el anuncio habla con un(a) compañero/a e intenta completar cada frase del ejercicio 1b con una palabra de la lista.

Ejemplo: 1 cerca / lejos

Estrategias

→ Usa tus conocimientos gramaticales para eliminar opciones.
→ Ten en cuenta que las frases están en el orden del texto original.
→ Adivina la respuesta si no la sabes. ¡Nunca dejes respuestas sin contestar!

---

1 b Lee el anuncio sobre un chalet en venta y completa cada frase según el sentido del texto. Completa cada frase con una palabra de la lista.

1 El chalet no está .... de la playa. [1]

2 En la planta baja hay .... habitaciones. [1]

3 Hay un .... en uno de los dormitorios. [1]

4 Desde la terraza se puede .... la piscina. [1]

5 No se puede traer .... a la zona. [1]

6 Entre las once de la noche y las ocho de la mañana, el .... es necesario. [1]

silencio	nadar	cerca	lejos
ruido	animales	cuatro	balcón
ver	menos	cinco	baño

Responde a las preguntas en español

La granja de Lola

¡Hola Mariana!

Tenía muchas ganas de contarte cómo vivo aquí en Murcia desde hace un año y medio. La verdad es que estoy muy contenta de vivir en una granja tan grande con tantos animales. Lo malo es que tengo que levantarme temprano todos los días porque cuidar de ellos es una gran responsabilidad. Mi padre trabaja en la ciudad de lunes a viernes pero los fines de semana paso mucho tiempo al aire libre con él y me encanta.

En la granja tenemos plantaciones de muchas verduras, como por ejemplo tomates, lechugas, pepinos y pimientos... ¿Sabías que Murcia es la región de Europa que más verduras cultiva? El clima aquí es ideal.

Creo que en el futuro me gustaría ser granjera y cultivar el campo para vender toda la fruta y verdura que tengo. Desde que vivo aquí tengo una dieta más sana porque solo como los productos orgánicos que cultivamos aquí. Casi nunca tengo que ir al supermercado. ¡Ah! También soy vegetariana ahora y creo que nunca más voy a comer carne. Me encantan muchos platos vegetarianos como la pizza de espinacas pero lo mejor es la ensalada con arroz.

¿Qué tal la vida en tu región ahora? ¿Comes bien allí?

¡Escribe pronto!

Lola

2 a Antes de contestar a las preguntas, intenta predecir qué tipo de contenido necesitarás para cada respuesta.

Ejemplo: 1 un periodo de tiempo.

2 b Lee la carta de Lola y contesta a las preguntas en español.

1 ¿Lola vive en Murcia desde hace cuánto tiempo?   [1]

2 ¿Cómo se siente allí?   [1]

3 ¿Por qué tiene que levantarse temprano?   [1]

4 ¿Cuántos días a la semana trabaja su padre en la ciudad?   [1]

5 ¿Qué le encanta hacer con su padre?   [1]

6 ¿Por qué es especial, la región de Murcia?   [1]

7 ¿Cómo sabemos que Lola tiene una dieta más sana ahora?   [1]

8 ¿Cuál es el plato favorito de Lola?   [1]

B1 Self, family, pets, personal relationships

Embarque

B1.1 Te presento a toda mi familia

★ **Hablar de tu familia y mascotas**
★ **La preposición *a* personal**

A Tengo 15 años. Tengo una mascota, un gato que se llama Marte. Yo me llamo Ana.

B Soy Alicia. Tengo 14 años y tengo el pelo rizado. Veo a mis amigas todos los días.

D Soy Teo. Los domingos veo a mi primo, los dos jugamos en el mismo equipo. Él es rápido.

C Mi nombre es Sara; mi familia está en India. No veo mucho a mis abuelos. Tengo el pelo negro.

F Soy Felipe. Me gusta salir los fines de semana. Vamos mucho al cine.

E Me llamo Mía; tengo 15 años y me gusta escuchar mi música. Ayudo a mi madre con las tareas en casa.

G Soy hijo único. Me llamo Ignacio. El sábado veo a mi padre que trabaja lejos.

H Soy Marcos y tengo 15 años. Soy alto. Ayudo a mi papá en el jardín pero prefiero el rugby.

1 Lee las descripciones. Escribe las letras de las respuestas correctas.

Ejemplo: 1 G

1 ¿Quién no tiene hermanos?
2 ¿Quién tiene interés en el rugby?
3 ¿Quién tiene interés en el cine?
4 ¿Quién juega en el mismo equipo que su primo?

5 ¿Quién tiene un animal en casa?
6 ¿Quién tiene el pelo rizado?
7 ¿Quién ayuda en casa?
8 ¿Quién no ve mucho a sus abuelos?

2 Escucha las descripciones de varias mascotas. Elige las frases correctas y escribe las letras.

Ejemplo: 1 C

1 Marcos tiene…
   A una mascota grande.
   B un gato feo.
   C un animal pequeño y tímido.

2 Pepe tiene una mascota…
   A genial.
   B bien educada.
   C pequeña.

3 Juan tiene una tortuga…
  A grande.
  B pequeña.
  C bonita.
4 El loro de Lisa es…
  A colorado.
  B verde.
  C tranquilo.

5 El ratón de Antonio no es…
  A grande.
  B pequeño.
  C feo.
6 El pez de Sara es…
  A feo.
  B atractivo.
  C agresivo.

7 Julia tiene un caballo…
  A grande.
  B inteligente.
  C feo.
8 El hámster de Jorge que lo come todo…
  A es gordo.
  B es inofensivo.
  C es agresivo.

3 La preposición *a* personal. Consulta el punto P2 en la sección de gramática. De las dos opciones a continuación, escoge la respuesta correcta.

Ejemplo: 1 *a un chico*

1 Dibujo *a un chico / a una casa.*
2 Veo *la casa de Marcos / a la casa de Marcos.*
3 El artista pinta *las flores / a las flores.*
4 El profesor llama *los estudiantes / a los estudiantes.*

5 Mi madre invita *los chicos / a los chicos.*
6 Veo *a la madre de Marcos / la madre de Marcos.*
7 Miro *a los coches / a los dos chicos.*
8 Visito *mis primos / a mis primos.*

4 a El sonido 'j', equivalente a 'ge' o 'gi'. Escucha esta frase y separa las palabras. Repite la frase tres veces, tradúcela a tu propia lengua y apréndela de memoria.

Losgeraniosrojosdeljardínsongenialesygigantes

4 b Lee la frase en alto y díctala a tu compañero/a para que la escriba. Después tu compañero/a te la dicta a ti. ¿Quién tiene menos fallos?

5 Trabaja con tu compañero/a y prepara las respuestas a estas preguntas usando la tabla a continuación. Luego os turnáis para practicarlas.
  ● ¿Cómo te llamas?
  ● ¿Cuántos años tienes?
  ● ¿Cómo es tu familia?
  ● ¿Cómo eres físicamente?
  ● ¿Tienes una mascota?

Me llamo Mi apellido es Tengo [x]		María / Carlo. Fernández. años.
Tengo	un/una, dos, tres, cuatro…	hermano(s) / hermana(s) tío(s) / tía(s)
En mi familia somos	dos, tres, cuatro…	hermano(s) / hermana(s) tío(s) / tía(s)
Soy hijo/a único/a.		
Tengo el pelo largo / rizado / liso y	los ojos de color azul / negro / verde / gris.	
(No) llevo gafas.		
(No) tengo un(a) gato / pájaro / chinchilla	grande / gordo/a / pequeño/a	

6 Usa las oraciones de la actividad 5 para presentarte (y a tu mascota, si tienes una). Escribe dos párrafos y menciona:
  ● tu nombre y apellido
  ● los miembros de tu familia
  ● tus mascotas (si tienes) y adjetivos para describirlas
  ● tu cumpleaños

Guarda tus respuestas para usar más tarde (en los exámenes, por ejemplo).

Despegue

B1.2 Una foto de ti… en palabras

★ **Describir a personas físicamente**
★ **Adjetivos apocopados**

Hola, Pepa:

Hoy es el primer día de clase y tengo cinco nuevos amigos en el cole. Te cuento — el primer amigo tiene un nombre diferente: se llama Malen, es de África originalmente y tiene la piel muy negra, es bajito y guapo. Me gusta mucho Lorena, es una gran amiga. Ella tiene problemas físicos y va en silla de ruedas pero es muy positiva y siempre está activa. Lleva gafas todo el día. Julio es un buen chico, es altísimo y delgado, muy útil para su deporte favorito, que es el baloncesto. El tercer chico que conozco es Juanjo, que tiene el pelo negro y unos ojos azules preciosos y es de talla media. El último es Miguel, que tiene el pelo muy corto y rubio, lleva gafas rojas y tiene un pendiente negro. Además tiene dos tatuajes azules y raros en el brazo. Se nota que es un poco diferente de los otros ¿verdad?

¿Qué te parecen? Quiero saber tu opinión.

Hasta pronto.

Maite

1 a Lee el correo electrónico. Señala si las afirmaciones son verdaderas (V) o falsas (F). Hay que señalar solo cinco afirmaciones verdaderas. Corrige las afirmaciones falsas.

Ejemplo: 1 V

1 Hoy empieza el cole para Maite.
2 Maite describe a cinco compañeros que conoce del año pasado.
3 Malen es africana.
4 Los problemas de Lorena son físicos.

5 Lorena solo lleva gafas de sol.
6 Para Julio, es práctico ser alto cuando practica deporte.
7 Juanjo no es ni alto ni bajo.
8 Miguel llama la atención porque es distinto a sus amigos.

1 b Ahora busca diez ejemplos de adjetivos en el texto del ejercicio 1. Tradúcelos a tu propio idioma y apréndelos.

2 Mira los dibujos antes de escuchar. Escucha las descripciones y escribe las letras de las imágenes que se corresponden con los números.

Ejemplo: 1 G

(A)

(B)

(C)

(D)

(E)

(F)

(G)

(H)

3 a Los adjetivos apocopados. Consulta el punto C4 en la sección de gramática. Completa las frases con la forma correcta de la frase que incluye el adjetivo.

Ejemplo: 1 mal

   1 Hoy tengo un (*malo*) .... día: los deberes son muy difíciles.

   2 Mi (*grande*) .... amiga tiene su cumpleaños hoy.

   3 En (*primero*) .... lugar no me gusta esta canción vieja.

   4 Es una idea muy (*bueno*) ....

   5 El chico es un (*bueno*) .... amigo.

   6 Siempre paso una (*malo*) .... noche antes de viajar.

   7 Es la (*primero*) .... semana de clase.

   8 Es un (*grande*) .... futbolista.

3 b Consulta el texto del ejercicio 1 y escribe cuatro ejemplos de adjetivos apocopados.

Ejemplo: el primer día

4 Trabaja con tu compañero/a. Prepara un dibujo de la persona más fea imaginable. Sin enseñar el dibujo, y usando la tabla para ayudarte, describe a esta persona y tu compañero/a la dibuja. Después, comparad los dibujos. A continuación os turnáis.

No tiene	un ojo pelo dientes			
Es	feo/a horrible gordo/a bajito/a alto/a			
Tiene el pelo	largo rizado liso corto	y	los ojos de color	azul negro verde rojo amarillo gris
(No) lleva	gafas			
Se llama... Su apellido es...				

5 a Escribe una descripción de dos compañeros/as. Incluye los adjetivos que corresponden a:

- su pelo
- sus ojos
- su piel

Añade otra información interesante, por ejemplo, lleva gafas / es delgado / es fuerte.

Ejemplo: Mi primer compañero es alto y delgado; tiene el pelo negro y corto. Tiene los ojos azules; no lleva gafas.

5 b Traduce esta información a tu propio idioma y aprende las descripciones. Lee una de las descripciones en alto sin mencionar el nombre de la persona: ¿tu compañero/a puede adivinar quién es? Guarda la información descriptiva para usar más tarde y en los exámenes.

Despegue

B1.3 ¿Cómo es tu carácter?

★ **Describir el carácter de las personas**
★ **Usos del verbo *ser* con identidad o característica**

Lista A

1 **Nacho:** Es muy buen estudiante, nunca llega tarde.
2 **Las gemelas Marta y Marina:** Casi no tienen amigas, es difícil para ellas hacer amistad con otras personas de su edad en el instituto. Son estudiantes solitarias.
3 **Juanita:** Habla con todos y siempre cuenta algo de interés, tiene muchos amigos en su colegio; la risa con ella es constante. Es divertida.
4 **Pedro:** No organiza sus libros para estudiar, no organiza su música, su habitación es un desastre.¡Qué chico!
5 **Paco y su hermano Diego:** Se levantan tarde, no estudian mucho, ven la tele a todas horas, no salen a pasear, los dos son perezosos.
6 **Luis:** Tiene pocos intereses, no lee mucho, no tiene opiniones sobre el futuro. No parece muy motivado.
7 **Gema:** Tiene problemas físicos, pero lleva una vida normal; es impresionante.
8 **Marcos:** Siempre es positivo y ya tiene unas ideas concretas para el futuro: dice que quiere ser ingeniero y, aunque es una carrera difícil, tiene suficiente motivación.

Lista B

A desordenado/a
B valiente
C ambicioso/a
D sociable
E tímido/a
F vago/a
G trabajador(a)
H aburrido/a

1 a Lee las descripciones. Escribe los números de las afirmaciones que se corresponden con las letras de los adjetivos.

Ejemplo: 1 G

1 b Escribe los adjetivos, tradúcelos a tu propio idioma y apréndelos. Consulta la lista de vocabulario y prepara una lista de más adjetivos útiles.

2 a Vas a oír una serie de observaciones o diálogos cortos. Escucha lo que dicen con atención y escribe la letra de la afirmación que es verdadera. Hay que indicar solo siete afirmaciones verdaderas.

Ejemplo: 1 A

1 **Roberto**
   A Roberto no es muy extrovertido.
   B Roberto no tiene información de la familia de la chica nueva.
   C Roberto dice que la chica nueva es divertida.

2 **Elena**
   A Elena piensa que el profesor es inútil.
   B Elena piensa que el chico es perezoso.
   C Elena no sabe cómo reaccionar.

3 **Mari**
   A Mari quiere mejorar.
   B Mari es muy puntual.
   C Mari no es optimista.

4 **Santi**
   A Santi habla mucho con Lucía.
   B Santi piensa que Lucía es inteligente.
   C Santi piensa que Lucía es habladora.

5 **Luisa**
   A Luisa no aguanta a Miguel.
   B Luisa cree que los padres de Miguel son superiores.
   C Luisa no está cómoda con Miguel.

2 b Escucha los diálogos otra vez y escribe seis adjetivos que se usan para describir el carácter de las personas. Tradúcelos a tu propio idioma.

3 a Usos del verbo *ser* con identidad o característica. Consulta el punto N18 en la sección de gramática. Escribe la forma del verbo *ser* que falta.

Ejemplo: 1 es

1 Mi amiga .... actriz.
2 Yo .... americano, pero vivo en Chile.
3 Nosotros .... de aquí.
4 Mi amigo quiere .... arquitecto.

5 Mis amigas no .... muy ambiciosas.
6 Mis amigos .... rubios y altos.
7 Tú .... una persona muy inteligente.
8 Vosotras .... francesas ¿verdad?

3 b Consulta el texto de la actividad 1 y encuentra cinco usos del verbo *ser* con identidad o característica.

Ejemplo: Es muy buen estudiante.

4 a Responde a las siguientes preguntas con un(a) compañero/a de clase. Trabaja con tu compañero/a y haced turnos para contestar a las preguntas con vuestra propia información.
- ¿Cómo eres físicamente?
- ¿De qué color tienes el pelo?
- ¿De qué color tienes los ojos?
- ¿Llevas gafas / gafas de sol?
- ¿Cómo es tu carácter?
- ¿Cómo son los miembros de tu familia?
- ¿En qué trabajan tus padres?

4 b Trabajad en grupos pequeños. Piensa en una persona famosa (estrella de cine, de deporte, etc.). Tus compañeros van a intentar adivinar el nombre de la persona haciendo preguntas con esta tabla.

¿Es			americano/a? inglés/inglesa? australiano/a?
¿Es			futbolista? actor/actriz? atleta? estrella de cine? deportista?
¿Tiene el pelo	largo? rizado? liso? corto?	¿Es	simpático/a? romántico/a? inteligente? divertido/a? popular?
¿Lleva			gafas?

5 Describe a una persona famosa. Prepara un póster para presentar a la clase. Sin identificar su nombre menciona:
- cómo es físicamente
- cómo es su personalidad o carácter
- su profesión
- por qué es famoso/a

vuelo

B1.4 Las relaciones familiares

★ **Descubrir cómo se vive en distintas familias**
★ **Los pronombres posesivos**

Opiniones sobre la familia

José y su familia

Veo a mis hermanastros a menudo. Mi padre me lleva a pasar un fin de semana juntos. Es agradable ir porque son graciosos. Me llevo bien con ellos pues tenemos intereses en común — los míos son el fútbol y el golf, los suyos el fútbol y patinar. (Podemos patinar a 10 metros de su casa y cerca de la mía es imposible). Mi padre además me lleva al estadio cuando hay partido en casa. Lo que no aguanto con este arreglo es que hay como una competición entre mis padres y me hacen muchos regalos que no son necesarios.

- -

Marta y los suyos

Mi padre es un hombre de negocios y su empresa está en Buenos Aires; no lo veo muy a menudo aunque intenta pasar un mínimo de quince días con nosotros en Navidad y Año Nuevo. Este verano tenemos planeado ir a Argentina durante las vacaciones porque las mías son largas y me ilusiona la idea de viajar. Por casualidad vi un artículo sobre las famosas cataratas de Iguazú y mi idea es ir allí; la suya es no gastar mucho, y seguro que discutiremos pero ya veremos si nos ponemos de acuerdo.

- -

Alicia y su hermanita

Mi hermana menor solo tiene dos años y me llevo bien con ella. Sin embargo, siempre discuto con mi mamá porque la pequeña recibe toda su atención. Me siento como marginada aunque sigo ayudando con las tareas en casa. No tengo celos —porque admiro a mi madre— lo que ocurre es que me gustaría poder charlar un poco más de lo mío con ella como cuando yo era la pequeña en casa.

- -

1 Lee la información sobre familias y responde a las preguntas.

Ejemplo: 1 un fin de semana

1 ¿Cuánto tiempo se queda con sus hermanastros?
2 ¿Qué opina José de estas visitas? (3)
3 ¿Por qué piensa así?
4 ¿Por qué es difícil para Marta ver a su padre?
5 ¿Qué hace el padre de Marta a finales de diciembre?
6 ¿Por qué motivo van a discutir Marta y su padre?
7 ¿Cómo son las relaciones de Alicia con su madre?
8 ¿Cuál sería la solución ideal para Alicia?

2 Vas a oír una entrevista con Julia, que habla de su familia. Escucha lo que dice con atención. En cada frase hay algo que no corresponde a lo que se dice en la entrevista. Escucha la entrevista y escribe la palabra correcta en español.

Ejemplo: 1 menor

1 Julia se lleva bien con su hermano ~~mayor~~.
2 Julia no soporta la ~~ambición~~ de su hermano mayor.
3 Su hermano mayor no hizo bien las tareas de ~~inglés~~.
4 Julia cree que ~~gana~~ más en casa que su hermano mayor.
5 Nunca salen ~~con sus amigos~~.
6 La semana pasada se encontraron los dos hermanos en el ~~estadio~~.
7 Los hermanos tienen en común una pasión por el ~~rugby~~.
8 No están de acuerdo cuando hablan de sus ~~cantantes~~ favoritos.

3 Los pronombres posesivos. Consulta el punto G2 en la sección de gramática. Escribe la forma del pronombre posesivo que corresponde con las palabras subrayadas.

Ejemplo: 1 la suya

1 ¿De qué paga estamos hablando? De <u>la paga de mi hermana</u>.
2 Discuto siempre, sobre todo con <u>tus hermanos</u>.
3 Su familia parece más organizada que <u>la de nosotros</u>.
4 La familia perfecta no es <u>de mí</u>.
5 Tiene más en común con mis hermanos que <u>los de él</u>.
6 ¿Adónde vais? — Primero vamos a la casa de Ignacio y luego a <u>la de ti</u>.
7 Me llevo bien con todos <u>los primos de vosotros</u>.
8 Mi familia es mucho más rara que <u>la familia de Antonio</u>.

4 Prepara una presentación sobre tu familia. Menciona:
- cuántas personas hay en tu familia
- con quién te llevas bien / mal
- si discutís alguna vez (y por qué)
- qué tienes en común con tus hermanos / primos
- si sales mucho con tu familia
- si hay algo que no aguantas de tu familia
- lo mejor de tu familia

5 Acabas de visitar a un(a) amigo/a en su casa. Escríbele una carta comparando tu familia y la suya. Debes escribir 130–140 palabras. Incluye la siguiente información:
- cuántas personas hay en tu familia y con quién te llevas mejor y por qué
- qué tienen vuestras familias en común
- qué problemas hay en cada familia
- tu opinión sobre la familia de tu amigo/a
- lo que pasó durante la visita que te sorprendió

House and home

Embarque

B2.1 Los pasatiempos en casa

★ **Hablar sobre las actividades de ocio que haces en casa**
★ **Los adverbios básicos**

A  **B**  **C**  **D**

E  **F**  **G**  **H**

 1 Lee las siguientes frases. Escribe los números de las frases junto a las letras de cada dibujo con las que se corresponden.

Ejemplo: 1 D

1 Escucho música en mi móvil.

2 Siempre juego a los videojuegos en mi consola.

3 Leo libros de aventuras o misterio.

4 Cocino recetas de comidas nuevas.

5 A veces veo la tele con mi familia.

6 Navego mucho por Internet en mi tableta.

7 Juego al ajedrez con mi hermana.

8 Toco bien la trompeta.

 2 Vas a oír a Leopoldo describiendo los pasatiempos de su familia. Escucha con atención y escoge la opción correcta en las siguientes frases.

Ejemplo: 1 B

1 ¿Qué tipo de música escucha el padre de Leopoldo?
  A rock
  B clásica
  C pop
  D bachata

2 ¿Dónde lee una novela su madre?
  A en una silla
  B en la cama
  C en el sofá
  D en el jardín

3 ¿Qué prefiere leer el tío Miguel?
   A los cómics
   B los libros
   C las novelas
   D los periódicos

4 ¿Qué instrumento toca su abuela?
   A la flauta
   B el piano
   C la guitarra
   D la trompeta

5 ¿Qué cocinan Iker y Lide?
   A una paella
   B quesadillas
   C una pizza
   D patatas fritas

6 Su hermana utiliza Internet para…
   A practicar deporte
   B ver videos
   C hablar con sus amigos
   D escribir un blog

3 a Los adverbios básicos. Consulta el punto K2 en la sección de gramática. Reordena las siguientes frases para que tengan sentido. Después, subraya el adverbio en cada frase.

Ejemplo: 1 Me gusta mucho cocinar.

1 gusta cocinar Me mucho
2 bien el clarinete Mariola toca
3 demasiado Esteban estudia Pienso que
4 mucho veo la tele Yo

5 Mi cocina padre bien
6 mal Sonia al ajedrez juega
7 Mi deportista es hermano muy
8 por Internet interesante es bastante Navegar

3 b Busca cuatro ejemplos de adverbios en las frases del ejercicio 1. Después, tradúcelos a tu idioma.

4 a El sonido de la 'i' y la 'y' en español. Escucha esta frase y separa las palabras. Repite la frase tres veces, tradúcela a tu propia lengua y apréndela de memoria.

Miriammiralacamisaamarillalilaygris

4 b Lee la frase en alto y díctala a tu compañero/a para que la escriba. Después tu compañero/a te la dicta a ti. ¿Quién tiene menos fallos?

5 Responde a las siguientes preguntas con un(a) compañero/a de clase. Usa la tabla a continuación para ayudarte en tus respuestas.
   - En casa ¿cuál es tu pasatiempo favorito?
   - ¿Qué pasatiempo te gusta menos?
   - ¿Qué haces en casa los fines de semana?
   - ¿Qué pasatiempos tienen otros miembros de tu familia?

Mi pasatiempo favorito en casa es	cocinar escuchar música escribir en el blog
En casa no me gusta nada	jugar al ajedrez / a videojuegos / a un juego de mesa leer un cómic / un libro
Los fines de semana suelo	navegar por Internet tocar la guitarra / el piano ver la tele
A mi madre / mi padre / mi hermano/a mayor/ menor le gusta	

6 Escribe un párrafo sobre los pasatiempos que haces en casa. Incluye la información de la actividad 5.

Despegue

B2.2 La rutina de todos los días

★ **Describir tu rutina diaria**
★ **Los verbos y pronombres reflexivos**

---

1 Los verbos y pronombres reflexivos. Consulta los puntos M6 y N22 en la sección de gramática y completa las frases con el pronombre y el verbo conjugado en presente en cada caso.

Ejemplo: 1 me

1 Siempre .... levanto a los ocho menos cuarto de la mañana. (*levantarse*)
2 Marcos se .... en su dormitorio antes de ir al colegio. (*peinarse*)
3 Nosotros nos .... mucho en clase de informática. (*aburrirse*)
4 ¿Vosotros .... los dientes dos veces al día? (*lavarse*)
5 Vanesa y Gerardo .... ponen el uniforme para trabajar en la tienda. (*ponerse*)
6 ¿Tú .... las manos antes de cenar? (*lavarse*)
7 Mi primo Víctor nunca se .... por la noche. (*ducharse*)
8 Yo y mis amigos .... muy temprano siempre. (*acostarse*)

Marcos y su rutina diaria

Unas rutinas dispares

Rafael

¡Hola! me llamo Rafa. Mi rutina diaria no es muy interesante. Siempre me despierto a las siete y cuarto. Después, me ducho rápidamente, me peino y voy a la cocina a tomar el desayuno. Más tarde, me lavo los dientes y voy al instituto a las ocho y veinte. Estudio muchas asignaturas, sin embargo mi preferida es la tecnología. Después del insti, vuelvo a casa a las cinco y prefiero relajarme un poco en el salón, o juego a mi videojuego preferido en el dormitorio. Sobre las siete y media ceno con mis padres en el comedor y luego hago los deberes en el salón. Si tengo tiempo, veo la tele un poco, si no, me gusta acostarme a las diez.

Sandra

¡Buenos días! Soy Sandra. ¡Me gusta mi rutina! Normalmente me levanto a las siete y media y me preparo el desayuno: a veces una tostada, o un yogur. Después me pongo el uniforme y voy al insti en coche con mi madre. Me encanta estudiar idiomas, especialmente el chino. A las cinco vuelvo a casa y ceno a las seis. A veces me gusta comer en el salón, mientras veo en la tele mi serie favorita. Más tarde, hago mis deberes en mi dormitorio y, cuando termino, me ducho y después me acuesto — a las diez y media más o menos.

---

2 Lee la información sobre las rutinas de Rafael y Sandra y responde a las preguntas en español.

Ejemplo: 1 a las siete y media

1 ¿A qué hora cena Rafael?
2 ¿Dónde hace Sandra los deberes?
3 ¿Qué piensa Rafael de su rutina?
4 ¿Qué ve Sandra en la tele?
5 ¿A qué hora vuelven Sandra y Rafael a casa?
6 ¿Cuál es la asignatura preferida de Rafael?
7 ¿Qué desayuna Sandra a veces?
8 ¿Qué hace Sandra después de los deberes?

3 Vas a oír a cuatro miembros de una familia que hablan de su rutina. Lee las siguientes frases y señala si las afirmaciones son verdaderas (V) o falsas (F). Si son falsas, escribe una frase en español para corregirlas.

Ejemplo: 1 F La madre de Leo se levanta a las seis.

1 La madre de Leo se viste a las seis.
2 El padre de Leo prepara el desayuno.
3 Natalia se ducha rápidamente.
4 La hermana pequeña prefiere ducharse antes que Natalia.
5 Martín se pone el uniforme para el colegio.
6 Marta no se viste sola para ir al colegio
7 A Elvira le encanta cenar con la familia.
8 Elvira se acuesta tarde.

4 a Estás hablando con un(a) amigo/a sobre la rutina diaria. Trabaja con otra persona para realizar un juego de rol. Debes elegir el papel A o el papel B.

B
1 **(i)** Saluda a tu amigo/a y
    (ii) Pregúntale a qué hora se levanta por la mañana.
2 Pregúntale qué hace después.
3 **(i)** Dile que prefieres hacer tú y
    (ii) Pregúntale qué prefiere hacer por la noche.
4 Pregúntale a qué hora se acuesta.
5 Pregúntale si le gusta su rutina.

A y B
A: Hola.
B: 1(i) y (ii)
A: Yo me levanto <u>temprano</u>, a las <u>seis</u>.
B: 2
A: <u>Me ducho</u> y luego <u>me lavo los dientes</u>.
B: 3(i) y (ii)
A: Prefiero <u>relajarme en el sofá</u>.
B: 4
A: Generalmente, me acuesto a las <u>once</u>.
B: 5
A: Mi rutina es un poco aburrida, pero me encantan los fines de semana.

4 b Ahora cambiad de papeles y realizad el diálogo otra vez, sustituyendo las palabras marcadas por las de la lista a continuación.

| desayuno | ver la tele | me visto |
| tarde | once y media | diez y cuarto |

5 Escribe un blog sobre tu rutina, similar a los del ejercicio 2. Usa el diálogo adaptado de la conversación anterior e incluye la información a continuación. Describe:
- qué haces
- cuándo lo haces
- tus opiniones

Vuelo

B2.3 Las tareas domésticas

★ **Hablar sobre las tareas domésticas y cómo las reparte la familia**
★ **El verbo *estar* de posición y el presente continuo (*estar* + gerundio)**

En el apartamento y en la finca

Cuando estoy en el apartamento…

… la vida es mucho más fácil. Dos veces a la semana yo quito el polvo y paso la aspiradora. Mi madre y mi hermano siempre están planchando la ropa. Detesto limpiar mi habitación, pero la comparto con mi hermano pequeño así que ahora nos estamos turnando esta tarea semanalmente. Después de cenar, yo friego los platos cuando estoy en la cocina, mientras mi hermanito quita la mesa cuando está en el salón. Generalmente yo hago mi cama, aunque muchas veces también hago la cama de mi hermano porque él tiene siete años y no lo hace bien. El sábado o el domingo lavamos el coche y preparamos todo para pasar una quincena de vacaciones en la finca que tenemos, cerca de un pueblo que se llama Valdepeñas.

Cuando estoy en la finca…

… trabajo mucho más. Me encanta ir, pero ¡hay tantísimas tareas al aire libre! Hay un jardín enorme, y yo normalmente corto el césped mientras mi hermano ayuda a mi madre a cortar flores y a regar las plantas cuando están fuera. ¡Limpiar el tractor es muy divertido! Mi padre usa el tractor en el campo cerca de la finca porque estamos cultivando uvas para hacer vino. En la finca tenemos un perro que se llama Tobías. Tobías es muy bueno y nos está ayudando a

La finca de Pipe en Valdepeñas, España

proteger la finca. Mi madre a menudo recoge las naranjas y los limones de los árboles que tenemos alrededor, y después prepara unos zumos deliciosos. Por la tarde, paso la aspiradora por los dormitorios mientras mi hermano no hace nada. ¡Qué perezoso!

Felipe

1 Lee el blog sobre los trabajos que hacen Felipe y su familia en su apartamento y en su finca. Contesta a las preguntas en español.

Ejemplo: 1 una vez a la semana / semanalmente

1 ¿Con qué frecuencia limpian su habitación Felipe y su hermano?
2 Cuando Felipe friega los platos, ¿qué hace su hermano?
3 ¿Por qué a veces el hermano de Felipe no hace bien su cama?
4 ¿Cuánto tiempo pasa de vacaciones la familia en la finca?
5 Cuando están en la finca, ¿dónde hace la familia la mayoría de las tareas?
6 ¿Para qué sirve el tractor de su padre?
7 ¿Para qué utilizan la fruta de los árboles de la finca?
8 Según Felipe, ¿por qué su hermano es perezoso?

2 Vas a oír un boletín informativo sobre las tareas del hogar en España. Contesta a estas preguntas en español.

Ejemplo: 1 de la economía de la familia

   1 ¿De qué eran los hombres responsables históricamente?

   2 ¿Quién trabaja más en casa hoy en día, el hombre o la mujer?

   3 ¿Qué hace un cincuenta por ciento de los jóvenes en casa?

   4 ¿Cuántos jóvenes no hacen nunca, o casi nunca, nada?

   5 ¿Qué porcentaje de jóvenes limpia su habitación una vez a la semana?

   6 ¿Cocinan por igual padres y madres?

   7 ¿Cuántas horas suelen dedicar los jóvenes a tareas domésticas?

   8 ¿Cuánto más hacen las chicas que los chicos con respecto a las tareas?

3 El verbo *estar* de posición y el presente continuo (*estar* + gerundio). Consulta los puntos N18 y N2 de la sección de gramática y completa estas frases con el verbo 'estar' en presente y, cuando hay un infinitivo en paréntesis, con el presente continuo utilizando el gerundio correcto.

Ejemplo: 1 está

   1 Mamá, ¿dónde .... papá? –En la cocina en este momento.

   2 Juan y Sancho .... (*dormir*) en su dormitorio.

   3 Valdepeñas es un pueblo típico que .... en el centro de España.

   4 Las mesas rojas .... cerca de la ventana en el salón.

   5 Yo .... (*leer*) un libro sobre misterio en Francia.

   6 Manuel, ¿.......... .... (*escuchar*) la radio ahora?

   7 Vosotros .... en Los Pirineos, unas montañas en el noreste de España.

   8 Nosotros .... (*disfrutar*) mucho hoy porque .... (*ver*) una serie graciosa.

4 Prepara una presentación sobre las tareas domésticas con toda la información posible. Contesta a las siguientes preguntas para dar forma a tu respuesta. Extiende las respuestas con tu información personal y opiniones.

   ● ¿Qué haces en casa para ayudar a tu familia?

   ● ¿Qué tareas están haciendo otros miembros de tu familia?

   ● ¿Con qué frecuencia hacéis estas tareas? ¿Qué opinas de ellas?

   ● ¿Crees que las mujeres hacen más tareas domésticas que los hombres?

   ● ¿Piensas que los jóvenes podrían hacer más para ayudar en casa?

   ● En tu opinión ¿cómo está cambiando la sociedad con respecto a los quehaceres?

5 Escribe un artículo sobre las tareas domésticas hoy en día. Debes escribir 130–140 palabras en español. Menciona:

   ● qué tareas haces en tu casa y tu opinión

   ● las tareas que hacen otros miembros de tu familia

   ● la frecuencia con la que se hacen las tareas domésticas en tu casa

   ● cómo está cambiando la situación entre hombres y mujeres con respecto a las tareas domésticas

Embarque

B3.1 Disfrutando del tiempo libre fuera de casa

★ **Planear las actividades de ocio**
★ **Los adverbios que terminan en *-mente***

1 Mira los dibujos y lee los comentarios. Escribe las letras que se corresponden con los dibujos.

Ejemplo: 1 C

1 Me gusta ir al cine. Afortunadamente los viernes hay una película nueva; me lo paso muy bien.
2 Personalmente me divierto con el tenis. Los sábados normalmente hay torneo.
3 Las discotecas son más baratas solamente los jueves: es cuando voy con las amigas.
4 El domingo vamos rápidamente al polideportivo. Es entretenido organizar un partido de baloncesto.
5 Mañana voy al club de golf; el instructor realmente me ayuda mucho.
6 Siempre voy a ver el entrenamiento de fútbol, es completamente gratis.
7 Me gusta el atletismo, el sábado es especialmente importante para los campeonatos.
8 Sinceramente, mi pasatiempo no es muy popular: toco la flauta. ¡Esta afición necesita mucha concentración!

2 Vas a oír una conversación sobre las actividades de Pablo y Tina. Escucha lo que dicen con atención y selecciona la opción correcta.

Ejemplo: 1 conciertos

1 Pablo se divierte cuando hay (*conciertos / coches*) en la plaza.
2 Para Tina los entrenamientos de baloncesto son un poco (*aburridos / importantes*).
3 Para Tina lo mejor de la semana son los (*entrenamientos / partidos*).
4 En agosto Pablo va a muchos (*sitios / conciertos*).
5 En agosto los conciertos se celebran (*en el interior / al aire libre*).
6 Tina no tiene tiempo de ir a los conciertos porque tiene que (*entrenar / dormir*).
7 Pablo se divierte con el yoga porque es (*fácil / sociable*).
8 Para Tina, el yoga va a ser totalmente (*nuevo / fácil*).

3 a El sonido de la 'ñ' en español. Escucha esta frase y separa las palabras. Repite la frase tres veces, tradúcela a tu propia lengua y apréndela de memoria.

laniñapequeñatienesueño

3 b Lee la frase en alto y díctala a tu compañero/a para que la escriba. Después tu compañero/a te la dicta a ti. ¿Quién tiene menos fallos?

4 Los adverbios. Consulta el punto K1 en la sección de gramática. Lee las siguientes frases y escribe el adverbio adecuado del recuadro para llenar los espacios. Traduce los adverbios a tu propio idioma.

Ejemplo: 1 Personalmente

1 .... yo prefiero el yoga — no es competitivo.
2 Cuando entreno corro .... para prepararme mejor.
3 El sábado tenemos suerte: .... hay un concierto al aire libre.
4 Correr una maratón es .... duro, pero lo voy a intentar.
5 .... mi rutina es practicar el deporte por la tarde.
6 Me dedico .... a mi deporte favorito porque me gusta competir.
7 .... entrena dos veces a la semana porque está muy cansado.
8 Mi equipo es muy bueno y siempre gana.......... .

especialmente	afortunadamente	solamente	normalmente
completamente	fácilmente	rápidamente	*personalmente*

5 Practica la siguiente conversación con un(a) compañero/a de clase. Usa la tabla a continuación para ayudarte en tus respuestas.
- ¿Qué deporte(s) practicas?
- ¿Cuándo practicas este deporte? ¿Cuántas veces a la semana?
- ¿Por qué te gusta practicar este deporte?
- ¿Qué es lo mejor del deporte? ¿Por qué?
- ¿Tienes otras aficiones?

Personalmente, el deporte que me gusta es	el fútbol la natación el baloncesto		
Normalmente practico el deporte	dos tres varias	veces a la semana	
Siempre practico el deporte	los lunes los martes el fin de semana	a las …	
Me gusta practicar este deporte porque es	sociable competitivo entretenido	y afortunadamente	me divierto mucho lo paso bien
Lo mejor de mi deporte favorito es	competir entrenar participar	con los amigos	
Tengo otros/as	aficiones pasatiempos intereses	como	la música leer

6 ¿Qué te gusta hacer en tu tiempo libre? Escribe un párrafo sobre tus pasatiempos y/o deportes. Debes escribir frases completas y añadir todos los detalles posibles.

Despegue

B3.2 Pensando en los planes y las invitaciones

★ **Seleccionar opciones de ocio**
★ **El futuro próximo, pronombres interrogativos precedidos de preposición (1)**

Hola Rebeca,

El día 10 es el cumpleaños de Sara. ¿Vamos a organizar algo especial? ¿A qué hora vamos a quedar? Pienso que le va a gustar una fiesta, pero ¿para cuántas personas? ¿Tú crees que va a querer cenar también? ¿Qué tal si cenamos fuera? ¿Te apetece? ¿En qué cafetería te gustaría quedar? Tiene muchas amigas del instituto y del pueblo. ¿Para cuántas personas lo organizamos? ¿O va a generar mucho trabajo?

Otra idea... a la piscina vamos a poder invitar a todo el mundo porque hay mucho sitio. ¿Para qué hora hay que reservar? ¿Hasta cuándo vamos a estar?

Lo siento ¡son muchas preguntas! pero contesta hoy si puedes porque vamos a tener que organizarlo todo esta semana.

Un beso,

Liliana

1 Lee el correo de Liliana y escribe la palabra adecuada del recuadro para rellenar los espacios. ¡Atención! Hay palabras que no necesitas.

trabajo	cocinar	cuántos	empezar
exótico	fuera	*organizar*	pastel
fiesta	reservar	cuándo	sitio
económico	terminar	gusto	lejos

Ejemplo: 1 organizar

1 Lilian habla de .... algo especial para el cumpleaños de Sara.
2 Cree que a Sara le va a gustar una ....
3 También habla de cenar ....
4 Quiere saber para .... se va a organizar la celebración.
5 Pregunta si organizar esta celebración va a generar mucho ....
6 A la piscina es fácil invitar a mucha gente porque hay mucho.......... .
7 Quiere saber para .... reservar.
8 Necesita saber cuándo va a .... la fiesta.

2 Vas a oír una serie de diálogos cortos. Dibuja la tabla; escucha y escribe la información que falta.

Nombre	Tipo de actividad	Dónde	Un detalle más
1 Teresa	esquiar	al sur	con unas amigas

1 Teresa	**3** Pablo	**5** Miguel	**7** Pepe
2 Julia	**4** Juanita	**6** Silvia	**8** Juan

3 El futuro próximo. Consulta el punto N7 en la sección de gramática. Escribe todos los detalles de la agenda de Pedro con los verbos en el futuro próximo y añade información apropiada.

Ejemplo: **1** El lunes por la mañana voy a ir a casa a las nueve.

lunes:

mañana	ir a casa (yo) – ¿a qué hora?	(1)
	salir con dos amigos (nosotros) – ¿con quién exactamente?	(2)
tarde	sacar entradas (yo) – ¿para qué día?	(3)
	pedir bocadillos (ellos) – ¿para cuántos?	(4)

martes:

mañana	comprar jersey (yo) – ¿de qué color?	(5)
tarde	probar tapas (nosotros) – ¿en qué sitio?	(6)

jueves:

mañana	reservar billete (yo) – ¿para qué día?	(7)
	llegar a Madrid (yo) – ¿a qué hora?	(8)

4 a Trabaja con otra persona para realizar un juego de rol. Debes elegir el papel A o el papel B.

B

Llamas por teléfono a un(a) amigo/a español/a para invitarlo/la a un concierto.

1 (i) Saluda a tu amigo/a y
(ii) Pregúntale si quiere oír <u>al concierto</u> contigo.
2 Escucha lo que te dice y dile <u>a qué hora</u> quieres ir.
3 Explícale dónde dan <u>el concierto</u>.
4 Dile que <u>a pie</u> es más fácil.
5 (i) Dale las gracias; y
(ii) Pregúntale dónde vais a quedar.

A y B

A: Hola.
B: 1(i) + (ii)
A: Pues sí, pero <u>¿a qué hora tenemos que salir?</u>
B: 2 + 3
A: ¿Cómo volvemos?
B: 4
A: <u>Muy bien</u>.
B: 5(i) + (ii)
A: <u>En la plaza</u> será más fácil.

4 b Ahora cambiad de papeles y realizad el diálogo otra vez, sustituyendo las palabras marcadas por las de la lista a continuación.

delante de mi casa	al teatro	por qué	en autobús	de acuerdo	la obra

5 Este fin de semana va a venir tu amigo/a a tu casa. Escríbele un mensaje para preguntar:
- a qué hora vais a quedar
- dónde le gustaría ir
- si vais a organizar una comida especial
- qué actividades vais a organizar.

Debes escribir 80–90 palabras.

Vuelo

B3.3 Una semana maravillosa

★ **Contar las actividades de una semana de vacaciones**
★ **El pretérito indefinido (verbos regulares)**

Días 1 y 2 de mi viaje a América del Sur

Salimos a principios de julio, nada más empezar las vacaciones. Volamos primero a Brasil (con un pequeño retraso) y aterrizamos en Buenos Aires de madrugada. Tenía ganas de vivir el ambiente en la capital y me fascinó: vimos bailar el tango en una plaza y ¡comimos tanta carne que casi exploté! Visitamos el barrio de Puerto Madero y salieron muy bien las fotos de la Boca y sus casas de colores. También entramos en el estadio de fútbol de Boca Juniors y me pareció lo mejor. ¡Impresionante!

Días 3, 4 y 5

Se organizó un viaje a Iguazú — cogimos otro avión para ir allí y nos quedamos dos noches en un hotel cerca de las cataratas. La experiencia me encantó: bajamos al río en una lancha, pasando justo debajo de donde cae el agua. Luego subimos arriba y paseamos por la selva para llegar a las cataratas. ¡Una gran aventura! No se oye mucho en mi país de este paraíso y por lo tanto, al no ser famosas, me sorprendió lo que vimos en solo una semana. Las vistas me resultaron inolvidables.

1 Lee el blog de María del Mar sobre su viaje a América del Sur y escribe la información que falta.

Ejemplo: 1 julio

  1 El viaje se organizó para el mes de ....
  2 Antes de llegar a Buenos Aires el avión aterrizó en ....
  3 Para María del Mar Buenos Aires tenía un buen ....
  4 Había grandes cantidades de ....
  5 Lo que más le gustó de Buenos Aires fue ....
  6 Su hotel en Iguazú estaba cerca de ....
  7 Para ver las cataratas María del Mar salió en ....
  8 En el país de María del Mar las cataratas de Iguazú no son ....

2 Vas a oír una conversación sobre un viaje. Escúchala con atención. En cada frase hay algo que no corresponde a lo que se dice en la conversación. Escucha la conversación y escribe la palabra o frase correcta en español.

Ejemplo: 1 el paisaje

1 Al llegar Victoria a Chile le impresionó ~~el ambiente~~.
2 Cuando Victoria salió por la tarde notó el nivel de ~~pobreza~~.
3 A causa de este problema decidieron tomar un autobús para ~~salir de la ciudad~~.
4 En la costa le ~~decepcionó~~ ver bajar el sol hacia el mar.
5 El viaje a las montañas fue ~~rápido~~.
6 A Victoria lo que más le gustó de la semana fue ~~sacar fotos~~ en los Andes.
7 Al volver a Santiago un amigo de su padre les organizó una actividad ~~deportiva~~.
8 Aprender algo de la historia de Chile resultó ~~aburrido~~ para Victoria.

3 a El pretérito indefinido. Consulta el punto N3 en la sección de gramática. Consulta la lista de infinitivos y completa las frases con las formas correctas del verbo en el pretérito. No necesitarás todos los infinitivos.

Eso es lo primero que 1.......... : nosotros 2.......... de casa de madrugada y 3.......... el avión a la costa. Una hora más tarde, el grupo 4.......... a nuestro hotel. Yo 5.......... desde el hotel hasta la playa y 6......... en el agua inmediatamente; luego mis amigos y yo 7......... en el mar y finalmente ellos 8......... de la playa para cenar.

Ejemplo: 1 pasó

meterse	nadar	tomar	*pasar*
resultar	saltar	descansar	correr
salir	volver	vivir	llegar

3 b Lee el texto de la actividad 1 otra vez. Escribe una lista de los ejemplos del pretérito y traduce a tu propio idioma las frases que los contienen.

4 Trabaja con tu compañero/a. Vas a hablar de algunas de las actividades de tus últimas vacaciones (reales o imaginarias). Primero, usa las preguntas y escribe información relacionada en una serie de tarjetas. Después, presenta la información a tu compañero/a y él / ella te hará preguntas sobre tu presentación.
● ¿Cuándo fuiste a …?
● ¿Qué te pareció …?
● ¿Con quién fuiste?
● ¿Cuánto tiempo pasaste en…?
● ¿Qué tal la comida / el tiempo / el hotel / las playas?
● ¿Cómo viajaste hasta…?
● ¿Qué es lo que más te gustó de…?
● ¿Qué es lo que no te gustó de…?

5 Escribe dos párrafos en español sobre tus últimas vacaciones. Menciona:
● dónde y cómo fuiste
● lo que más te gustó
● lo que no te gustó
● tus impresiones de las vacaciones

B4 Eating out

Embarque

B4.1 ¡Camarero, por favor!

★ **Saber pedir comida y bebida**
★ **Las expresiones idiomáticas con *tener***

Ⓐ

Ⓑ

Ⓒ

Ⓓ

Ⓔ

Ⓕ

Ⓖ

Ⓗ

1 Lee las siguientes frases. Escribe las letras que se corresponden con los dibujos.

Ejemplo: 1 E

   A ¡Oiga! Tengo sed, ¿me trae una botella de un refresco de naranja con tres copas, por favor?
   B Tengo ganas de comer. Quisiera una ración de calamares y otra de patatas bravas, gracias.
   C La cuenta, por favor.
   D Tengo mucho calor. Me gustaría tomar un vaso de limonada con unas aceitunas, por favor.
   E Póngame un plato de paella y media barra de pan, por favor. ¡Tengo hambre!
   F Quisiera una jarra de zumo de uva y unos champiñones.
   G Una tabla de gambas para comer con una botella de agua con gas para beber.
   H ¡Camarera! Queremos una ración de albóndigas en salsa de tomate y dos latas de Coca-Cola.

2 Vas a oír un diálogo entre varios jóvenes que piden comida y bebida en un bar de tapas en Barcelona. Escucha con atención y escribe la palabra adecuada del recuadro para rellenar los espacios 1–8. No necesitarás todas las palabras.

Ejemplo: 1 bocadillo

Carlos va a tomar un **1**……… de calamares. Jimena va a pedir la **2**……… del día. Raquel no quiere nada de comer, pero para beber una **3**……… de agua sin gas. Para Pepe, verduras a la plancha y una jarra mediana de **4**……… . Sebas tiene ganas de comer una **5**……… de chocolate. También quiere beber un **6**……… con leche. A Paulina le gustaría tomar una **7**……… de arroz. Para beber, prefiere un vaso de **8**……… .

té	café	Coca-Cola	tarta	naranjada
bocadillo	ensalada	limonada	copa	
limón	naranja	sopa	botella	

72

3 a Las expresiones con el verbo *tener*. Consulta el punto N19 en la sección de gramática. Completa las frases con la palabra necesaria. ¡Atención! Hay palabras que no necesitas.

Ejemplo: 1. hambre

1 Tenemos mucha .... , queremos comer un arroz con carne.
2 Ahora tengo .... y me gustaría beber un batido de fresa y plátano.
3 ¡Tengo mucho ....! Voy a tomar una sopa caliente.
4 Mis padres no tienen .... de salir esta noche. Prefieren estar en casa y ver la tele.
5 Elsa siempre tiene mucho .... en verano, pero tiene aire acondicionado en casa.
6 Leopoldo no tiene demasiado .... y prefiere no comer ahora.
7 ¡Oh no! Mi abuelo está un poco enfermo y tiene ....
8 Necesito dormir, tengo muchísimo .... después de trabajar todo el día.

prisa	apetito	*hambre*	ganas	sueño
fiebre	frío	sed	calor	miedo

3 b Escucha otra vez el diálogo de la actividad 2 y busca tres ejemplos de expresiones con *tener*.

4 a Los sonidos 'ue' y 'ua' en español. Escucha esta frase y separa las palabras. Repite la frase tres veces, tradúcela a tu propia lengua y apréndela de memoria.

Cuandosueloiralrestaurantepuedocomerhuevosybeberagua

4 b Lee la frase en alto y díctala a tu compañero/a para que la escriba. Después tu compañero/a te la dicta a ti. ¿Quién tiene menos fallos?

5 a Trabaja con otra persona para realizar un juego de rol. Debes elegir el papel A, el/la camarero/a, o el papel B, el/la cliente/a.
Imagina que acabas de llegar a un bar de tapas.

B ¡Camarero/a!
A ¡Hola! ¿Qué va a tomar hoy?
B Pues… no estoy seguro/a… ¿qué hay en el menú?
A Tenemos muchas tapas: <u>gambas al pil pil, champiñones, calamares fritos</u>…
B ¡Suena delicioso! <u>Póngame las gambas</u> por favor.
A ¿Y para beber, señor / señora / señorita?
B De bebida <u>me gustaría tomar una lata de limonada</u>.
A Muy bien.
B <u>¿Cuánto es en total?</u>
A <u>Cinco</u> dólares.
B Aquí tiene.
A Gracias. ¡Que aproveche!

5 b Ahora cambiad de papeles y realizad el diálogo otra vez, sustituyendo las palabras y expresiones marcadas por las de la lista a continuación.

tráigame	la cuenta, por favor	paella del día, tortilla, patatas bravas
ocho	un café	quisiera

6 Escribe tu propio juego de rol en un bar de tapas. Usa la información de la actividad 5 y pide tu comida y bebida favoritas.

B4.2 De cena en el restaurante

Despegue

★ **La experiencia de comer en un restaurante**
★ **Los sustantivos femeninos con artículo masculino**

1 Vas a oír a una familia pidiendo comida y bebida para cenar en un restaurante. Escucha con atención y marca las seis opciones correctas según lo que oyes.

Ejemplo: B

Señor López

A No puede pedir la sopa.

B Tiene una alergia al pescado.

C Al Señor López no le gustan las patatas fritas.

D Hay un problema con las bebidas.

Señora López

E La Señora López quiere comer pescado para primer y segundo plato.

F De postre le apetece un pastel de crema.

G La Señora López no quiere beber agua durante la cena.

H Quiere una botella de gaseosa.

El joven

I Al joven le apetece una fajita sin queso.

J De segundo plato pide una lasaña.

K Quiere beber algo gaseoso.

L De postre tiene ganas de comer una tarta de chocolate.

Entrevista con David Pons

Hola David, su restaurante La Cuina d'en David tiene una reputación fantástica. Es el actual número uno del país y también un aula para aprender a cocinar. ¿Cuál es el secreto?

David: El secreto es combinar los ingredientes naturales con técnicas nuevas; por ejemplo, en nuestro menú tenemos una paella típica, pero no es una paella normal, porque el ingrediente más importante, el arroz, no existe. Usamos una pasta especial que tiene un sabor más intenso y delicioso.

¿Cuál es el plato más popular en este momento?

Ahora, la ensalada de verduras españolas, de pimiento naranja, cebolla, trufa, champiñón gigante, y agua al limón. ¡Es riquísima!

¿Por qué son tan famosos los postres?

Mi hermano Albert es el pastelero y heladero en el restaurante. Tiene también heladerías en Madrid. Los clientes piensan que sus helados son divertidos y pueden jugar con los ingredientes. Hay helados de queso con fresas o de tarta de melón con pera.

¿Por qué recomendaría cenar en su restaurante?

Mi restaurante es para las personas aventureras que quieren experimentar cosas nuevas y con un hambre enorme. Creo que es una experiencia diferente. Vale la pena porque nuestros sabores son únicos y especiales. Además, los niños comen gratis y es posible pagar en efectivo o tarjeta. Puedes reservar mesa en Internet o por teléfono; es muy fácil.

2 Lee la entrevista con el chef español David Pons y completa las frases siguientes.

Ejemplo: 1 La Cuina d'en David

   1 El nombre del restaurante de David Pons es ....
   2 El puesto del restaurante en el ranking nacional es el ....
   3 Su paella es diferente porque ....
   4 El papel del hermano de David en el restaurante es de ....
   5 La ciudad donde hay heladerías de la familia Pons es ....
   6 La opinión de los clientes sobre sus helados es que ....
   7 El carácter típico de un cliente de su restaurante es ....
   8 La ensalada es muy popular porque ....

3 Sustantivos femeninos con artículo masculino. Consulta el punto B3 en la sección de gramática y completa las frases con *el* o *la*.

Ejemplo: 1 La

   1 .... arena de la playa en Tenerife es volcánica y de color negro.
   2 Mi padre prefiere .... hamburguesa de pollo porque es más digestiva.
   3 .... ama de casa de hoy en día no cocina mucho.
   4 .... hambre es necesaria para comer con apetito.
   5 .... aula del profesor de inglés tiene unos pósters muy bonitos.
   6 .... alfombra de la habitación de Germán es muy pequeña.
   7 En mi casa, ... alarma de incendios nunca funciona bien.
   8 Me gusta .... agua fresca de la fuente de mi pueblo.

4 Trabaja con otra persona para realizar un juego de rol. Debes elegir el papel A (el/la cliente/a) o el papel B (el/la camarero/a).

Imagina que estás en un restaurante y tú eres el/la cliente/a.

A Cliente/a

1 (i) Di al camarero que no tienes una reserva y
  (ii) Pregúntale si tiene una mesa libre.
2 Dile que sois un grupo de <u>cuatro</u> personas.
3 (i) Menciona que tienes alergia a <u>los mejillones</u> y
  (ii) Pregunta si la paella lleva <u>mejillones</u> o pueden quitarlos.
4 Pregunta si <u>la jarra de agua</u> es gratis.
5 Dile que vas a pagar <u>en efectivo</u>.

B Camarero/a

A: Buenas tardes.
B: 1(i) y (ii)
A: A ver… sí. ¿Para cuántas personas?
B: 2
A: Muy bien.
B: 3(i) y (ii)
A: No estoy seguro, voy a preguntar al cocinero.
B: 4
A: Sí, por supuesto, no cuesta nada.
B: 5
A: Sin ningún problema.

5 Escribe una reseña buena de un restaurante en el que comiste. Puedes inventar toda la información. Mira el ejemplo para ayudarte.

Ejemplo:

El restaurante La Paloma Blanca es ideal para comer y cenar. Las tapas allí son deliciosas y los camareros muy simpáticos, eficientes y serviciales. Recomiendo la sopa de mariscos y la hamburguesa de pescado con queso manchego… ¡simplemente exquisita! Tienen una selección de bebidas fabulosas, con muchos zumos de fruta fresca, batidos y una carta de vinos internacionales fenomenales.

vuelo

B4.3 ¡Hoy comemos fuera!

★ **Hablar sobre comer fuera de casa y los tipos de restaurantes diferentes**
★ **Los comparativos irregulares**

1 Vas a oír a cuatro jóvenes que hablan de sus experiencias y preferencias comiendo fuera. Lee las siguientes frases y decide si tienen una opinión positiva (P), negativa (N) o positiva y negativa (P+N).

Ejemplo: 1 P

La opinión de:
1 Fernando sobre salir a cenar
2 su hermana sobre el restaurante La Cocinita
3 Lorena sobre los restaurantes caros
4 Lorena sobre los camiones de comida
5 Diego sobre el restaurante italiano
6 su amigo Caín sobre el restaurante
7 Paulina sobre los camareros en los restaurantes de cadena
8 sus amigas sobre Paulina cuando salen a cenar

'Saboreando', mi blog sobre hostelería

Jueves, siete de mayo
Hola de nuevo, aquí estoy esta semana para dar mi opinión sobre tres restaurantes nuevos de los ocho que han abierto en Madrid esta semana.

Antonio Peralta es un crítico de cocina

La Cueva de Chema (Sobresaliente)
Este nuevo restaurante va a ser el nuevo local de glamur de la capital. Su decoración es espectacular, con lámparas y obras de arte de los años veinte. Antes de ver el menú, ofrecen una degustación de tapas internacionales, un concepto nuevo: porciones pequeñas de los mejores platos típicos de otros países como el sushi japonés, el ratatouille francés o el risotto italiano, pero con un estilo diferente. El cocinero Julián Gascón tiene muy buen gusto y el restaurante es un éxito seguro.

Bahía Sur (Suspenso)
Este restaurante en pleno centro de Madrid decepciona ya solo al pasar. Es un local minimalista, pero es tan pequeño que no puedes moverte… simplemente hay siete mesas con sus sillas. El servicio fue deficiente y mi comida llegó a la mesa fría. Su menú consiste en pescados fritos típicos del sur, calamares, sardinas y pulpo… ¡pero el mío estaba crudo! Si no queréis una intoxicación, hay que evitar este restaurante. Representa lo peor de la capital.

La Contxa (Aprobado)
Este nuevo restaurante tiene su especialidad en los pinchos vascos. Los pinchos son la versión distinta de las tapas, que hacen en el País Vasco, en el norte de España. La carta contiene más de ochenta pinchos diferentes… y ese es el problema, porque es demasiado ambicioso. Hay algunos pinchos como el de pan tostado con anchoas y queso azul que es exquisito, pero otros, como el de tortilla de patata con salmón, son insípidos. Recomendaría reducir la carta y ofrecer más calidad en todos sus pinchos.

2 a Lee el blog en Internet del crítico de cocina Antonio Peralta e indica si las afirmaciones que siguen son verdaderas(V) o falsas (F). Si son falsas, escribe una frase en español para corregirlas. ¡Atención! Hay cuatro afirmaciones que son verdaderas y cuatro que son falsas.

Ejemplo: 1 F Ocho restaurantes abrieron en Madrid esta semana.
    1 Tres restaurantes abrieron en Madrid esta semana.
    2 El crítico piensa que La Cueva de Chema tiene un interior muy impresionante.
    3 La Cueva de Chema será un fracaso total.
    4 El tamaño de Bahía Sur es un problema.
    5 La especialidad de Bahía Sur son las carnes.
    6 Las tapas del País Vasco son diferentes a las del resto de España.
    7 La calidad de los pinchos en el restaurante La Contxa es variable.
    8 Se recomienda ampliar la carta de La Contxa.

2 b Lee las afirmaciones otra vez. Haz una lista de vocabulario con las palabras útiles del texto y apréndelas. Después, tradúcelas a tu propio idioma.

3 Los comparativos irregulares. Consulta los puntos D2 y D3 en la sección de gramática y escribe el comparativo irregular del adjetivo / adverbio indicado.

Ejemplo: 1 mejor
    1 La comida en el restaurante indio es (*buena*) .... que en el restaurante japonés.
    2 Prefiero desayunar un café porque el té sabe (*mal*) ....
    3 El agua es de (*grande*) .... importancia que la comida.
    4 Las tartas de chocolate de tu madre son (*malas*) .... que las de tu tía Manuela.
    5 Mis hermanas son (*grandes*) .... que tus hermanos.
    6 Sevilla jugó mal, pero el Betis jugó (*mal*) ....
    7 Mi coche es bueno pero el tuyo es (*bueno*) ....
    8 Este restaurante es el (*mal*) .... del barrio.

4 Responde a las siguientes preguntas con un(a) compañero/a de clase. Usa tu propia experiencia para responderlas o también puedes usar tu imaginación sobre la comida en restaurantes diferentes.
    1 ¿Qué tipo de comida te gusta comer cuando comes fuera de casa?
    2 ¿Prefieres la comida rápida, para llevar a casa, o un restaurante sofisticado? ¿Por qué?
    3 ¿Cuál es tu restaurante favorito? ¿Por qué? ¿Qué tipo de comida sirven?
    4 Cuenta una mala experiencia en un restaurante (comida terrible, mal servicio, etc.)

5 Escribe unas 130–140 palabras sobre la experiencia que tuviste en un restaurante. Puedes usar la información de las respuestas en la actividad 4. Menciona:
- qué tipo de restaurante es y explica la elección
- la comida que pediste
- tu opinión de la decoración del restaurante y el servicio
- si volverías otra vez. Explica por qué (no)

Embarque

B5.1 ¿Cuándo es la celebración?

★ **Informarse sobre los festivales y ocasiones especiales**
★ **Los números hasta 100**

La Fiesta Mayor de Santa Ana

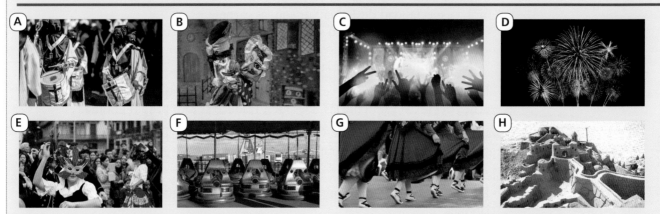

Este año, la Fiesta Mayor cumple 50 años y es, en teoría, una fiesta para la gente joven. Pero hay pocas personas mayores y menos participación de adolescentes. La opinión de los que tienen menos de 20 años es:

	Positivo (%)	Negativo (%)
Tradicionales procesiones religiosas	10	90
Fuegos artificiales	65	35
Conciertos de música	70	30
Atracciones (gente joven)	25	75
Bailes folklóricos	15	85
Teatro (edades hasta 7 años)	20	80
Desfiles de disfraces	60	40
Castillos de arena (pequeños)	13	87

1 a Mira los dibujos. Escribe las letras que se corresponden con los dibujos.

Ejemplo: 1 E
1 desfiles de disfraces de carnaval
2 teatro para niños
3 bailes folklóricos
4 fantásticos castillos en la playa
5 atracciones populares de la feria
6 fuegos artificiales
7 procesiones religiosas tradicionales
8 fabulosos conciertos de música

1 b Lee el artículo y escoge las cifras que faltan. No necesitarás todas las cifras.

treinta	sesenta y cinco	veinte	quince	*setenta*
sesenta	trece	setenta y cinco	noventa	veinticinco

Ejemplo: 1 setenta

1 Contentos con los conciertos: el .... por ciento.
2 Los fuegos artificiales es la actividad más popular para el .... por ciento de los jóvenes.
3 Muy interesados en los castillos de arena: el .... por ciento.
4 Positivos con el teatro para niños: el .... por ciento.

5 Negativos con las atracciones populares de la feria: el .... por ciento.
6 Positivos con los bailes folklóricos: el .... por ciento.
7 Descontentos con las tradicionales procesiones religiosas: el .... por ciento.
8 Contentos con los desfiles de disfraces: el .... por ciento.

2 Vas a oír información sobre fiestas internacionales. Consulta la tabla. Escribe si la afirmación de la columna derecha es verdadera (V) o falsa (F).

Ejemplo: 1 V

Fiesta	Duración
1 Los desfiles del Carnaval de Río	8 horas
2 La cabalgata del Día de Reyes	13 horas
3 Año Nuevo en China	5 días
4 Festival de cine de Edimburgo	12 días
5 Festival hindú: Diwali	6 días
6 Celebración en India: Holi	16 días
7 Famosas procesiones de Semana Santa (Guatemala)	26 horas
8 Las Fallas (fuegos artificiales)	20 minutos

3 El sonido (silencioso) de la 'h'. Escucha esta frase y separa las palabras. Repite la frase tres veces, tradúcela a tu propia lengua y apréndela de memoria.

Ahorahayquehacerhuevosyheladosparaloshombresquehoyhacenhorasdetrabajo

4 Los números hasta 100. Consulta el punto S1 en la sección de gramática. Escribe en números las cifras de las oraciones.

Ejemplo: 1 3

1 Voy a ver fuegos artificiales tres veces al año.
2 La celebración data del año cincuenta y siete.
3 Este verano hay festivales en quince capitales.
4 Las famosas procesiones empezaron hace cuarenta años.

5 Participo en esta fiesta desde los trece años.
6 Llevamos noventa minutos esperando el desfile.
7 Las celebraciones en India duran dieciséis días.
8 El año pasado cumplió treinta años.

5 Habla con tu compañero/a de una fiesta. Haz las preguntas siguientes y usa la tabla para ayudarte.

- ¿Cuántos días duran las fiestas en tu ciudad?
- ¿Desde hace cuántos años se celebran?
- ¿Cuántas actividades se celebran?

- ¿Cuántas personas de tu familia participan en las fiestas?
- ¿Cuándo es el día más importante?
- ¿Qué actividades prefieres?

La fiesta de mi pueblo / ciudad se llama […]			
Dura		dos / tres / cuatro varios/as	días / semanas.
Hace			años que se celebra.
En la fiesta hay			actividades.
En mi familia hay			personas que participan en la fiesta.
El día más importante es el	miércoles / sábado / domingo	dos / tres / cuatro de	enero / junio / septiembre.
Prefiero los desfiles / los bailes / los fuegos artificiales / los conciertos.			

6 Escribe un párrafo sobre una fiesta de tu pueblo o ciudad. Usa la tabla de la actividad 5 para ayudarte. Debes escribir frases completas con más detalles si es posible.

B5.2 Cómo organizar una gran fiesta

Despegue

★ **Organizar una celebración**
★ **Fechas y verbos impersonales**

1 Hay barbacoa mañana con Carmen. Va a hacer sol.

2 Hay que comprar comida para la fiesta: diez bocadillos diferentes, por ejemplo.

3 ¿Te apetece ir al cine el día catorce? Hay una película.

4 Conviene comprar refrescos del súper. ¿Vamos ahora que no llueve?

5 Hay fiesta de disfraces mañana. ¿Tienes ideas para la ropa? Llámame.

6 La fiesta es a las 4.30 del día veinte de agosto. Hay que ir en autobús.

7 La invitación es para el ocho de julio. En la cafetería si llueve.

8 Bastan dos entradas para el baile. Son caras.

1 Lee los mensajes de teléfono y emparéjalos con los dibujos que correspondan.

Ejemplo: 1 H

2 Vas a oír una conversación sobre la organización de una fiesta. En cada frase hay algo que no corresponde a lo que se dice en la grabación. Escucha la conversación y escribe la información correcta en español.

Ejemplo: 1 24

1 Marcos cree que la fecha de los cumpleaños es el día ~~22~~.
2 Marcos menciona ir ~~a la piscina~~ y organizar una comida al aire libre.
3 Fina está preocupada por ~~la fecha~~.
4 Rafa quiere organizar una fiesta ~~al aire libre~~.
5 Para la comida se necesita bebida y ~~música~~.
6 Piensan comprar la comida el sábado ~~al mediodía~~.
7 En el grupo de amigos hay tres personas con una dieta ~~normal~~.
8 Todos piensan acompañar a Fina al ~~cine~~.

3 Las fechas y los verbos impersonales. Consulta el punto N21 en la sección de gramática. Escoge el verbo impersonal correcto y escribe las fechas en palabras.

Ejemplo: 1 hay / diez de agosto

1 Si (*hay, hace*) .... problemas con la fiesta el día (*10 / 8*).........., llámame.

2 (*Hay, Es necesario*) .... organizar la barbacoa para su cumpleaños — es el (*31 / 12*) ....

3 Si (*llueve, hace*) .... frío durante la celebración del (*13 / 5*) ...., volvemos a casa.

4 Si (*hay, llueve*) .... el domingo, organizamos la fiesta para el (*12 / 3*) ....

5 No (*hay, hace*) .... que comprar nada para la barbacoa del día (*10 / 4*) .... ; está preparado ya.

6 (*Llueve, Hay*) .... tiempo todavía porque los chicos no llegan hasta el (*19 / 9*) ....

7 (*Hay, Hace*) .... un problema ese día: no vuelvo de América hasta el (*17 / 1*) ....

8 Si .... (*hay, es necesario*) organizar una celebración, tiene que ser el (*11 / 6*) ....

4 a Trabaja con otra persona para realizar un juego de rol. Debes elegir el papel A o el papel B.

B

Estás en España y es tu cumpleaños. Piensas organizar una fiesta para celebrarlo.

1 (i) Saluda a tu amigo/a y
(ii) Menciona la fecha de mañana y por qué es un día especial para ti.

2 Dile que estás organizando <u>una fiesta</u> para tus amigos y menciona dónde.

3 Invita a tu amigo a <u>la fiesta</u> y dile <u>a qué hora hay una celebración</u>.

4 Dile cuándo vas a llegar.

5 (i) Dile el número de personas invitadas y
(ii) Pregunta cuándo <u>cumple años</u> tu amigo/a.

A y B

A: Hola, ¿qué tal?
B: 1(i) + (ii)
A: Sí, me acuerdo. <u>¡Felicidades!</u>
B: 2 + 3
A: Pues <u>muchas gracias</u>. ¡Me encantaría ir!
B: 4
A: Vale.
B: 5(i)
A: ¡Mucha gente!
B: 5(ii)
A: <u>El cinco de julio</u>. Bien, hasta luego.

4 b Ahora cambiad de papeles y realizad el diálogo otra vez, sustituyendo las frases marcadas por las de la lista a continuación.

el trece de abril	qué pasa si llueve	sale del instituto
¡Por muchos años!	una excursión	¡Encantado/a!

5 Escribe un correo a tu amigo/a para invitarlo/la a la fiesta de tu cumpleaños. Dile:

- cuándo empieza y dónde es la fiesta
- lo que hace falta para la fiesta
- qué tipo de fiesta va a ser (¿fiesta de disfraces? ¿con música?)
- dónde se celebra la fiesta si hace frío o llueve

Vuelo

B5.3 ¿Qué pasó? ¿Cómo fue?

★ **Recordar un momento increíble del pasado**
★ **El pretérito indefinido (verbos irregulares)**

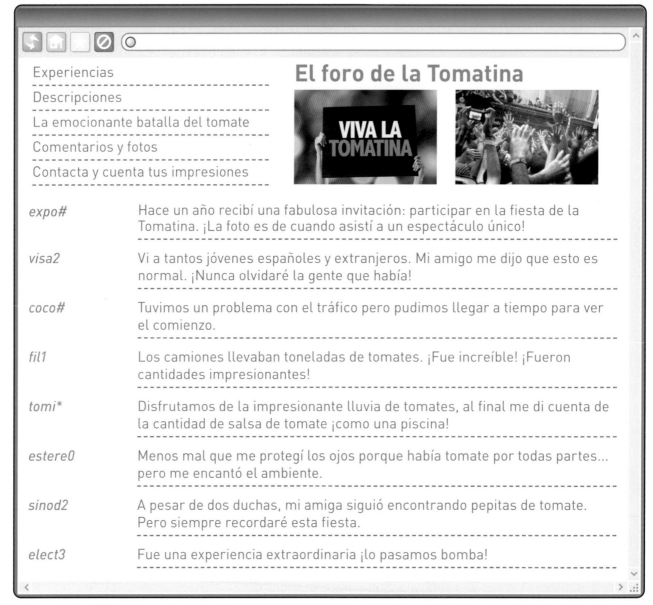

El foro de la Tomatina

Experiencias
- -
Descripciones
- -
La emocionante batalla del tomate
- -
Comentarios y fotos
- -
Contacta y cuenta tus impresiones
- -

expo#	Hace un año recibí una fabulosa invitación: participar en la fiesta de la Tomatina. ¡La foto es de cuando asistí a un espectáculo único!
visa2	Vi a tantos jóvenes españoles y extranjeros. Mi amigo me dijo que esto es normal. ¡Nunca olvidaré la gente que había!
coco#	Tuvimos un problema con el tráfico pero pudimos llegar a tiempo para ver el comienzo.
fil1	Los camiones llevaban toneladas de tomates. ¡Fue increíble! ¡Fueron cantidades impresionantes!
*tomi**	Disfrutamos de la impresionante lluvia de tomates, al final me di cuenta de la cantidad de salsa de tomate ¡como una piscina!
estere0	Menos mal que me protegí los ojos porque había tomate por todas partes... pero me encantó el ambiente.
sinod2	A pesar de dos duchas, mi amiga siguió encontrando pepitas de tomate. Pero siempre recordaré esta fiesta.
elect3	Fue una experiencia extraordinaria ¡lo pasamos bomba!

1 Lee los comentarios y señala si las afirmaciones son verdaderas (V) o falsas (F). Si son falsas, escribe una frase en español para corregirlas. ¡Atención! Hay tres afirmaciones que son falsas y cinco afirmaciones que son verdaderas.

Ejemplo: 1 F La Tomatina es una fiesta muy popular.

1 La Tomatina es una fiesta poco desconocida.
2 *expo#* nunca había vivido una experiencia similar.
3 A *visa2* le llamó la atención el número de participantes.
4 A pesar del tráfico, *coco#* consiguió llegar a la fiesta en el momento adecuado.

5 A *fil1* le impresionó la cantidad de tomates que se necesitan para la fiesta.
6 *tomi** quiso evitar la lluvia de tomates.
7 Llevar protección en esta batalla de tomates es una buena idea.
8 *elect3* pensó que el espectáculo era peligroso.

2 Vas a oír una conversación sobre el deporte. Escucha lo que dicen con atención. Elige las terminaciones correctas de la tabla y escribe las letras. ¡Atención! Hay terminaciones que no necesitas.

Ejemplo: 1 J

1 El clásico es	**A** una jugada del Real Madrid.
2 La rivalidad entre los clubes	**B** demasiado tenso.
3 La reacción de Marta al entrar en el estadio fue de	**C** fue un incidente sin importancia.
	D sorpresa.
4 Al principio el equipo de Barcelona	**E** tranquilo.
5 El público local	**F** tensión en el campo.
6 La pérdida del Real Madrid provocó	**G** se enfadó con el entrenador.
7 El robo de la cartera de Marta	**H** reaccionó de forma violenta.
8 Para Marta el deporte le resultó	**I** empezó hace más de cien años.
	J un encuentro entre dos famosos clubes de fútbol.
	K tuvo una buena actuación.

3 Los verbos irregulares en el pretérito. Consulta el punto N3 en la sección de gramática. En las frases siguientes, escoge la forma correcta del pretérito.

Ejemplo: 1 fueron

1 Los chicos (*ir*) .... al partido.
2 Ayer (*hacer*) .... un tiempo ideal para el gran día.
3 Anoche nosotros (*tener*) .... la suerte de participar en la fiesta mayor.
4 (*Haber*) .... un embotellamiento en el centro ayer por la mañana.
5 Mis amigos (*saber*) .... el resultado ayer.
6 Yo no (*poder*).......... ir a la Tomatina por los exámenes.
7 Me (*decir*) .... mi amigo que es una fiesta famosa.
8 ¿Te (*poner*) .... la camiseta de Messi ayer para ir al fútbol?

4 Trabaja con tu compañero/a. El mes pasado fuiste a un encuentro deportivo internacional. Mientras tú preparas tus apuntes para contar lo que pasó, tu compañero/a prepara cinco preguntas para el diálogo. (Luego os turnáis.) Hay que mencionar:
- el encuentro (¿qué viste? ¿con quién fuiste?)
- adónde fuiste (¿a un estadio? ¿a un campo?)
- el resultado (¿qué pasó? ¿un equipo fue superior?)
- tus impresiones (¿te gustó la experiencia? ¿cómo reaccionaste?)

5 El fin de semana pasado recibiste una invitación para asistir a un espectáculo único (un partido importante o la fiesta más famosa de tu país). Parte de la invitación era una entrada privilegiada para ver toda la acción. Menciona:
- quién te invitó y por qué
- lo que ocurrió antes del espectáculo
- lo que pasó cuando empezó
- un problema que tuviste
- tus reacciones a la experiencia

Aquí está el principio. Continúa la historia. Debes escribir entre 130 y 140 palabras.
La semana pasada, recibí una invitación increíble...

B6 Holidays; getting around

Embarque

B6.1 Lo mejor de las vacaciones

* ★ Hablar de los diferentes tipos de vacaciones
* ★ Comparativos básicos

1 Raúl: ¿Lo mejor? explorar el Caribe — natural, relajante y tropical.

2 Marta: Me gusta hacer camping en un oasis y explorar.

3 Miriam: En verano me encanta hacer submarinismo y descubrir el mar.

4 José: Prefiero escuchar música y ver bailes emocionantes en una capital.

5 Gerardo: ¿Lo ideal para mí? Vacaciones de invierno: los deportes extremos son más emocionantes que ir a la playa.

6 Manuela: Practicar ciclismo — unas vacaciones perfectas con buen tiempo.

7 Conchita: Ir a un parque temático para ver las atracciones — divertido y barato.

8 Alejandro: Yo quiero descubrir la historia y vivir una aventura en las montañas.

A Argentina (Buenos Aires) – centro del tango y su historia; la capital musical

B Francia (París) – el mundo de Disney mucho menos caro que en América

C Australia – reservas marinas naturales, la costa del Pacífico

D Perú – increíbles montañas de los Andes y más historia india que en los libros

E Mallorca (España) – un clima ideal con condiciones perfectas para disfrutar de tu bici

F Andorra – montañas con nieve, deportes de invierno, emoción

G Costa Rica – tranquilidad, naturaleza tropical, temperaturas ideales

H Marruecos – desierto, (¡más calor que en la playa!) y tu mochila para una aventura

1 Mira los intereses de los jóvenes y consulta la lista de destinos. Indica el destino que le corresponde a cada persona escribiendo la letra apropiada.

Ejemplo: 1 G

2 Vas a oír la opinión de unos jóvenes sobre las vacaciones. Escribe la letra de la afirmación que es Verdad.

Ejemplo: 1 A

1 Julio prefiere…
  A las experiencias nuevas.
  B ir a la playa.

2 A Julio le gustan los deportes…
  A acuáticos.
  B extremos.

3 Merche quiere…
  A relajarse.
  B hacer deporte.

4 Merche prefiere…
  A estar cerca del mar.
  B estar en las montañas.

5 Pepe prefiere…
  A la cultura.
  B la playa.

6 Serena prefiere…
  A ayudar a la gente.
  B ir a un hotel.

7 Marcos dice que ir lejos…
  A es posible.
  B es muy caro.

8 Marcos quiere…
  A ganar dinero.
  B gastar dinero.

3 Las comparaciones. Consulta el punto D1 en la sección de gramática. Para esta encuesta, incluye tus opiniones al escribir toda la oración.

Ejemplo: 1 Me gusta ir de camping más que visitar un hotel.

  1 Me gusta ir de camping (*más que / menos que*) ………. visitar un hotel.

  2 Visitar un museo es (*menos interesante que / más interesante que*) ………. tomar el sol en la playa.

  3 Los deportes extremos me gustan (*menos que / más que*) ………. el fútbol.

  4 Para viajar, prefiero el avión porque es (*más práctico que / menos práctico que*) ………. el autobús.

  5 Gasto (*más en viajes que / menos en viajes que*) ………. en música.

  6 Descubrir un país nuevo es (*menos relajante que / más relajante que*) ………. volver a un destino conocido.

  7 Me gusta viajar con amigos (*más que / menos que*) ………. ir solo/a.

  8 Llegar es (*menos agradable que / más agradable que*) ………. viajar.

4 El sonido 'o' en español. Escucha esta frase y separa las palabras. Repite la frase tres veces, tradúcela a tu propia lengua y apréndela de memoria.

Enveranovisitolosososolosmonosenelzoo

5 Prepara unas respuestas detalladas a las siguientes preguntas. Usa la tabla a continuación para ayudarte en tus respuestas. Trabaja con tu compañero/a y haced turnos preguntando y respondiendo a las preguntas.

- ¿Te gusta más el mar que la montaña?
- ¿Qué tipo de vacaciones te gustan?
- ¿Te gusta más el deporte que la cultura?
- ¿Te gustan las vacaciones de verano o de invierno?

Prefiero Lo ideal son	las vacaciones de	mar / montaña verano / invierno hotel / camping deporte / cultura	porque	me gusta (n) prefiero me encanta(n)	el calor el sol la acción las experiencias nuevas
y es	más / menos	interesante tranquilo emocionante atractivo relajante		que	ir a un hotel hacer camping ir a la piscina

6 Prepara un póster sobre tus vacaciones ideales. Menciona tu destino especial y explica por qué te gusta esta clase de vacaciones.

Ejemplo: 'A la montaña ¡es más emocionante que ir a la playa!'

Despegue

B6.2 Informarse sobre las vacaciones

★ **Decidir adónde ir y qué hacer**
★ **Las preposiciones *por* y *para***

¡Hola Julio!

Ayer mencioné que, para tener más información para las vacaciones (Argentina y España), es posible llamar a la compañía que encontré. Mandé un correo y ellos me mandaron dos fotos con más información. Y ¿sabes lo mejor? ¡Son tres semanas en Argentina por solo 2.000 euros por persona!

El glaciar Perito Moreno, Argentina

Tapas

Para mí, ir a Argentina va a ser una gran aventura y creo que hay tiempo para descubrir muchas cosas. Me encanta la idea de esquiar en el sur del país e ir de excursión por los glaciares. Dicen que el tiempo puede complicar las cosas y que para disfrutar de la experiencia es importante llevar la ropa correcta. Tengo casi un mes de vacaciones en diciembre, que es ideal para viajar allí porque es su verano.

El segundo viaje es a Madrid y es para probar las tapas. Lo voy a organizar para abril del año próximo. Como solo es un fin de semana, mi intención es llegar un viernes por la tarde, para probar todas las tapas posibles — esto es lo más importante. Al día siguiente podemos descubrir la ciudad; como cuando fuimos a Berlín ¿te acuerdas? Lo pasamos bien ¿verdad? ¿Qué te parecen estas ideas? ¿Te interesa acompañarme?

Nos vemos mañana por la tarde y lo comentamos.

María

---

1 Lee el correo de María a su amigo Julio y contesta a las preguntas.

Ejemplo: 1 sus vacaciones
   1 ¿Qué está organizando María?
   2 Además de las fotos, ¿qué información tiene María?
   3 ¿Por qué quiere María ir a Argentina?
   4 Además de esquiar, ¿qué actividad quiere probar María?
   5 ¿Por qué es importante llevar la ropa apropiada?
   6 ¿Por qué piensa viajar a Argentina en noviembre y diciembre?
   7 ¿Cuándo piensa viajar a Madrid?
   8 ¿Cuál es el motivo principal de viajar a Madrid?

2 Vas a oír una conversación sobre la elección de unas vacaciones ideales. Juan (J), su mujer, Ana (A), y su hijo, Marcelo (M), entran en una agencia de viajes y hablan con la agente, Carmen (C). Escucha lo que dicen e indica quién dice qué.

Ejemplo: 1 J

La(s) persona(s) que…
1 llamó a la agencia de viajes.
2 cree que los cruceros no son interesantes.
3 cree que hay buenas actividades para los jóvenes en un crucero.
4 comenta que los cruceros son caros.

5 dice que ya probaron el turismo rural.
6 menciona que el turismo rural no funcionó.
7 menciona el precio de los deportes extremos.
8 están a favor de dos semanas en el Pirineo.

3 Las preposiciones *por* y *para*. Consulta el punto P2 en la sección de gramática. Completa las frases con la preposición correcta (*por* o *para*).

Ejemplo: 1 por
1 Una excursión .... las montañas sería increíble.
2 Estas vacaciones son las mejores .... mí.
3 .... viajar a América es mejor ir en avión.
4 Prefiero cambiar las típicas vacaciones de sol y playa .... algo nuevo.
5 Los deportes son .... los jóvenes.
6 Siempre paso .... la agencia de viajes porque ayudan mucho.
7 Es la mejor oferta: dos días .... cien euros.
8 Es una idea fantástica .... los jóvenes y mayores.

4 a Trabaja con otra persona para realizar un juego de rol. Debes elegir el papel A (un(a) amigo/a español(a)) o el papel B (tú).
B
Un(a) amigo/a español(a) te llama por teléfono para hablar de las vacaciones.
1 **(i)** Saluda a tu amigo/a y
   (ii) Pregúntale si tiene planes para las vacaciones de <u>verano</u>.
2 Escucha lo que te dice y dile adónde piensas ir tú.
3 Explícale por qué quieres ir.
4 Dile cómo y por cuánto tiempo vas a ir.
5 **(i)** Dile dónde pasaste tus últimas vacaciones <u>de invierno</u> y
   (ii) Pregúntale qué <u>tipo de vacaciones</u> le gusta.

A y B
A Hola.
B 1(i) + (ii)
A Mi padre dice que vamos <u>a la costa</u>.
B 2 + 3
A Nosotros vamos <u>en autocar</u>, creo.
B 4
A Pues, muy bien.
B 5(i) + (ii)
A <u>Con muchas actividades</u>.

4 b Ahora cambiad de papeles y realizad el diálogo otra vez, sustituyendo las frases marcadas por las de la lista a continuación.

| el tren | de verano | método de transporte | a las montañas | en avión | primavera |

5 Escribe un correo a un(a) amigo/a. Convéncele/a de que te acompañe en tus próximas vacaciones. Menciona:
- dónde pasaste las últimas vacaciones
- el destino de las próximas vacaciones
- el tipo de vacaciones que estás planeando
- por qué crees que van a ser unas vacaciones ideales para los dos

Vuelo

B6.3 ¿El destino de siempre o vacaciones diferentes?

★ **Ponerse de acuerdo sobre el destino apropiado**
★ **El futuro**

Vacaciones para todos los gustos

1 Si no quieres volver al mismo sitio de siempre para tus vacaciones, nuestra oferta te interesará. Aprenderás a navegar y a bucear, y te explicaremos el ecosistema marino. ¡Fascinante!

2 ¿Harto del destino de siempre? ¿Buscas algo nuevo? Descubrirás la vida diaria de verdad. No en un hotel con las típicas vacaciones de playa, sino en un centro de refugiados. Vivirás y compartirás todo con ellos. Estarás colaborando en una labor humanitaria de gran importancia.

3 ¿Quieres saber más sobre los ordenadores, los móviles y las redes sociales? Nosotros te daremos todo lo que necesitas para convertirte en experto. ¡No te lo pierdas!

4 Te proponemos una experiencia radical. Estarás con alguien de tu edad de un país totalmente nuevo: irás a Argentina durante tres semanas — compartirás casa con un(a) joven de cultura diferente, que después volverá contigo y verá cómo vives tú.

5 Si ya estás planeando cómo encontrar experiencia laboral ¡esto es para ti! Te buscaremos los trabajos más relevantes, te informarás sobre tu carrera preferida y ¡ganarás dinero! Todo se organizará cerca de donde vives sin necesidad de viajar.

6 Si sueñas con algo distinto, nuestros cursillos son para cualquier persona interesada en la aventura. En un centro acreditado de gran profesionalidad que garantiza tu seguridad, probarás una serie de deportes extremos, con la ayuda de nuestros monitores expertos. Será una experiencia nueva.

A deportes extremos   **C** informática para todos   **E** experiencia laboral   **G** trabajo como voluntario
B motos y mecánica básica   **D** yoga para relajarse   **F** descubre el mar   **H** intercambio de país

1 Lee la información de la página web y escribe la letra del subtítulo que corresponde a los espacios. No necesitarás todas las letras.

Ejemplo: 1 F

2 Vas a oír una serie de observaciones sobre las vacaciones. Escucha lo que dicen con atención y escribe el número de la afirmación que es Verdad. Hay que marcar solo cuatro números.

Ejemplo: 1

Felipe

1 El año pasado Felipe no disfrutó del apartamento en la costa.

2 Felipe dice que no volverá al mismo apartamento.

Juan

3 El taller de música de Juan es solo para músicos avanzados.

4 A Juan le interesa el cursillo de música porque es para todos.

Nieves

5 El cursillo de mecánica para Nieves fue idea de su padre.

José

6 José dice que Mallorca es el destino ideal para los que quieren ir de discoteca.

Julia

7 Julia y sus amigas irán de excursión a pie.

8 Julia se alojará en un hotel.

3 El futuro. Consulta el punto N6 en la sección de gramática. En las frases siguientes, escoge el infinitivo y después la forma correcta del futuro. Atención, porque hay más infinitivos que espacios.

viajar	*estar*	publicar	tomar	contar
comprar	correr	nadar	alojarse	trabajar

Ejemplo: 1 estaremos

1 Nosotros .... con los amigos en las montañas este verano.

2 Durante las próximas vacaciones yo me .... las cosas con calma.

3 Ellos .... como voluntarios en vez de ir de vacaciones a la costa como siempre.

4 Este verano yo .... en la piscina cada día.

5 Mi hermano me .... si los cursillos de verano valen la pena.

6 ¿Tú .... una semana en el mismo hotel de la costa?

7 Este verano nosotros .... a una capital europea.

8 Con suerte, la compañía pronto .... las ofertas de vuelos baratos.

4 Haz una actividad con tus compañeros/as sobre las vacaciones apropiadas. Usa cinco de estas preguntas, apunta las respuestas de tus compañeros/as y presenta la información a la clase.

- ¿Dónde fuiste de vacaciones el año pasado?
- ¿Te gustaron las vacaciones del año pasado?
- ¿Volverás al mismo sitio este año? ¿Por qué (no)?
- ¿Prefieres el destino de siempre o buscarás algo nuevo?
- ¿Es importante ayudar a los otros durante las vacaciones?
- ¿Te interesa colaborar en una labor humanitaria?
- ¿Es una buena idea organizar experiencia laboral durante las vacaciones?

5 Vas a tener la oportunidad de cambiar tus vacaciones. Escribe una carta a tu amigo/a para explicar el cambio. Debes escribir 130–140 palabras.

- Describe qué hiciste durante las últimas vacaciones.
- Explica la decisión de cambiar.
- Menciona adónde irás y por qué.
- Explica qué experiencias probarás en el futuro.

Embarque

B7.1 ¿Existe el alojamiento perfecto?

★ **Cómo escoger alojamiento**
★ **Preposiciones con el infinitivo**

A

B

C

D

E

F

G

H

1 Lee las siguientes opiniones. Empareja los dibujos con las afirmaciones.

Ejemplo: 1 C

1 Luis: En un apartamento siempre tienes que fregar los platos. No gracias.

2 Celia: ¿Ir a un hotel de lujo con su piscina? Ideal para descansar.

3 María: Al llegar al camping tienes que montar la tienda... ¡un desastre!

4 José: El año pasado fui a la residencia de estudiantes. Para dormir era horrible.

5 Francisco: Detesto las caravanas. No hay sitio para cuatro.

6 Pili: Después de pasar una noche en un castillo el verano pasado, volveremos este año.

7 Rosita: Los albergues juveniles, sin ser caros, son modernos y limpios.

8 Juanjo: Pasar dos noches en la playa sin dormir… ¿en serio? ¡Imposible!

2 Vas a oír una serie de observaciones sobre diferentes tipos de alojamiento. Mira los dibujos del ejercicio 1. Escucha y escoge la letra del dibujo más apropiado. No necesitarás todas las letras.

Ejemplo: 1 B

3 Las preposiciones con el infinitivo. Consulta el punto P1 en la sección de gramática. De las dos opciones escoge la preposición correcta.

Ejemplo: 1 Antes de

  1 (*En / Antes de*) .... volver al camping, buscaremos alimentos.
  2 Voy (*a / de*) .... reservar la habitación enseguida.
  3 (*Para / Sin*) .... descansar, prefiero un hotel de lujo.
  4 (*Antes de / Al*) .... llegar al camping iremos a recepción.
  5 Visitamos gran parte de la ciudad (*sin / de*) .... usar el metro.
  6 La idea (*a / de*) .... dormir en la playa no es muy buena.
  7 Salimos del hotel (*con / sin*) .... probar el desayuno porque era muy caro.
  8 Recomiendo ir en barco (*de / para*) .... ver toda la costa.

4 a El sonido de la 'g" en español. Escucha esta frase y separa las palabras. Repite la frase tres veces, tradúcela a tu propia lengua y apréndela de memoria.

CogíuntaxiconMiguelySergioyllegamosalalbergueantesquelaotragente

4 b Lee la frase en alto y díctala a tu compañero/a para que la escriba. Después tu compañero/a te la dicta a ti. ¿Quién tiene menos fallos?

5 a Practica estas preguntas con tu compañero/a y después os turnáis. Usad la tabla a continuación para ayudaros con las respuestas.
Cuando vas de vacaciones…
- ¿qué prefieres… un albergue juvenil o un hotel de lujo?
- ¿qué te gusta más… dormir en la playa o ir de vacaciones en una caravana?
- ¿qué es mejor para ti… un apartamento en la costa o unos días en un camping?

Cuando voy de vacaciones	una buena opción es prefiero es perfecto me gusta detesto es imposible lo mejor es	dormir en la playa viajar en caravana ir a un albergue juvenil hacer camping ir a un hotel de lujo	porque es	barato un desastre caro ideal para descansar moderno

5 b Haz una encuesta a tres compañeros/as. Pregunta dónde se alojan cuando van de vacaciones y por qué. Apunta la información.

Ejemplo: Cuando voy de vacaciones, detesto hacer camping porque es un desastre.

6 Usa la información de la encuesta con tus compañeros/as para escribir dónde se alojan cuando van de vacaciones y por qué.

Ejemplo: Cuando voy de vacaciones prefiero ir a un hotel de lujo porque es ideal para descansar.

B7.2 Hacer una reserva

Despegue

> ★ **Reservar alojamiento para las vacaciones**
> ★ **Expresiones temporales: 'desde hace', etc.**

1

Estimado Sr. López:

Llevo días buscando un apartamento grande. Quiero pasar quince días en la costa y es para seis personas. También quisiera información sobre precios. ¿Me podría mandar esta información por correo electrónico, por favor?

Atentamente,

P. Lara

2

Muy señor mío:

Hace tiempo que busco un albergue juvenil cómodo y céntrico. Necesito información sobre albergues en la parte vieja de la capital. Con una idea de los precios, si es posible. Será para cuatro días.

Atentamente,

Pablo Ramos

3

Estimada Srta. Masaña:

Mi marido y yo estuvimos en su hotel hace dos años. Ahora quisiera reservar una habitación doble, con ducha, para la noche del día cuatro de mayo. ¿Hay que reservar para cenar? ¿A qué hora abre el restaurante?

Le saluda atentamente,

Manuela Concadina

4

Estimado Sr. Peralta:

No conocemos la zona de su camping. Tenemos una reserva desde hace una semana a nombre de Sirba, y pensamos llegar el domingo. ¿Nos manda un plano con información turística, por favor?

Atentamente,

Pedro Ramírez

---

1 Lee los correos y contesta a las preguntas.

Ejemplo: 1 grande / para seis personas

Correo 1

1 ¿Qué tipo de apartamento busca esta persona?

2 ¿Qué pide a la compañía?

Correo 2

3 ¿En qué parte de la capital buscan un albergue?

4 ¿Cuánto tiempo van a quedarse?

Correo 3

5 ¿Cuándo fue la última vez que visitaron el hotel?

6 ¿Qué información quiere del restaurante? Menciona dos cosas.

Correo 4

7 ¿Cuándo hicieron la reserva?

8 Además del plano ¿qué piden?

2 Vas a oír una conversación en un hotel. Escucha lo que dicen con atención. Dibuja y rellena la tabla con la información que falta.

El número de la habitación de los señores Griñán.	*Ejemplo:* 15	El precio del evento en la iglesia en euros.	
El día de salida de los señores Griñán.		Cuántos meses hace que abrió el restaurante.	
El primer día de las fiestas.		La hora a la que abre el restaurante por la tarde.	
La hora del evento que se organiza en la iglesia.		El número de teléfono del restaurante.	

3 Las expresiones temporales. Consulta el punto T4 en la sección de gramática. En las frases siguientes, escoge la expresión correcta.

Ejemplo: 1 desde hace

1 Tenemos la reserva (*desde hace / hace*) .... un mes.

2 Nosotros (*desde hace / llevamos*) .... mucho tiempo visitando este hotel en verano.

3 Llamé al camping (*desde hace / hace*) .... unas horas.

4 La fiesta del pueblo se organiza aquí (*desde hace / desde*) .... el año 2000.

5 Yo (*hace / llevo*) .... días preparando la tienda de campaña para el viaje.

6 (*Hace / Llevan*) .... justo una semana que abrieron el restaurante.

7 Estoy delante del hotel (*desde / desde hace*) .... unos minutos, pero no está abierto.

8 (*Llevo / Hace*) .... dos días en el camping y todo está en orden.

4 a Trabaja con otra persona para realizar un juego de rol. Debes elegir el papel A (el/la recepcionista) o el papel B (el/la cliente/a).

B: el/la cliente/a

Llamas por teléfono a un hotel.

1 **(i)** Saluda al/a la recepcionista y

 (ii) Explica que llamas porque quieres una habitación.

2 Responde a lo que te pregunta.

3 Dile para cuántas <u>noches</u>.

(*El/La recepcionista va a ver si hay habitaciones libres.*)

4 Quieres tener información sobre <u>la cena</u>. Haz una pregunta apropiada.

5 **(i)** Explica <u>el tipo de habitación</u> que prefieres.

 (ii) Agradece al/a la recepcionista su ayuda.

A y B

A Buenos días.

B 1(i) + (ii)

A <u>¿Para qué día?</u>

B 2 + 3

A De acuerdo, voy a mirar si hay habitaciones libres.

B 4

A (Sí) Hay un restaurante en el hotel, señor / señora.

B 5(i) + (ii)

A De nada.

4 b Ahora cambiad de papeles y realizad el diálogo otra vez, sustituyendo las frases marcadas por las de la lista a continuación.

personas	¿Para cuántas noches?	los precios	el desayuno

5 Escribe un correo al camping Bellavista para confirmar los detalles de tu estancia. Menciona:

a cuánto tiempo vas a estar y cuándo vas a llegar (día y hora)

Pide:

b información de la zona, las direcciones para llegar y el precio

El correo debe empezar 'Muy señor mío:' con la terminación formal 'Le saluda atentamente'.

vuelo

B7.3 Esto es un desastre...

> ★ **Resolver problemas con el alojamiento**
> ★ **Formas irregulares del futuro y los negativos**

¿Vacaciones? ¿Pesadilla?

Muy señor mío:

Lamento tener que escribir un correo, pero lo haré para mencionar nuestras quejas y así nadie podrá olvidarlas. Como director del hotel, Vd. tendrá que asumir la responsabilidad de investigarlas. Le diré cómo empezó la pesadilla: primero, al llegar al hotel no pudimos localizar a ningún empleado. No había nadie, ni en recepción ni en la cafetería. Finalmente llegó la recepcionista. El ascensor se paró a los cinco minutos. No le haré ninguna descripción de la escena pero, subir dos pisos con todo el equipaje fue dificilísimo.

Nada más entrar en nuestra habitación descubrimos que ni siquiera había agua. Tampoco había toallas: imposible ducharnos.

Saldremos del hotel ya, pero antes de hacer nada, quiero hablar con Vd. para solucionar esto. Lo que sí diré es que no pienso pagar la factura.

Atentamente,

J. Gómez

1 Lee el correo y busca la terminación de cada afirmación. Solo necesitas una palabra cada vez.

Ejemplo: 1 quejas

  1 El Sr. López le escribe al director para mencionar varias…
  2 En cuanto a sus quejas, lo que espera el señor López es una…
  3 El primer problema que tuvo la familia fue que en recepción no había…
  4 El ascensor dejó de funcionar al cabo de poco…
  5 Cuando la familia quiso tomar una ducha se encontró sin… y sin … (2)
  6 El Sr. López va a dejar el hotel…
  7 El Sr. López dice que quiere hablar con el…
  8 Lo que hará el Sr. López con la factura es no…

2 Vas a oír unos diálogos cortos sobre problemas en los hoteles. Escúchalos con atención y escribe la letra de la terminación correcta.

Ejemplo: 1 C

1 La Sra. Peralta se queja por un problema con…
  A subir al cuarto.
  B el precio.
  C el cuarto de baño.
  D la factura.

2 El Sr Pardo quiere…
  A marcharse.
  B pagar la factura.
  C hablar con el director.
  D entrar en su habitación.

3 Al Sr. Minolta le preocupa…
   A la factura.
   B el restaurante.
   C el desayuno.
   D el ascensor.

4 La Sra. Quiroga se queja por…
   A la decoración.
   B el ascensor.
   C el precio.
   D el director.

5 El señor Vázquez está preocupado porque…
   A no tiene garantía para su coche.
   B tiene que aparcar muy lejos.
   C nadie se acuerda de él.
   D tuvo problemas con el coche antes.

6 El Sr. Antonín se queja porque…
   A no podrá cenar en el hotel.
   B le avisaron ayer del problema.
   C no le gusta el restaurante.
   D el restaurante tiene mala fama.

7 En la habitación 420 se preocupan por…
   A los precios.
   B la comida.
   C el aire acondicionado.
   D el ruido.

8 El señor López tiene problemas con…
   A el ascensor.
   B la factura.
   C la recepcionista.
   D la puerta.

3 Los negativos y el futuro (formas irregulares). Consulta el punto O y N6 en la sección de gramática. En las frases siguientes, escribe (a) el negativo correcto, y (b) la forma correcta del futuro.

Ejemplo: 1 nadie, tendrá

1 Me parece que **a**.......... **b**.......... ganas de pasar una noche en este hotel. (*nadie/nunca*) (*tener*)
2 Yo **a**.......... **b**.......... olvidar aquel hotel tan terrible. (*nadie / nunca*) (*poder*)
3 Si no me quejo ahora **a**.......... **b**.......... la oportunidad de hacerlo más tarde. (*tampoco / nadie*) (*tener*)
4 **a**.......... de las empleadas **b**.......... negar que la habitación estaba sucia. (*ninguna / nunca*) (*poder*)
5 El director **b**.......... que asumir la responsabilidad porque **a**.......... más lo puede hacer. (*nadie / nunca*) (*tener*)
6 **a**.......... **b**.......... decir que es barato. Una noche sale a más de cien euros. (*nadie / nada*) (*poder*)
7 No tenemos **a**.......... queja contra Vd. Nosotros solo **b**.......... mención de los problemas del edificio. (*ni siquiera / ninguna*) (*hacer*)
8 No **b**.......... **a**.......... ahora, pero cuando llegue el director me quejaré. (*nadie / nada*) (*hacer*)

4 Practica este juego de rol. Haced turnos preguntando y respondiendo. Estás en un hotel con tus padres. Llamas a recepción para quejarte. Menciona:
   • el ruido del bar
   • los problemas en el cuarto de baño
   • expresa tu preocupación
   • agradece la ayuda de la recepcionista
   A continuación hay ideas para el rol de la recepcionista. ¡Atención! Hay que ponerlas en orden primero.
   • Alguien del servicio subirá enseguida.
   • Siento las molestias.
   • ¿Desde cuándo tiene problemas?
   • Voy a hablar con los del bar ahora mismo.

5 Tus últimas vacaciones fueron una pesadilla. Escribe a un(a) amigo/a para explicarle qué cambiarás la próxima vez. Debes escribir 130–140 palabras. Menciona:
   • los problemas de tus últimas vacaciones
   • por qué tuviste que quejarte
   • dónde te alojarás la próxima vez
   • qué actividades harás para pasarlo mejor en el futuro

Vocabulario

B1.1 Te presento a toda mi familia

atractivo/a
bonito/a
el cumpleaños
feo/a
genial

gordo/a
el/la hijo/a único/a
una mascota
nervioso/a
el pasatiempo

el/la primo/a
quieto/a
rápido/a
rizado/a

B1.2 Una foto de ti... en palabras

altísimo/a
bajo/a
completamente
corto/a
delgado/a

enorme
las gafas
liso/a
mayor
moreno/a

ondulado/a
la piel
positivo/a
rubio/a
tranquilo/a

B1.3 ¿Cómo es tu carácter?

aburrido/a
ambicioso/a
animado/a
desordenado/a
divertido/a
la estrella

hablador(a)
impresionante
perezoso/a
la personalidad
popular
simpático/a

sociable
solitario/a
tímido/a
tonto/a
trabajador(a)
vago/a

B1.4 Las relaciones familiares

aguantar
antipático/a
discutir
echar de menos
la edad

gracioso/a
el/la hermano/a mayor / menor
justo
llevarse bien / mal con
la paga

portarse bien / mal
salir juntos
tener (algo) en común
tener razón

B2.1 Los pasatiempos en casa

el ajedrez
casero/a
cocinar
el cómic
demasiado
el deporte
escuchar
estudiar
favorito/a

la guitarra
hacer
el instrumento
el juego de mesa
jugar
leer
el libro
la moda
el pasatiempo

el piano
practicar
la receta
la revista
la tele
tocar
el videojuego

B2.2 La rutina de todos los días

acostarse
antes
ayudar
despertarse
después
ducharse
junto/a
lavarse

levantarse
llegar
mientras
ocupado/a
parar
peinarse
ponerse
preparar

pronto
relajarse
solo/a
tarde
temprano
tener tiempo
vestirse
volver

B2.3 Las tareas domésticas

al aire libre	fregar	planchar
alrededor	limpiar	proteger
el césped	la media	recoger
cortar	los quehaceres	la tarea
cultivar	quitar el polvo	trabajar
dedicar	pasar la aspiradora	
la finca	perezoso/a	

B3.1 Disfrutando del tiempo libre fuera de casa

aburrido/a	el concierto	el pasatiempo
el/la aficionado/a	dedicar(se) a	personalmente
afortunadamente	divertirse	rápidamente
el atletismo	el entrenamiento	realmente
el baloncesto	entretenido/a	sociable
cansado/a	normalmente	el yoga
competir	el partido	
completamente	pasarlo bien	

B3.2 Pensando en los planes y las invitaciones

apetecer	necesitar	¿qué tal si…?
el bocadillo	organizar	reservar
de acuerdo	probar	sacar (entradas)
económico/a	pronto	el sitio
la entrada	quedar	la vuelta

B3.3 Una semana maravillosa

a continuación	impresionante	*el paraíso*
el ambiente	increíble	practicar
a principios	inolvidable	el regreso
desaparecer	llamar la atención	sorprender
en absoluto	la madrugada	tardar
la impresión	el nivel	tener ganas de
fabuloso/a	*opinar*	viajar
fascinar	el paisaje	

B4.1 ¡Camarero, por favor!

la aceituna	la gamba	tener ganas de
a la plancha	la gaseosa	tener hambre
la albóndiga	la jarra	tener sed
la barra	la lata	traer
el bocadillo	pedir	el trozo
los calamares	el plato	el vaso
la copa	*que aproveche(n)*	
la cuenta	la ración	

B4.2 De cena en el restaurante

el batido	la estrella	el pimiento
el/la camarero/a	el ingrediente	por supuesto
claro/a	lento/a	el sabor
el/la cliente	llevar	la sopa
la cosa	el melón	típico/a
crudo/a	el mundo	único/a
enseguida	nuevo/a	usar
la entrevista	la pera	

B4.3 ¡Hoy comemos fuera!

abrir
aprobar
la calidad
el camión
la carta
el/la cocinero/a
de nuevo
distinto/a

especial
estupendo/a
el éxito
el gusto
el local
maravilloso/a
el nivel
la obra

ofrecer
según
sobresaliente
la tortilla
tratar
variado/a

B5.1 ¿Cuándo es la celebración?

acompañar
la actividad
la arena
celebrar
el cumpleaños
el disfraz
la diversión

durar
emocionante
fabuloso/a
famoso/a
la fecha
el festival
la fiesta

los fuegos artificiales
increíble
participar
el problema
la procesión
tradicional

B5.2 Cómo organizar una gran fiesta

al aire libre
apetecer
el baile
la bebida
la comida

la dieta
la entrada
la fecha
felicidades
la fiesta (de disfraces)

invitar
organizar
pasarlo bien
el refresco
el/la vegetariano/a

B5.3 ¿Qué pasó? ¿Cómo fue?

el/la aficionado/a
el ambiente
asistir
conocido/a
darse cuenta
disfrutar
el encuentro

la entrada
el equipo
el espectáculo
el estadio
increíble
la invitación
maravilloso/a

pasarlo bomba
el público
la reacción
reaccionar
la sorpresa
superior

B6.1 Lo mejor de las vacaciones

la acción
agradable
atractivo/a
barato/a
caro/a
la ciudad
conocido/a
los deportes extremos

descubrir
el destino
disfrutar
divertido/a
emocionante
explorar
hacer camping
ideal

el invierno
la montaña
practicar
tomar el sol
tranquilo/a
el verano

B6.2 Informarse sobre las vacaciones

la agencia de viajes
la aventura
comentar
el crucero
los deportes extremos
descubrir

disfrutar
increíble
ir de excursión
la oferta
organizar
el precio

probar
el turismo rural
viajar

B6.3 ¿El destino de siempre o vacaciones diferentes?

alojarse	*convertir*	el móvil
alquilar	el cursillo	navegar
aprender	el destino	la oferta
apuntarse	divertido/a	probar
asqueroso/a	estar harto/a	radical
buscar	la experiencia laboral	las redes sociales
la carrera	*humanitario/a*	soñar con
colaborar	la insolación	tocar (música)
compartir	el intercambio	el/la voluntario/a
contar	ir de excursión	el vuelo

B7.1 ¿Existe el alojamiento perfecto?

el albergue juvenil	la costa	la pensión
el alimento	el desastre	la piscina
el alojamiento	el desayuno	el precio
alojarse	descansar	probar
el apartamento	detestar	recomendar
barato/a	fregar	reservar
el camping	el lujo	el sitio
la caravana	montar (una tienda)	la tienda (*de campaña*)
caro/a	*la opción*	

B7.2 Hacer una reserva

abierto/a	de acuerdo	mandar
apuntar	la dirección	*el plano*
cenar	la ducha	quisiera
céntrico/a	la entrada	la reserva
cómodo/a	el folleto	la vista
conocer	la habitación doble	

B7.3 Esto es un desastre…

agradecer	*la factura*	la plaza (de garaje)
el aire acondicionado	funcionar	preocuparse
aparcar	*lamentar*	la queja
el ascensor	*localizar*	quejarse
avisar	marcharse	el/la recepcionista
cerrado/a	olvidar	el ruido
el/la director(a)	pararse	sucio/a
ducharse	*la pesadilla*	la toalla
el/la empleado/a	el piso	

¿Sabías que...?

País

Argentina tiene frontera con Chile, Bolivia, Brasil, Paraguay y Uruguay. Tiene unos 40 millones de habitantes y la capital es Buenos Aires. El español es la única lengua oficial, pero con algunas diferencias con el español peninsular (en el español hablado en Argentina, el *vos* se usa como equivalente a *tú*). Hay unos 25 idiomas indígenas (unas 200.000 personas hablan guaraní, sobre todo en Corrientes y Misiones en el norte del país). Argentina es un país de inmigración: los italianos, los alemanes, los ingleses y los árabes tienen comunidades grandes aquí. Incluso hay una comunidad de inmigrantes del País de Gales que conserva su lengua. Vive en la región de Patagonia.

La moneda del país es el peso.

La bandera tiene tres rayas horizontales: la del centro es blanca y las otras dos son de color azul celeste. En el centro de la bandera hay un dibujo de un sol.

Argentina es el segundo país (en tamaño) de América del Sur y tiene la montaña más alta del Hemisferio Sur, que se llama Aconcagua.

Capital

Buenos Aires es la capital más visitada por turistas en América del Sur. Un baile, el tango, se inventó en Buenos Aires y es famoso en todo el mundo. Es un baile de grandes pasiones y mucha energía. La Boca es un barrio originalmente muy pobre, de Buenos Aires, famoso por sus impresionantes edificios de colores.

En la capital, una de las plazas más famosas se llama Plaza de Mayo. En esta plaza se organizaron protestas contra el gobierno durante la época de los 'desaparecidos'.

Política

- El Presidente Mauricio Macri ganó las elecciones en 2015.
- Un conflicto político que terminó en guerra ocurrió en 1982 en las Malvinas (en inglés Falklands), unas islas en el Atlántico Sur.

Clima

El clima del país es muy variado, con extremos de calor y frío, además de zonas templadas y de mucha lluvia. Perito Moreno es el nombre de un glaciar en el sur del país.

1 Lee la información sobre Argentina y, después de dibujar la tabla, escribe la información que falta.

Número de países con frontera con Argentina	5
Población en millones de personas	
Nombre de la lengua oficial	
Número de personas que hablan guaraní	
Año en que Mauricio Macri ganó las elecciones	
Nombre de una plaza famosa de la capital	

2 Hay muchos argentinos famosos (y ¡no todos son futbolistas!... aunque aquí encontrarás a dos). ¿Sabes quiénes son estas personas? En las descripciones hay pistas para ayudarte...

1 Lionel 'Leo' Messi

2 Jorge Mario Bergoglio

3 Eva Perón

4 Diego Maradona

5 Ernesto 'Che' Guevara

A Futbolista argentino, delantero, votado mejor jugador del siglo en el año 2000. Famoso por la expresión ('la mano de Dios') usada para describir uno de sus goles.

B Actriz, casada con un presidente de la República Argentina, convertida en personalidad política y recordada más tarde en las producciones musicales y en una canción en especial cantada por Madonna en una película de 1996.

C Futbolista argentino que juega en España desde los trece años. Votado 'FIFA Ballon d'Or' (mejor jugador) cinco veces (cuatro años consecutivos). Delantero que al final de la temporada 2015-2016 fue el primero en anotar 300 goles en La Liga (española).

D Líder de la iglesia católica en Argentina durante 10 años, elegido Papa (con el nombre de Francisco) en el año 2013.

E Revolucionario que luchó al lado de Fidel Castro en Cuba.

3 Lee el texto sobre Iguazú y la calificación de los visitantes. Decide si tienen una opinión positiva (P), negativa (N) o positiva y negativa (P+N) del destino turístico.

Iguazú, destino turístico

Este es el nombre de las cataratas más extensas del país (y de América del Sur, porque no sólo se ven desde Argentina). El río desciende entre Brasil y Argentina hasta llegar a este punto: aquí las aguas caen desde unos 80 metros de forma abrupta y producen un espectáculo único.

Las famosas cataratas: ¡espectáculo garantizado!

- Pasear por la selva, descubrir la naturaleza tropical, visitar la increíble caída de agua en La Garganta del Diablo: todo esto está incluido en la visita. Además se puede andar por el puente sobre las aguas, justo cuando empiezan a caer. ¡Vistas inolvidables!

- Para vivir la emoción al pie de las cataratas, lo mejor es subir a una lancha para llegar hasta donde cae el agua. Hay salidas regulares y la emoción dura media hora. ¡Atención porque nos mojaremos!

- Para precios, preguntar en la recepción de su hotel.

Calificación de los visitantes

Toro3 'Tenía crema protectora pero me picaron los mosquitos y me mojé completamente.'

missp4 'Una sensación increíble. Hay que tener cuidado con los insectos e ir con mochila impermeable pero el espectáculo vale la pena.'

dot1 'Vista maravillosa desde una lancha, mirando hacia arriba, con el ruido inmenso de la caída de agua, tres arco iris en el cielo y agua por todas partes.'

Cataluña ¿Centro de innovación o destino turístico?

Un día en la vida de Laura, estudiante de Barcelona

En la capital hay varias universidades con estudiantes de todo el mundo. Actualmente Laura está a punto de terminar la carrera de Fotografía y Creación Digital y explica cómo es un día para ella.

'Últimamente he intentado documentar en 3D los edificios emblemáticos de Barcelona, y ayer fue un día típico para mí. Salí temprano porque para hacer un buen trabajo en el Barrio Gótico, con sus estrechas calles medievales llenas de sombra, necesito una luz dispersa con matices, sin demasiados contrastes. Sé que esta zona se llena de turistas hacia el mediodía, así que evité las Ramblas, la avenida más popular. Decidí entrar en una iglesia (Santa María del Mar), que con sus delgadas columnas era perfecta. Saqué ocho fotografías, desde planos generales del entorno hasta imágenes detalladas de las piedras, y estuve un par de horas, pues se necesita paciencia para lograr un buen resultado.

Si quiero imágenes con mucho color, me paro en una de las casas de Gaudí, el famoso arquitecto que trabajó aquí a principios del siglo pasado. La Casa Batlló es un buen ejemplo: la fachada está llena del azul del mar y la textura de los detalles de la cola del dragón es espectacular. También me encanta trabajar en el Park Güell, con el famoso 'trencadís'* de Gaudí y sus líneas que nunca son rectas.

Casa Batlló: fachada

Volví a casa y escogí las mejores fotografías (las que tenían una buena exposición y una gama de colores interesante), que me ayudarán a crear un modelo 3D del edificio. Para complementar, con la ayuda de programas específicos, crearé una superficie 3D, donde colocaré la maqueta del edificio, acompañada de las imágenes reales.

La parte más interesante del proyecto vendrá cuando trabaje en la Sagrada Familia, el templo inacabado de Gaudí, precisamente porque todavía está en construcción y cambia cada día.

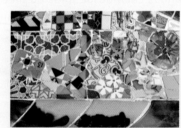

Este proyecto es un encargo de la Diputación de Turismo: promocionan el turismo de calidad, la historia y el arte. Si hago un buen trabajo y en la Diputación están contentos, me pagarán muy bien.'

'Trencadís' del Park Güell

* 'trencadís': término para describir los azulejos rotos y vueltos a componer en mosaicos irregulares'

1 Lee el artículo sobre Laura, la fotógrafa, y escribe apuntes en español sobre: su carrera, su proyecto, el Barrio Gótico, las Ramblas, la Sagrada Familia y el 'trencadís'.

2 Barcelona es la capital de Cataluña, pero ¿cuánto sabes de esta ciudad? En la información sobre la capital (página 103) faltan cifras... Intenta descubrirlas... Tendrás que deducirlas usando un poco de lógica... o adivinando...

| 750.000 | 37 | 71.000 | 3,2 millones | 1,5 millones | 764 |

Originalmente Barcelona creció porque era un puerto importante del mar Mediterráneo; su papel comercial continúa, pero ahora también es uno de los primeros destinos mediterráneos para cruceros. En 2015 llegaron **(1)** (el equivalente de más de dos cruceros por día durante todo el año) y en parte esta cifra explica el gran número de turistas estadounidenses en la capital catalana, **(2)** (solo superado por los 800.000 ingleses). Su aeropuerto, también a orillas del mar, recibió a más de **(3)** millones de pasajeros este mismo año. La razón de estos movimientos masivos es el turismo y la estadística lo demuestra: **(4)** de personas visitaron el estadio del Fútbol Club Barcelona y un poco más del doble entraron en la Sagrada Familia **(5)**, el templo inacabado de Gaudí. La mayoría de los turistas se queda una noche (como mínimo) en la capital, que tiene unas **(6)** plazas hoteleras.

Blanes, Costa Brava

Para los que quieren sol y playa, la Costa Brava empieza a 70 kilómetros al norte de la ciudad, exactamente en Blanes, primer pueblo de esta costa rocosa.

¿Cataluña o Catalunya?

No parece muy importante esta distinción, pero el idioma forma parte de la lucha por la independencia.

Tú ¿qué opinas?

- Cataluña ¿debe ser un país independiente?
- ¿El catalán debería ser el idioma principal en los colegios?

El tema genera controversia: aquí cuatro personas dan su opinión.

pato#	Esta nación tiene cultura e historia propias. Durante años incluso se prohibió el catalán en público y esto no puede ser. El uso del catalán en los institutos es esencial para Catalunya.
real3	Tenemos derecho a la independencia y queremos controlar nuestra economía. Tenemos industria y ambición comercial. No dependemos de Madrid.
ind1a	El separatismo es un desastre para el estado español. Solo podemos ser fuertes trabajando juntos. Además sería anticonstitucional.
moncho	Hay muchas comunidades autónomas en España, y funcionan. Creo que los separatistas exageran, aunque entiendo que el Estado español no quiere perder a Cataluña.

Despegue

Rincón del examen 2.1

La tarea escrita corta

En tu examen hay una tarea escrita corta.

Cómo tener éxito con la tarea

1 a Lee la tarea y trabaja con tu compañero/a para familiarizarte con el contenido.

Hoy empiezas tu segunda semana en un colegio nuevo. Escribes en tu blog. Menciona:

- las actividades que vas a hacer hoy
- los nuevos compañeros de tu clase
- las clases que más te gustan, y por qué
- adónde vas cuando vuelves a casa

Debes escribir 80–90 palabras en español.

1 b Lee la lista de estrategias y decide a cuál de estas cuatro categorías pertenecen:

A Útil para la fase de preparación, pero no durante el examen

B Antes de empezar la tarea

C Mientras escribes

D Al revisar tu trabajo

Estrategias

1 Contesta todas las partes de la tarea (a), (b), (c) y (d).
2 Lee las instrucciones con cuidado.
3 Escribe los párrafos en el orden que aparecen en las instrucciones.
4 Investiga si una de las letras tiene dos partes, en este ejemplo es la letra (c).
5 Escribe todas las palabras útiles que se te ocurran sobre la tarea.
6 Usa un párrafo nuevo para cada letra.
7 Busca palabras nuevas útiles en un diccionario, apúntalas y apréndelas.
8 Organiza las palabras que tienes (máximo 90) calculando que puedes usar 20 para cada párrafo de la tarea; así quedan 10, por ejemplo para la letra que tiene dos partes.
9 Asegúrate que no te has pasado del límite.
10 Escribe frases completas, asegurándote de que has enlazado las más cortas con una conjunción.
11 Decide qué tiempos verbales vas a necesitar.
12 Céntrate en los verbos (concordancia).
13 Asegúrate que tienes la forma correcta para los adjetivos.
14 ¿Tienes un par de construcciones negativas? Asegúrate.
15 Cuando das una opinión ¿está justificada?
16 Asegúrate de que no hay faltas tontas.

Posibles respuestas

2   Lee las dos versiones de la misma tarea. Inmediatamente da tu opinión: ¿cuál te parece mejor? A continuación usa la lista del ejercicio 1b para comparar las versiones apuntando cuántos consejos no se usan en la versión inferior.

Primera versión

Hoy empieza la segunda semana en el colegio nuevo. Llego a casa a las cinco. En mi familia hay tres personas. Mi pasatiempo favorito es el fútbol. Tengo un compañero de clase nuevo: se llama Marcos y es su cumpleaños hoy. Es un día normal en el instituto y no es posible celebrar su cumpleaños. No me gustan los días normales, me gustan los domingos, pero no hay instituto el domingo.

Segunda versión

Esta tarde empezamos con el fútbol: me encanta. Tenemos partido contra otro instituto.

Conozco a varias personas ya: son unos chicos simpáticos que viven cerca. Hay una chica nueva también — es muy inteligente.

Las clases de inglés son mis favoritas porque el profesor sabe mucho. La historia es interesante porque es útil y me gustan las investigaciones que hacemos sobre momentos importantes.

Entro en casa a las seis pero salgo a ver a mis amigos y a jugar al fútbol. Vamos al club todos los lunes y los sábados.

Te toca a ti...

3   a   Trabaja con tu compañero/a. Leed la tarea siguiente y usad la lista de consejos para pensar cómo se podría mejorar la respuesta.

3   b   Trabajad por separado para producir vuestras propias respuestas.

3   c   Analiza la respuesta de tu compañero/a y trabajad juntos/as para escribir una respuesta todavía mejor.

Describe un fin de semana especial. Menciona:

● cómo es tu rutina normal un sábado por la tarde

● lo especial de este fin de semana

● quién te acompañó

● las actividades que hiciste y la que más te gustó

Debes escribir 80–90 palabras en español.

vuelo

Rincón del examen 2.2

La presentación de tu examen oral (1)

Escoge el título de tu presentación

1 Escoge un tema que para ti sea interesante y personal.
2 Asegúrate de que el tema se adapta a tus conocimientos y que puedes hablar sobre él con confianza.
3 Asegúrate de que el tema no es ni demasiado complejo ni demasiado extenso.
4 No describas a tu familia ni a tus amigos ni tu rutina diaria porque estos son temas para la parte de conversación.
5 Escoge un tema apto para demostrar tus conocimientos de tiempos verbales, vocabulario y cómo expresar opiniones.

1 a Decide cuáles son los títulos más útiles para el examen: copia la tabla y pon una nota sobre 10 para cada título (10 es el mejor y 1 el peor). Justifica esta nota.

Título posible	Nota	Comentario
Mi país	4	¿tema demasiado general?
Las Naciones Unidas	1	demasiado complicado
Mis ambiciones	10	posibles usos de tiempos verbales; vocabulario de interés
Una descripción de mi familia		
Mis pasatiempos		
Mi vida en el instituto		
Las vacaciones cuando era pequeño/a y ahora		

1 b Trabaja con tu compañero/a. Empezad cada uno con un total de tres posibles títulos de la lista y escoged el mejor. Usad los siguientes criterios:

Varios tiempos verbales	✓✓
Diferentes personas	
Vocabulario interesante	
Opiniones / justificaciones	
Contenido diferente de la parte de la conversación	

Prepara el plan de tu presentación

2 a Imagina esta situación: vas a dar tu presentación sobre 'Mis vacaciones cuando era pequeño/a y ahora'.

Ordena los seis elementos importantes del tema. (Los puntos no están organizados en un orden lógico todavía y te toca a ti hacerlo…). Escribe qué tiempos verbales vas a usar para cada punto.

Mis vacaciones cuando era pequeño y ahora	
el año que viene	Orden lógico: 5 futuro próximo / futuro / presente
mi destino ideal ahora	
mi sueño	
un problema que tuve	
tipo de alojamiento preferido (y por qué)	
mis primeras vacaciones	

2 b Ahora escribe el plan para tu presentación personal. Incluye seis puntos y diseña una tarjeta de colores para cada punto. Aquí tienes dos ejemplos: el color verde indica una opinión y el azul diferentes tiempos verbales.

3 Pon tus tarjetas en la mesa para evaluarlas con tu compañero usando la tabla.

Tiempos verbales	✓✓
Diferentes formas de los verbos	
Sustantivos variados	
Sustantivos + adjetivos	
Verbos + adverbios	
Comparativos	
Opiniones justificadas	
Ordenado lógicamente	

Mi destino ideal ahora
mi opinión … una vez … experiencia …
encantar … la próxima oportunidad

Un problema que tuve durante las vacaciones
cuando … detalles …
mi preocupación … la próxima vez

vuelo

Rincón del examen 2.3

La presentación de tu examen oral (2)

Practicando tu presentación

1   Trabaja con tu compañero/a y utiliza tus tarjetas para dar tu presentación. Tu compañero/a se encargará de evaluar la técnica (en vez del contenido). Puede usar los siguientes criterios.

Ausencia de vacilación	✓
Presentación clara	
Ritmo acertado (ni demasiado rápido ni demasiado lento)	
Pronunciación correcta	
Lenguaje corporal (contacto visual, sin tensiones obvias)	
Duración (minutos + segundos)	

Cómo tener éxito con tu presentación

2   Vas a oír dos presentaciones (tienen el mismo título: 'Un pasatiempo que me apasiona: mi caballo'). Escúchalas una vez para evaluarlas usando la tabla del ejercicio 1, y una vez con la tabla a continuación (para el contenido):

cada adjetivo	✓
cada adverbio	
una opinión justificada	
un tiempo verbal diferente	

Usa las técnicas aprendidas

3   a   Trabaja con tu compañero/a para evaluar las presentaciones. Os turnáis para dar información sobre las presentaciones utilizando las técnicas aprendidas.

3   b   Usa las seis tarjetas que ya tienes para tu tema y ponlas delante de tu compañero/a, que leerá los puntos y tú hablarás sobre ellos. Tu compañero/a puede ayudarte si no te acuerdas de algo... Luego, os turnáis.

3   c   Finalmente, intenta dar tu presentación sin las tarjetas. Vuelve a practicarla las veces que quieras.

Ahora las preguntas…

4 a Escucha otra vez la presentación del ejercicio 2 sobre 'Un pasatiempo que me apasiona: mi caballo'.

De las preguntas siguientes, selecciona solo las seis que consideras útiles.

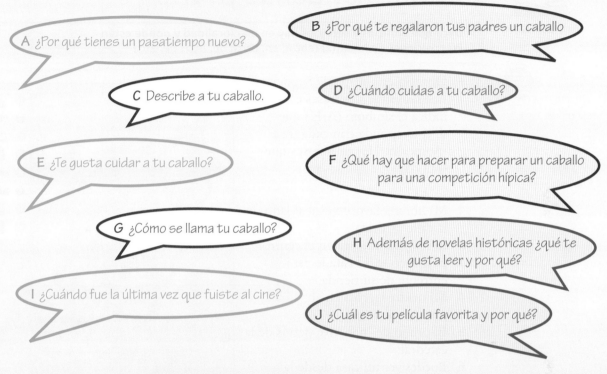

A ¿Por qué tienes un pasatiempo nuevo?

B ¿Por qué te regalaron tus padres un caballo

C Describe a tu caballo.

D ¿Cuándo cuidas a tu caballo?

E ¿Te gusta cuidar a tu caballo?

F ¿Qué hay que hacer para preparar un caballo para una competición hípica?

G ¿Cómo se llama tu caballo?

H Además de novelas históricas ¿qué te gusta leer y por qué?

I ¿Cuándo fue la última vez que fuiste al cine?

J ¿Cuál es tu película favorita y por qué?

4 b Trabaja con tu compañero/a para preparar y escribir cinco preguntas útiles sobre tu presentación. Recuerda que las preguntas en el pasado siempre son las más importantes.

4 c Entrega las cinco preguntas a tu compañero/a. Da tu presentación otra vez y tu compañero/a te hace las preguntas y tú contestas. Tu compañero/a te puede dar información sobre tu actuación. Luego os turnáis.

La importancia de la presentación en tu examen oral

	Partes del examen	Puntuación máxima	Cómo puntuar	Duración
1	Los juegos de rol (dos en total)	30	10 preguntas (tres puntos máximo para cada una)	Unos cinco minutos
2	La presentación + conversación	30	15 puntos (comunicación) 15 puntos (lengua)	Entre un minuto y dos
3	La conversación general	30	15 puntos (comunicación) 15 puntos (lengua)	Unos cinco minutos
	Incluye todo el examen	10	10 puntos (impresión)	
		100 (total)		

Home town and geographical surroundings

Embarque

C1.1 Qué hay donde yo vivo

> ★ **Decir qué edificios y servicios hay en una localidad y dónde están**
> ★ **Preposiciones de lugar (2) (*entre, en, cerca de, lejos de*, etc.)**

1 a Observa este mapa de Segovia. Lee las siguientes frases e indica el símbolo (A-H) que se corresponde con cada frase. ¡Atención! Hay más frases que símbolos.

Ejemplo: 1 G

1 Mi librería favorita está al lado de la calle principal.
2 El hospital no está en el centro.
3 El museo más visitado está enfrente de su tienda.
4 Mi madre trabaja en el Ayuntamiento.
5 El primo de Juan vive detrás de la catedral.
6 Puedes ver mi casa desde la estación de autobuses.
7 La comisaría está detrás de un parque.
8 Vivo entre la iglesia y el supermercado.
9 Tu hermano estudia en la universidad junto al río, ¿verdad?
10 Hay un restaurante estupendo delante de la Plaza Mayor.

1 b Cuando termines, dibuja los edificios para las dos frases extra.

2 Escucha a cuatro personas que hablan del lugar donde viven. Indica quién dice qué: Juan (J), Azucena (A), Boris (B) o Virginia (V).

Ejemplo: 1 B

1 Voy andando a la biblioteca o al mercado.
2 Hay una iglesia, un colegio y el ayuntamiento.
3 No hay muchas actividades para los adolescentes.
4 Vivo junto a una plaza muy bonita.
5 De vez en cuando, voy a la playa.
6 Hay museos, cafés y un cine cerca de mi casa.
7 Es precioso y está en las montañas, junto a un lago.
8 Vivimos en una casa típica de la región, junto al río.

3 a Consulta el punto P2 en la sección de gramática. Ahora busca siete ejemplos de preposiciones en el texto del ejercicio 1a.

3 b Mira el plano. Escoge la opción correcta y escribe las frases completas.

Ejemplo: 1 al lado del

1 El mercado está *en el / al lado del* parque.

2 La comisaría no está *lejos de / delante de* la librería.

3 El Ayuntamiento está *enfrente de / en* la librería.

4 La librería está *entre / por* el parque y el Ayuntamiento.

5 Hay un instituto *detrás del / encima del* colegio.

6 El río pasa *por / desde* esta localidad.

7 El parque está *a la derecha del / a la izquierda del* mercado.

8 Hay una calle *sobre / entre* el colegio y el instituto.

4 a Palabras con acento o sílaba tónica en la penúltima sílaba. Escucha esta frase y separa las palabras. Repite la frase tres veces, tradúcela a tu propia lengua y apréndela de memoria.

Lacárcelestádelantedeunparquecercadelmercado

4 b Lee la frase en alto y díctala a tu compañero/a para que la escriba. Después tu compañero/a te la dicta a ti. ¿Quién tiene menos fallos?

5 a Practica este juego de rol con un(a) compañero/a de clase. Leed la conversación en alto. Haced turnos preguntando y respondiendo a las preguntas.

B   Hola, buenos días.

A   Buenos días. ¿Cómo te llamas?

B   Me llamo Alejandro.

A   ¿Dónde vives?

B   Vivo en Villanueva de la Serena.

A   ¿Y dónde está?

B   Es un pueblo de Badajoz.

A   ¿Qué edificios y servicios hay donde vives?

B   Hay de todo. Por ejemplo, una estación de autobuses, una piscina, una biblioteca, un estadio…

A   ¡Qué bien! Muchas gracias.

B   De nada. Otro día me cuentas dónde vives tú.

5 b Habla con tu compañero/a. Describe qué hay donde tú vives adaptando las palabras de la actividad 5a.

6 Prepara un póster sobre el lugar donde vives. Usa la información de la actividad 5 y preposiciones de lugar.

Instituto

Colegio

Mercado

Comisaría

Parque

Librería

Ayuntamiento

Despegue

C1.2 ¿Vives en el campo o en la ciudad?

★ Describir localidades urbanas y rurales, y dar tu opinión sobre ellas
★ El participio y el pretérito perfecto

De Madrid a Fermoselle

Querido Andrés:

Es mi primer día en tu pueblo. ¿Sabes lo que me ha sorprendido? Que Fermoselle tiene dos ríos y está muy cerca de Portugal. ¡Es **1**.......... muy pintoresca!

Ya sabes que a mí no me gusta el tráfico y la polución de Madrid. Estoy cerca de todo, pero casi no hay **2**.......... . Han cortado muchos árboles en **3**.......... de mi casa, así que es un placer pasear por el campo aquí.

Fermoselle (Zamora)

Me gusta mucho la parte antigua. Un amigo y yo hemos subido hasta **4**.......... . Desde allí hay **5**.......... muy bonita del río Duero y además hay **6**.......... muy agradable. Luego yo he probado los productos típicos tradicionales: aceitunas, quesos y vinos, con mi familia. ¡Muy baratos, por cierto!

Me parece que Fermoselle está un poco **7**.......... y es bastante rural, pero es **8**.......... muy amable. Bueno, esta mañana me he levantado pronto y estoy bastante cansado del viaje, así que me despido.

Un fuerte abrazo:

Alejandro

---

1 a Lee la tarjeta postal y escribe la palabra adecuada del recuadro para rellenar los espacios. ¡Atención! Hay palabras que no necesitas.

> animada   *una región*   el castillo   una vista   zonas verdes
> un pueblo   los alrededores   un parque   aislado   sucia

Ejemplo: 1 una región

1 b Lee otra vez la tarjeta postal. Señala si las afirmaciones son verdaderas (V) o falsas (F). Si son falsas, escribe una frase en español para corregirlas. ¡Atención! Hay cinco afirmaciones que son verdaderas y tres afirmaciones que son falsas.

Ejemplo: 1 V

1 Alejandro ha llegado hoy a Fermoselle.
2 A Alejandro le parece una región muy pintoresca.
3 Alejandro dice que en Madrid hay pocos parques.
4 Alejandro prefiere pasear en Madrid, y no en Fermoselle.
5 En Madrid no hay mucho que hacer.
6 Alejandro ha estado con un amigo en el castillo y en el parque.
7 Alejandro ha encontrado los precios de los productos típicos muy caros.
8 A Alejandro le encanta Fermoselle, pero le parece bastante rural.

2 Vas a oír la opinión de tres jóvenes sobre si les gusta el campo o la ciudad y por qué. Escoge la palabra adecuada para completar las frases.

Parque Güell (Barcelona)

Ejemplo: 1 divertida

1 Antonia piensa que Barcelona es muy *divertida / aburrida / antigua*.
2 A Antonia la playa le parece muy *sucia / bonita / tranquila*.
3 Hay algunas zonas que tienen *mucha basura / contaminación / tráfico*.
4 Carla nunca ha vivido en zonas *verdes / rurales / industriales*.
5 Prefiere vivir en un pueblo *pintoresco / aislado / animado*.
6 En su pueblo hay una biblioteca *enorme / lujosa / tradicional*.
7 A Ricardo los pueblos le parecen muy *peligrosos / aburridos / románticos*.
8 En Buenos Aires hay museos *inútiles / agradables / interesantes*.

3 a Consulta el punto N9 en la sección de gramática. Usa el pretérito perfecto para completar las frases.

Ejemplo: 1 ha decidido

1 Antonia (*decidir*) .... esta mañana que va a vivir en Barcelona.
2 Ellos (*explicar*) .... todas las ventajas de una gran ciudad.
3 A Pedro y Juan el polideportivo les (*parecer*) .... pequeño.
4 ¿Vosotros siempre (*preferir*) .... vivir cerca de la playa?
5 Todos, incluido yo, (*encontrar*) .... el museo muy interesante.
6 Samantha nunca (*tener*) .... casa en el pueblo.
7 A mí me (*encantar*) .... ir de compras contigo en Buenos Aires.
8 Aquí siempre (*haber*) .... mucha basura en las zonas verdes.

3 b Ahora busca cuatro ejemplos del pretérito perfecto en el texto del ejercicio 1. Escríbelos y tradúcelos a tu idioma.

Ejemplo: ha sorprendido

4 a Responde a las siguientes preguntas con un(a) compañero/a de clase. Haced turnos preguntando y respondiendo a las preguntas.
  ● ¿Dónde vives?
  ● ¿Has vivido siempre ahí?
  ● ¿Qué te parece tu ciudad/región? ¿Por qué?
  ● ¿Qué es lo que no te gusta de tu ciudad/región? ¿Por qué?
  ● ¿Prefieres el campo o la ciudad? ¿Por qué?

4 b Escribe las preguntas y respuestas de la actividad 4a. Repásalas hasta que estén perfectas para que así te sirvan para la preparación del examen. Tradúcelas a tu propio idioma y apréndelas.

5 Imagina que visitas un pueblo o una ciudad que no conoces. Explica:
  ● dónde has ido
  ● cómo es ese lugar
  ● qué opinas de ese lugar

Vuelo

C1.3 Pros y contras de cada lugar

★ **Describir las ventajas y desventajas de vivir en lugares diferentes**
★ **Estructuras más complejas para comparar**

Caballos en vez de coches

La entrada de esta semana la dedico a comparar las ventajas y desventajas de vivir en una gran ciudad o en el campo. Creo que ya os conté que toda mi familia se ha trasladado de Ciudad de México a Benito Juárez, un pequeño pueblo de la sierra de Oaxaca. No me importa que sea pequeño…

Chica montando a caballo

Al principio, yo estaba demasiado preocupada con la noticia para pensar que podía haber algo bueno en trasladarnos. Ahora pienso que Ciudad de México no es tan bonito como esta localidad y que es mucho más ruidoso. Sin embargo, allí podía ir al cine, a la discoteca y utilizar el metro por toda la ciudad. No tengo bicicleta ni aquí ni allí, pero eso es igual.

Aquí no tengo la compañía de mis amigos de siempre, pero hoy, por ejemplo, puedo hacer mi deporte favorito: montar a caballo. Aprenderé a montar más rápido que antes. Tenemos una fuente en una roca con un agua mucho más pura que en la ciudad. Una gran ventaja. Como todos vamos a coger agua, es ideal para hacer amigos. En el futuro va a ser difícil encontrar un trabajo en este pueblo, pues está bastante aislado.

Y el precio de las viviendas ahora no importa, porque… ¡es muy pronto para comprarme una casa!

1 a Lee la entrada del blog. ¿Qué dice la bloguera sobre vivir en el campo o la ciudad? Contesta a las preguntas en español.

Ejemplo: 1 de las ventajas y desventajas de vivir en la ciudad o en el campo

    1 ¿De qué trata la entrada de esta semana?
    2 ¿Qué es y dónde se encuentra Benito Juárez?
    3 ¿Qué dice la bloguera sobre el tamaño del pueblo?
    4 ¿Cómo se sentía antes del traslado?
    5 ¿Qué opina de Ciudad de México en comparación con el pueblo? (2)
    6 ¿Qué cosas podía hacer en Ciudad de México? (3)
    7 ¿Qué cree que aprenderá más rápido en el pueblo?
    8 ¿Qué es lo que la bloguera no planea hacer todavía?

1 b Haz una lista de vocabulario con las palabras útiles del texto. Tradúcelas a tu idioma y apréndelas. Añade más palabras útiles de la sección de vocabulario.

2 Vas a oír a cuatro jóvenes hablar sobre su lugar ideal para vivir. Indica quién dice qué: Ismael (I), Alba (A), Eduardo (E) o Julia (J).

Ejemplo: 1 J

1 La única desventaja es que no hay polideportivo.
2 Me gusta vivir en la ciudad, pero con espacios verdes propios.
3 La ventaja de vivir en un barco es que es divertido invitar a mis amigos.
4 Puedo relajarme y tener buenas vistas.
5 La pena es que las tiendas van a estar lejos.
6 Me encanta comer mis propias verduras.
7 El problema es que no siempre es posible tener conexión a Internet.
8 La ventaja es que aquí tengo una vida tranquila y económica.

3 a Consulta los puntos D1–3 en la sección de gramática. Completa las frases con una expresión comparativa del recuadro. ¡Atención! No necesitarás todas las expresiones.

demasiadas	tanto como	más barato que	tan lejos como
tan peligroso como	*lo bastante*	más	
demasiado	tan aventurero	lo suficiente como	

Ejemplo: 1 lo bastante

1 No soy .... valiente como para vivir solo en una ciudad grande.
2 Son .... jóvenes para vivir solos en un apartamento.
3 Magda no va al campo .... su hermana.
4 Vivir en un barco es .... como hacer camping.
5 Prefiero vivir en un apartamento, porque es .... un chalet.
6 Me gustan mis compañeros de piso .... para quedarme aquí.
7 No me gusta vivir en ciudades grandes, porque son .... incómodas que las pequeñas.
8 Hay gente que encuentra el campo .... las ciudades.

3 b Ahora busca cuatro ejemplos de estructuras comparativas en el texto del ejercicio 1.

Ejemplo: demasiado preocupada ... para

4 Escribe un breve artículo para la revista de tu colegio (130–140 palabras). Contesta a las siguientes preguntas:
- ¿Cómo es el lugar donde vives?
- ¿Qué ventajas o aspectos positivos ofrece?
- ¿Qué desventajas o inconvenientes tiene?
- ¿Cuál es tu opinión sobre vivir allí?

5 Haz una breve presentación (de dos a tres minutos) a tus compañeros/as sobre tu trabajo escrito. Recuerda:
- preparar tarjetas para ayudarte a memorizar la información
- presentar la información a tu grupo usando las tarjetas
- pedir a tus compañeros/as que te cronometren y te den consejos para mejorar
- intentarlo de nuevo sin las tarjetas
- no aprenderte la presentación de memoria
- expresarte con tus propias palabras

C2 Shopping

Embarque

C2.1 ¿Qué venden aquí?

★ **Decir qué artículos se venden en cada tienda y cuánto cuestan**
★ **Utilizar números por encima de 100 y adjetivos demostrativos**

El centro comercial

| farmacia | correos | quiosco de | juguetería | librería |
| joyería | floristería | prensa | zapatería | |

1 Mira las imágenes. Escribe la letra del artículo (A–H) y el nombre de la tienda que se corresponde con cada frase (1–8).

Ejemplo: 1 E – joyería

1 En esta tienda compré este collar para mi madre.
2 En esa tienda venden periódicos de varios países.
3 Aquellas rosas son las más bonitas de esta tienda.
4 ¡Uy! Este libro está roto; voy a la tienda a cambiarlo.
5 Mira, estos medicamentos también son caros en mi país.
6 Perdón, ¿cuánto cuestan esos ositos?
7 Por favor, envía aquellas cartas hoy por la tarde.
8 Me encantan aquellos zapatos de esa tienda.

2 Vas a oír unos diálogos en ocho tiendas. En el recuadro hay ocho precios. Escribe el artículo que se menciona y el precio correcto para completar las frases.

Ejemplo: 1 collar 1.200

1 Este .... cuesta .... dólares.
2 Estas .... cuestan .... dólares.
3 Este .... cuesta .... dólares.
4 Estos .... cuestan .... dólares.
5 Enviar estas .... cuesta .... dólares.
6 Este .... alemán cuesta .... dólares.
7 Aquellos .... cuestan .... dólares.
8 Este .... de recetas cuesta .... dólares.

| 14 | 47 | 327 | 1.200 |
| 99 | 53 | 180 | 23 |

3 a Los adjetivos demostrativos. Consulta el punto E1 en la sección de gramática. Completa las frases con los adjetivos demostrativos correctos.

Ejemplo: 1 Esta

1 *Este / Esta* farmacia tiene las medicinas que necesito.
2 Pedro quiere comprar *estos / estas* flores para su madre.
3 Voy a llevar *esa / ese* carta a Correos.
4 *Aquella / Aquello* juguetería es la mejor del barrio.
5 Todos los zapatos de mamá son de *este / esta* zapatería.
6 *Estos / Estas* periódicos en ruso son muy complicados para mí.
7 Por favor, cómprame las aspirinas en *ese / esa* farmacia.
8 Me encantan *esos / esas* chocolates negros del supermercado.

3 b Los números por encima de 100. Consulta el punto S1 en la sección de gramática. Trabaja con tu compañero/a. Uno/a escribe seis números mayores de 100 y el/la otro/a los dice en español. Luego os turnáis.

4 a Palabras con acento o sílaba tónica en la antepenúltima sílaba. Escucha esta frase y separa las palabras. Repite la frase tres veces, tradúcela a tu propia lengua y apréndela de memoria.

Álvaro,cómprreamealgoeconómicocontutarjetadecrédito

4 b Lee la frase en alto y díctala a tu compañero/a para que la escriba. Después tu compañero/a te la dicta a ti. ¿Quién tiene menos fallos?

5 a Trabaja con otra persona para realizar un juego de rol. Debes elegir el papel A (el/la dependiente/a) o el papel B (el/la cliente).
Estás en la farmacia y quieres comprar unas aspirinas.

A Buenos días, ¿qué desea?
B <u>Quiero comprar estas aspirinas</u>, por favor.
A Muy bien. ¿Algo más?
B Sí, quiero <u>esta crema solar</u>. ¿Cuánto cuesta?
A Son <u>19</u> dólares.

B ¿Tiene <u>paracetamol</u>?
A Sí. ¿Cuántos quieres?
B <u>Dos cajas</u>, por favor.
A Aquí tiene. Adiós.
B Adiós, gracias.

5 b Ahora cambiad de papeles y realizad el diálogo otra vez, sustituyendo las palabras marcadas por las de la lista a continuación.

Estás en...	Quiero comprar / mandar...	Son...
una joyería	un collar, una pulsera, dos anillos	52 / 43 / 94 $
Correos	una carta, un paquete	3 / 9 $
una floristería	doce rosas, diez flores	17 / 20 $
un quiosco de periódicos	un periódico, tres revistas	3 / 7 $
una juguetería	dos camiones, una muñeca	12 / 33 $
una papelería	cuatro cuadernos, un lápiz, una regla	16 / 2 / 3 $
una zapatería	unos zapatos, unas botas, unas zapatillas	57 / 93 / 26 $

6 Escribe sobre diez artículos que hayas comprado en los últimos seis meses. ¿Dónde los compraste y cuánto te costaron? Incluye artículos demostrativos.

Ejemplo: Compré estas botas en una zapatería de mi barrio. Me costaron cincuenta dólares.

Despegue

C2.2 Quisiera tres cuartos de queso manchego

★ **Hablar de comprar comida en pequeños comercios y supermercados**
★ **Utilizar expresiones de cantidad y 'Quisiera'**

Hola, Sonia. ¿Qué tal todo?

Hoy he ido al supermercado del nuevo centro comercial. "**1**.......... un kilo de fresas", le he dicho al dependiente. Cuando le he preguntado: "**2**..........", me ha dicho: "Son nueve dólares. **3**..........". Vamos, que es carísimo. Así que **4**.......... los mercadillos y las tiendas de nuestro barrio. Son mucho más baratos y el ambiente es más animado.

Esta noche **5**.......... el cumpleaños de mi hermano en casa, así que tenía muchas cosas que comprar. Además de una barra de pan y una docena de pasteles, quería una lechuga, un kilo de tomates, medio kilo de cebollas y una lata de aceitunas para la ensalada. También necesitaba tres cuartos de queso y la mitad de un pescado grande.

Normalmente compro el pan y los pasteles en la panadería del barrio, porque son muy frescos. He comprado todas las cosas para la ensalada en el mercadillo **6**.......... en la frutería, y estaban muy buenas. "Quisiera unos tomates". Cuando el **7**.......... me ha preguntado: "**8**..........". Le he dicho que siete, pero me ha puesto nueve; o sea, que me ha regalado dos. Era muy simpático. He comprado el queso en el supermercado, porque es más barato...

Un beso,

Maite

1 Lee el correo de Maite. Escribe la palabra o expresión adecuada del recuadro para rellenar los espacios. ¡Atención! Hay palabras que no necesitas.

Ejemplo: 1 Quisiera

¿Cuántos quiere?	celebramos	¿Algo más?	malos
en vez de	Quisiera (x2)	¿Qué desea?	dependiente
en total	¿Cuánto es?	te recomiendo	Póngame

2 Vas a oír a varias personas en distintas tiendas. Fíjate en qué compran, dónde y a qué precio. Contesta a las preguntas.

Ejemplo: 1 en la pescadería
  1 ¿Dónde se encuentra la clienta?
  2 ¿Qué pide la clienta 1? ¿Cuánto le cuesta? (2)
  3 ¿Cuánto cuesta un kilo de plátanos?
  4 ¿Cuánto paga la clienta 2?
  5 ¿Dónde compra el cliente 3?
  6 ¿Qué desea el cliente 3? (2)
  7 ¿Qué compra la clienta 4? (2)
  8 ¿Cuánto paga en total la clienta 4?

3 Expresiones de cantidad. Consulta los puntos S3 y S5 en la sección de gramática. Usa expresiones de cantidad para completar las frases. Luego elige dos frases, tradúcelas a tu idioma y léeselas al resto de la clase.

Ejemplo: 1 media

    1 Quisiera (½) ………. docena de huevos, por favor.
    2 ¿Me pone (¼)………. kilo de aquellas zanahorias?
    3 Necesitamos la (½) ………. de esa barra de pan, porque hoy no estamos todos.
    4 ¡Uy! Es mucho. Póngame solamente ………. (½) paquete de café.
    5 No, no quiero esa tarta entera. Quisiera ………. (¾), por favor.
    6 Mi hermano Juan quiere llevarse un ………. (⅓) de la tarta.
    7 Hugo quiere comprar una ………. (12 unidades) de huevos.
    8 Es suficiente. Quisiera solamente ………. (⅔) de ese trozo de carne.

4 a Trabaja con otra persona para realizar un juego de rol. Debes elegir el papel A (el/la dependiente/a) o el papel B (el/la clienta).

B: el/la cliente/a
Entras en una frutería para hacer la compra.
1 (i) Saluda al/a la dependiente/a y
   (ii) Pregúntale cómo está.
2 Di qué artículo(s) quieres.
3 Pregunta cuánto cuesta <u>un kilo</u>.
4 Dile qué cantidad quieres.
5 (i) Di que no quieres nada más y
   (ii) Da las gracias y despídete.

A y B
A: <u>Buenos días.</u>
B: 1(i) + (ii)
A: Muy bien, gracias. ¿Qué desea?
B: 2 + 3
A: Están a <u>tres dólares con sesenta</u> el kilo. <u>¿Cuánto</u> quiere?
B: 4
A: Muy bien. Aquí tiene. ¿Algo más?
B: 5(i)
A: Son <u>un dólar con ochenta</u> en total.
B: 5(ii)
A: Gracias. Adiós.

4 b Ahora cambiad de papel y practicad la conversación por segunda vez, sustituyendo las palabras marcadas por palabras y expresiones de la lista a continuación.

Quisiera / Deme…	aceite, arroz, ajo, atún, bacalao, espaguetis, galletas, sal, salchichas, tortilla, vino, zumo	
Quiero / Póngame / Me hace(n) falta…	medio (½) un cuarto (de) (¼) tres cuartos (¾) […] gramo(s) […] kilo(s) […] docena(s) la mitad / un tercio / un cuarto un(a) barra/ botella / caja / paquete / trozo / lata / vaso / bolsa	de…
¿A cuánto está	el kilo / la barra / la botella / la caja / el paquete / el trozo / la lata / el vaso? los […] gramos?	
¿Cuánto/a/os/as	quiere?	

5 Un(a) amigo/a va a ir contigo a una fiesta. Escríbele una nota de 80–90 palabras con la información necesaria. Menciona:
- qué se celebra
- dónde es la fiesta y cuándo se celebra
- qué vas a llevar y las cantidades que vas a comprar
- qué puede comprar él / ella para la fiesta y por qué
- qué tiendas le recomiendas para comprar cada cosa y por qué

vuelo

C2.3 ¡Uy! Voy a devolver este vestido...

★ **Hablar sobre comprar ropa, dar tu opinión, devolver una prenda**
★ **El pretérito indefinido (verbos irregulares) (2) y las interjecciones**

La semana pasada fui con una amiga a varias tiendas del centro de Barcelona. ¡Uf! Lo malo es que tuvimos que ir muy temprano, porque siempre hay mucha gente.

Yo siempre he querido algo deportivo, pero moderno. Entramos en una tienda de deportes que tiene ropa de muy buena calidad. Compré una chaqueta y un impermeable. ¡Ah! Y unas gafas de sol que me parecen maravillosas. ¿Siempre quisisteis estar a la moda? Pues, en mi opinión, esta tienda ofrece lo último para vuestro armario, aunque sé que no tuvo nada de éxito en otras épocas...

Luego estuvimos en muchas otras tiendas. Mi amiga se compró un bañador muy bonito. Cuando llegamos a casa, se lo probó otra vez. Vimos un agujero y era la talla incorrecta: la dependienta le puso en la bolsa la talla grande en vez de la mediana. Devolvimos el bañador al día siguiente. La dependienta no fue nada simpática. Preguntó muy seria: '¿Qué desea?'. Mi amiga le dijo: 'Tengo un problema. Necesito cambiar este bañador, porque tiene un agujero y además no es mi talla.' Se lo cambió, pero no se disculpó. Al salir, mi amiga me dijo: '¡Ay, yo a esta tienda no vuelvo!'

---

1 Lee la entrada del blog de Elvira. Señala si las afirmaciones son verdaderas (V) o falsas (F). Si son falsas, escribe una frase en español para corregirlas. ¡Atención! Hay cinco afirmaciones que son verdaderas y tres afirmaciones que son falsas.

Ejemplo: 1 V

1 La semana pasada Elvira fue de compras con una amiga.
2 Las tiendas de Barcelona nunca están vacías.
3 Elvira y su amiga entraron en una tienda de decoración.
4 Elvira compró un impermeable, una chaqueta y unas gafas de sol.
5 Elvira piensa que la tienda donde compró las cosas no es muy actual.
6 La amiga de Elvira compró un bañador en otra tienda.
7 Al llegar a casa, la amiga de Elvira guardó el bañador.
8 La amiga de Elvira devolvió el bañador porque la talla era incorrecta.

2 a Escucha esta conversación en una tienda de ropa. Indica quién dice qué: la dependienta (D), Guillermo (G) o Laura (L).

Ejemplo: 1 L

1 Mire, queremos cambiar estos pantalones que compramos el lunes, porque están sucios.
2 No lo vimos hasta que llegamos a casa.
3 Cerca del botón también está sucio.
4 Debe de ser un problema general con esa serie.
5 ¿Qué le pasa al vestido?
6 Mire, tiene un agujero en el bolsillo.
7 No es normal (tener tantos problemas con ropa nueva).
8 Lo más urgente es elegir otros pantalones.

2 b Escucha de nuevo y escribe las ocho interjecciones que se utilizan. Encuentra el equivalente en tu idioma.

3 El pretérito indefinido. Consulta los puntos I2 y N3 en la sección de gramática. Usa el pasado simple de los verbos para completar las frases.

decir	estar	*ver*	dar
ir	traer	hacer	tener

Ejemplo: 1 vi

1 ¡Anda! Tu camisa es igual que la que .... yo ayer en el mercadillo.

2 Ellos nos .... que a sus hijos nos les gusta la ropa a rayas.

3 Gerti me .... unos calcetines, pero no eran de mi tamaño.

4 ¡Vaya! ¿Tú también .... que usar la ropa de tus hermanos mayores?

5 Como la camiseta estaba sucia, la dependienta me .... una de otro color.

6 ¿A ti ellos te .... descuento? Yo también quiero una rebaja...

7 Nosotros .... ayer de compras a Amberes con unos amigos.

8 ¡Madre mía! ¿Y tú .... toda la tarde esperando por esa falda?

4 a Practica este juego de rol con un compañero de clase. Haced turnos preguntando y respondiendo a las preguntas. A = cliente/a, B = dependiente/a.

A   *Buenos días.*

B   *[Saluda y pregunta qué quiere.]*

A   *Quisiera <u>devolver estos zapatos</u>.*

B   *[Pregunta cuál es el problema.]*

A   *Son <u>demasiado grandes</u>. No son <u>mi talla</u>.*

B   *[Pregunta cuándo los ha comprado.]*

A   *Los compré <u>hace tres semanas</u>.*

B   *[Pregunta con qué sistema pagó.]*

A   *<u>Con tarjeta de crédito</u>.*

B   *Perfecto. ¿Tiene el recibo?*

A   *Sí, aquí tiene.*

B   *[Usa una interjección y explica que <u>solo se puede devolver en 15 días</u>.]*

A   *¡Caramba! Y yo los necesito para esta noche. ¿Qué solución me puede dar?*

B   *[Di que puede comprar otros <u>por la mitad de precio</u>.]*

A   *¡Vaya, hombre! Bueno, voy a mirar ... Mire, quiero estos marrones, por favor.*

4 b Practica de nuevo el juego de rol cambiando las palabras subrayadas del ejercicio 4a.

5 Continúa la historia. Asegúrate de que utilizas tres verbos irregulares en el pretérito indefinido.

El otro día compré unos pantalones elegantes por Internet para la fiesta de fin de curso. Cuando llegó el paquete la mañana de la fiesta, vi que había un error...

Public services

Embarque

C3.1 Voy a hacer unas gestiones al banco

- ★ **Hablar sobre cuestiones de dinero**
- ★ **Pronombres indefinidos**

A

B

C

D

E

F

1 a Mira las imágenes y lee las siguientes frases. Escribe las letras (A–F) que se corresponden con las frases (1–8). ¡Atención! Hay más frases que dibujos.

Ejemplo: 1 D

1 ¿Puedo pagar con tarjeta de crédito?
2 ¿Tienes billetes? Sí, tengo muchos.
3 ¿Cuánto dinero ha ahorrado Sara? Tiene bastante.
4 No tengo caja fuerte para guardar las cosas de valor, pero voy a comprar una.
5 Mi madre ha abierto una cuenta en el banco.
6 ¿Hay cajeros automáticos aquí? Sí, hay alguno.
7 ¿Quieres monedas de un dólar? Tengo demasiadas.
8 Tiene que firmar este documento, por favor.

1 b Cuando termines, traduce las dos frases extra a tu propio idioma.

2 a Escucha a dos personas que conversan en un banco. Indica quién dice qué: Hugo (H) o Almudena (A).

Ejemplo: 1 H

1 Buenas tardes, ¿en qué puedo ayudarle?
2 Quisiera sacer dinero.
3 No me funciona la tarjeta.
4 Vaya a la ventanilla, por favor.
5 ¿Cuánto dinero quiere cambiar?
6 ¿Quiere billetes o monedas?
7 ¿Dónde hay un cajero automático, por favor?
8 Creo que se me ha olvidado el número secreto.

2 b Haz una lista con el vocabulario útil del ejercicio 2a, tradúcela a tu idioma y apréndela. Añade más palabras útiles de la sección del vocabulario.

3 a Los pronombres indefinidos. Consulta el punto F2 en la sección de gramática. Escoge la palabra correcta del recuadro y escribe las frases completas.

demasiados	algo	todos	otro
ninguna	una	alguien	tantas

Ejemplo: 1 ninguna

1 Voy a abrir una cuenta, porque no tengo ....
2 Tenemos que cancelar las tarjetas. En realidad, solamente necesitamos ....
3 En tu barrio hay pocos cajeros automáticos. Aquí hay ....
4 Sus tíos tienen muchas cajas fuertes. ¿Sabes por qué tienen ....?
5 No, Alan no tiene créditos en este banco. Ya los ha pagado ....
6 Creo que el banco está vacío. ¿Tú ves a ....?
7 Este cajero automático no funciona. ¿Dónde hay ....?
8 Creí que no me quedaba dinero para el supermercado, pero tengo ....

3 b Ahora busca cinco ejemplos de pronombres indefinidos en el texto del ejercicio 1.

4 a Palabras con acento en la última sílaba. Escucha esta frase y separa las palabras. Repite la frase tres veces, tradúcela a tu propia lengua y apréndela de memoria.

Tomásverálaseñalenelcajónyreconoceráalladrón

4 b Lee la frase en alto y díctala a tu compañero/a para que la escriba. Después tu compañero/a te la dicta a ti. ¿Quién tiene menos fallos?

5 a Trabaja con otra persona para realizar un juego de rol. Debes elegir el papel A (el/la cliente/a) o el papel B (el/la cajero/a).

B　Buenos días.
A　Buenos días. ¿En qué puedo ayudarle?
B　Quisiera <u>cambiar dinero</u>.
A　¿Cuánto quiere <u>cambiar</u>?
B　Quisiera <u>cambiar 100 dólares</u>.
A　<u>¿A qué moneda lo quiere cambiar?</u>
B　<u>A libras esterlinas</u>, por favor.
A　¿Lo quiere todo en <u>billetes</u>?
B　<u>Sí, excepto 10 libras en monedas.</u>
A　Aquí tiene.
B　Perfecto. Muchas gracias.

5 b Ahora cambiad de papeles y realizad el diálogo otra vez, sustituyendo las palabras y expresiones marcadas por las de la lista a continuación.

monedas	De la cuenta corriente
sacar dinero	¿De qué cuenta lo quiere sacar?
No, quisiera todo en billetes.	sacar 200 dólares
sacar	

123

C3.2 En una cafetería con wifi

Despegue

* ★ **Ir a una oficina postal, y usar el teléfono e Internet**
* ★ *Ser* y *estar* (1)

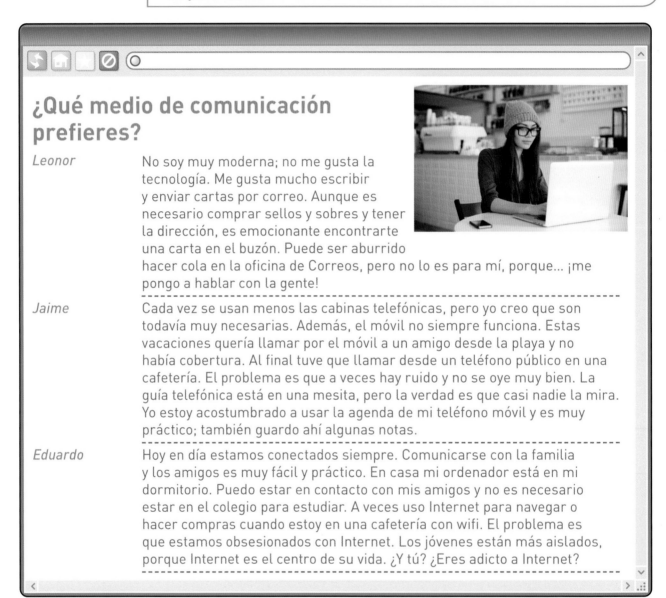

¿Qué medio de comunicación prefieres?

Leonor

No soy muy moderna; no me gusta la tecnología. Me gusta mucho escribir y enviar cartas por correo. Aunque es necesario comprar sellos y sobres y tener la dirección, es emocionante encontrarte una carta en el buzón. Puede ser aburrido hacer cola en la oficina de Correos, pero no lo es para mí, porque… ¡me pongo a hablar con la gente!

Jaime

Cada vez se usan menos las cabinas telefónicas, pero yo creo que son todavía muy necesarias. Además, el móvil no siempre funciona. Estas vacaciones quería llamar por el móvil a un amigo desde la playa y no había cobertura. Al final tuve que llamar desde un teléfono público en una cafetería. El problema es que a veces hay ruido y no se oye muy bien. La guía telefónica está en una mesita, pero la verdad es que casi nadie la mira. Yo estoy acostumbrado a usar la agenda de mi teléfono móvil y es muy práctico; también guardo ahí algunas notas.

Eduardo

Hoy en día estamos conectados siempre. Comunicarse con la familia y los amigos es muy fácil y práctico. En casa mi ordenador está en mi dormitorio. Puedo estar en contacto con mis amigos y no es necesario estar en el colegio para estudiar. A veces uso Internet para navegar o hacer compras cuando estoy en una cafetería con wifi. El problema es que estamos obsesionados con Internet. Los jóvenes están más aislados, porque Internet es el centro de su vida. ¿Y tú? ¿Eres adicto a Internet?

1 a Lee las opiniones. Luego decide si la información siguiente es positiva (P), negativa (N) o positiva y negativa (P+N).

Ejemplo: 1 N

1 Leonor: usar un ordenador o un móvil
2 Leonor: ir a Correos
3 Leonor: esperar a que te atiendan en Correos
4 Jaime: las cabinas telefónicas

5 Jaime: la cobertura
6 Jaime: las guías telefónicas
7 Eduardo: tener ordenador en el dormitorio
8 Eduardo: usar Internet constantemente

1 b Haz una lista de vocabulario con las palabras útiles del texto. Tradúcelas a tu idioma y apréndelas. Añade más palabras útiles de la sección de vocabulario.

2   Vas a oír a tres jóvenes hablar de tres formas de comunicación. Señala si las afirmaciones son verdaderas (V) o falsas (F). Si son falsas, escribe una frase en español para corregirlas. ¡Atención! Hay cinco afirmaciones que son verdaderas y tres afirmaciones que son falsas.

Ejemplo: 1 F Julieta está en Correos para enviar un paquete a su hermano.
1   Julieta está en Correos para enviar una carta a su hermano.
2   Julieta también tiene que comprar sobres y sellos.
3   Su hermano va a estar preocupado al ver un paquete en su buzón.
4   Cuando Romeo llama y hay ruido, cuelga.
5   La primera vez que Romeo ha llamado a su madre, el teléfono estaba ocupado.
6   Ainhoa y Berta están en un cibercafé.
7   Ainhoa y su amiga no tienen la contraseña y no pueden conectarse.
8   Sus padres piensan que están obsesionadas con Internet.

3   *Ser* y *estar*. Consulta el punto N18 en la sección de gramática. Usa el verbo apropiado (*ser* o *estar*) para completar las frases.

Ejemplo: 1 está
1   La oficina de Correos .... enfrente del cibercafé.
2   Si .... domingo, tengo que llamar a Jonathan.
3   La guía telefónica .... encima de la mesa blanca.
4   Paco .... camarero y trabaja por las noches en un cibercafé.
5   El cartero .... andaluz y es muy simpático.
6   Podéis colgar si .... aburridos de esperar.
7   ¿ .... nervioso porque no te funciona Internet?
8   .... las siete y no hemos recibido tu paquete.

4 a   Trabaja con otra persona para realizar un juego de rol. Debes elegir el papel A (el/la dependiente/a en Correos) o el papel B (el/la cliente/a).

B: el/la cliente/a
Entras en Correos para enviar un paquete.
1   **(i)** Saluda al/a la dependiente/a.
    (ii) Dile lo que quieres hacer.
2   Di adónde lo vas a enviar.
3   Pregunta cuánto cuesta.
4   Dile que también quieres otros artículos.
5   **(i)** Di que no quieres nada más.
    (ii) Da las gracias y despídete.

A y B
A: Buenos días.
B: 1(i) + (ii)
A: Muy bien. ¿Adónde lo quiere mandar?
B: 2 + 3
A: A ver … Depende del peso. Son siete dólares con sesenta. ¿Quiere algo más?
B: 4
A: Muy bien, no hay problema. ¿Necesita algo más?
B: 5(i)
A: Son once dólares con ochenta en total.
B: 5(ii)

4 b   Ahora cambiad de papeles y realizad el diálogo otra vez. Cambiad las frases marcadas, sustituyéndolas con frases de la lista.

¿Dónde lo quiere enviar?	del tamaño	seis dólares con veinticinco
¿Cuál es el destino?	del volumen	ocho dólares con treinta y siete
¿Cuál es el país/la provincia de destino?	del destino	siete dólares con ochenta y dos

5   Tu amigo/a va a escribir una carta, pero tú prefieres mandar un correo electrónico. Escribe 80–90 palabras explicando:
●   por qué prefieres utilizar Internet
●   por qué no quieres escribir una carta
●   para qué otras cosas utilizas Internet

vuelo

C3.3 ¡He perdido mi cámara!

★ **Comunicar situaciones en las que se ha perdido un objeto**
★ **Pronombres de objeto directo**

Estimados/as empleados/as de Air Europa:

Les escribo porque sospecho que me he dejado mi saco de dormir en el avión. Ayer por la tarde viajé de París a Madrid y lo puse en la parte superior, donde va el equipaje de mano. Al salir, creo que no lo **1**.......... . Estoy muy preocupado.

¿Cómo es? Se lo describo. Es un **2**.......... azul, ligero y de muy buena calidad. Fue un regalo especial y viajo siempre con él, así que tengo muchísimo interés en recuperarlo. Lo he buscado por todas partes. He llamado al teléfono de Atención al Cliente del aeropuerto, pero hasta ahora nadie lo ha encontrado.

¿Saben si alguien lo ha visto o lo va a **3**..........? En todo caso, no les quiero molestar más. Por favor, avísenme en cuanto tengan noticias, o envíenmelo a mi domicilio (Calle Augusto, 23 – 43070 Tarragona).

Les agradezco su ayuda.

Un saludo

Roberto Menéndez

Buenas tardes,

Tan solo quería agradecerles el servicio de su Oficina de Objetos Perdidos.

Ayer por la mañana me dejé mi **4**.......... en el tren. Era una cámara nueva y estaba en una bolsa a rayas. Ambas cosas tienen mucho valor para mí, porque soy fotógrafa profesional. Siempre las llevo conmigo...

Cuando perdí mi cámara, pensé: 'Si alguien la encuentra, le daré una **5**.......... .' Fui a la **6**.......... de la Renfe, donde pregunté: '¿Les han **7**.......... una cámara en una bolsa de rayas?' Uno de sus empleados buscó en un armario y me mostró satisfecho mi cámara. Lo miré muy sorprendida, pues no me lo esperaba.

Les aseguro que me sentí muy aliviada y más tranquila. Hasta llamé a mi jefe para decirle que la había **8**.......... y que estaba contentísima.

Muchas gracias por el servicio que ofrecen.

Un saludo

Azucena Marshall

---

1 a Lee la carta y el correo electrónico y escribe la palabra o expresión adecuada para rellenar los espacios. ¡Atención! Hay algunas que no necesitas.

Ejemplo: 1 cogí

entregado	guantes	cámara fotográfica
comprado	devolver	recompensa
encontrado	Oficina de Objetos Perdidos	mochila
saco de dormir	*cogí*	

1 b Haz una lista de vocabulario con las palabras útiles del texto. Tradúcelas a tu idioma y apréndelas. Añade más palabras útiles de la sección de vocabulario.

2 Vas a oír a tres clientes que van a la Oficina de Objetos Perdidos. Contesta a las preguntas en español.

Oficina de Objetos Perdidos

Ejemplo: 1 porque ha perdido su teléfono móvil

  1 ¿Por qué está preocupada la Clienta 1?
  2 ¿Cómo es el objeto que ha perdido?
  3 ¿Qué ocurrió la semana pasada?
  4 ¿Qué ha hecho la Clienta 2 antes de ir la Oficina de Objetos Perdidos?
  5 ¿Qué sabes del objeto que ha perdido la Clienta 2? (3)
  6 ¿Cuándo fue la última vez que el Cliente 3 perdió algo importante?
  7 ¿Por qué está muy nervioso el Cliente 3?
  8 ¿Qué información debes dar a la empresa de Internet sobre el objeto perdido? (3)

3 a Los pronombres de objeto directo. Consulta el punto M2 en la sección de gramática. Completa los huecos con el pronombre de objeto directo correcto (*lo, la, los, las*).

Ejemplo: 1 la

1 A ¿Has encontrado la cámara?
   B Sí, ... he encontrado.
2 A ¿Has perdido tu paraguas?
   B Sí, ... he perdido.
3 A ¿Has recomendado ya la página web?
   B Sí, ya .... he recomendado.
4 A ¿Sabes dónde has dejado el monedero?
   B No sé dónde .... he dejado.
5 A ¿Tiene mucho valor tu anillo?
   B Sí, ... tiene.

6 A ¿Te compraste los guantes en el aeropuerto?
   B Sí, ... compré allí.
7 A ¿Diste las gracias a la Oficina de Objetos Perdidos?
   B Sí, se .... di.
8 A ¿Enviaron los documentos a tu domicilio?
   B Sí, ... enviaron.

3 b Ahora busca tres ejemplos de pronombres de objeto directo en el texto del ejercicio 1. Indica a qué se refiere cada pronombre.

4 Trabaja con tu compañero/a. La semana pasada perdiste algo muy importante. Mientras tú preparas tus apuntes para contar lo que pasó, tu compañero/a prepara cinco preguntas para el diálogo. Luego os turnáis. Hay que mencionar:
  ● qué perdiste (¿qué era? ¿cómo era? ¿por qué era importante?)
  ● cuándo y cómo lo perdiste (¿hacía cuánto que no perdías algo importante?)
  ● tu reacción (¿qué hiciste? ¿cómo te sentiste al perderlo?)
  ● resultado (¿lo encontraste? ¿cómo te sentiste al encontrarlo?)

5 Describe una ocasión en la que perdiste algo muy importante para ti y lo que pasó.

C4 Natural environment

Embarque

C4.1 Yo cuido del medio ambiente… ¿y tú?

★ **Hablar sobre qué haces para cuidar del medio ambiente**
★ **Las conjunciones**

A

B

C

D

E

F

G

H

I

1 a Lee las siguientes frases. Escribe las letras de los dibujos que se corresponden con las frases. ¡Atención! Hay un dibujo que no necesitas.

Ejemplo: 1 B

1 En casa, separamos la basura.
2 Reciclo las botellas de plástico o de vidrio.
3 Elisa usa el transporte público en la ciudad porque es ecológico.
4 Tomo una ducha en lugar de un baño.
5 Mis padres compran productos orgánicos en el supermercado.
6 Soy activista en un grupo ecologista de mi región porque me gusta protestar. ¡Debemos hacer algo!
7 Reciclo las latas usadas de comida y bebida y las pilas.
8 Apago las luces cuando no las uso; es útil e importante.

1 b Vuelve a leer las frases 1–8 y haz una lista con el vocabulario nuevo.

2 Vas a oír a varios jóvenes hablando sobre diferentes maneras de cuidar el medio ambiente. Empareja a cada persona que habla con un dibujo del ejercicio 1.

Ejemplo: 1 F

3 Las conjunciones. Consulta el punto Q en la sección de gramática. Completa las frases con la conjunción correcta.

Ejemplo: 1 y

1 Macarena recicla dos tipos de botellas: las de vidrio .... plástico.
2 Nosotros podemos protestar .... no hacer nada.
3 Luis tiene que estudiar dos asignaturas: matemáticas .... inglés.
4 Los estudiantes van a clase a pie .... no contamina.
5 Esteban va a vivir en Madrid durante siete .... ocho meses.
6 Me gustaría ser miembro de un grupo ecologista .... quiero proteger a los animales en extinción.
7 Mis ciudades favoritas son Sevilla .... Lisboa.
8 Ana no come carne .... es vegetariana.

e	y	porque	porque
porque	o	u	y

4 a El sonido 'll' en español. Escucha esta frase y separa las palabras. Repite la frase tres veces, tradúcela a tu propia lengua y apréndela de memoria.

LaurallevalasbotellasbrillantesalcontenedorenlallanuraconsuamigoLuisMurillo

4 b Lee la frase en alto y díctala a tu compañero/a para que la escriba. Después tu compañero/a te la dicta a ti. ¿Quién tiene menos fallos?

5 Responde a estas preguntas con un(a) compañero/a de clase. Utiliza la tabla para ayudarte.

- ¿Reciclas en casa?
- ¿Qué reciclas exactamente? ¿Y qué no reciclas? ¿Por qué?
- ¿Eres o te gustaría ser miembro de un grupo ecologista? ¿Por qué?
- ¿Qué (no) haces hoy en día que no es muy ecológico?

Personalmente, reciclo	todos los días / a veces / de vez en cuando / raras veces
Generalmente, (no) reciclo	botellas / latas / papel / pilas
Soy / Me gustaría ser miembro de un grupo ecologista porque	es importante proteger el medio ambiente / debemos hacer algo / me gusta protestar a favor de la protección de animales que pueden desaparecer
No soy / No me gustaría ser miembro porque	es una pérdida de tiempo / no me gusta protestar / no estoy de acuerdo con sus métodos
Afortunadamente siempre	apago las luces / la tele / tomo un baño en lugar de una ducha
Desafortunadamente nunca	gasto dinero en productos orgánicos / reciclo

6 Escribe un párrafo sobre el medio ambiente y lo que haces y no haces para protegerlo. Usa el diálogo adaptado de la conversación anterior. Añade más información si puedes.

129

Despegue

C4.2 Los parques nacionales en los países hispanos y su importancia

★ **Hablar sobre los parques nacionales y su importancia**
★ **Los adjetivos indefinidos**

Los parques nacionales y Doñana

Flamencos en una marisma en Doñana

España es uno de los países europeos con más espacios naturales protegidos; cuenta con 15 parques nacionales. El primero fue declarado en 1918: el parque nacional de Los Picos de Europa. España tiene mucha diversidad, con una naturaleza y animales muy diferentes de norte a sur, que es muy importante conservar.

Doñana es uno de los parques nacionales más grandes y variados. Ocupa 108.000 hectáreas en total y contiene especies en peligro de extinción, como el lince ibérico y el águila imperial. Su naturaleza es espectacular: hay marismas, playas, bosque, montaña y valles. Es muy popular y cada año recibe 400.000 visitas de personas de todo el mundo.

En Doñana viven unos tipos de caballos típicamente españoles y salvajes que también están en peligro de desaparición; pero gracias al programa de conservación del parque, los animales viven en libertad y tranquilos. Si visitas Doñana, también se pueden ver flamencos y muchos tipos de peces y reptiles únicos.

1 a Lee el folleto sobre Doñana y escribe la palabra adecuada del recuadro para rellenar los espacios. ¡Atención! Hay palabras que no necesitas.

Ejemplo: 1 quince

1 En España hay .... parques nacionales en total.
2 El parque nacional más .... de España se llama Los Picos de Europa.
3 Los animales en el norte de España son .... de los animales en el sur.
4 Ocupando 108.000 hectáreas, Doñana es un parque natural muy ....
5 El lince ibérico es un ejemplo de una .... en peligro de extinción.
6 Doñana es un lugar muy .... para los turistas.
7 Los caballos en Doñana son muy .... de España.
8 Lo bueno del parque es que los animales como los caballos tienen mucha
   ....

divertida	grande	bonito	especie	similares
popular	libertad	típicos	animal	
diferentes	*quince*	antiguo	cinco	

1 b Lee las afirmaciones otra vez. Haz una lista de vocabulario con las palabras útiles del texto, tradúcelas a tu propio idioma y apréndelas de memoria.

2 Vas a oír a cuatro jóvenes que hablan de sus viajes a parques nacionales en América Central y del Sur. Completa la tabla con la información necesaria.

Persona	Dónde	Cuándo	Cuánto tiempo	Opinión y por qué
Dionisio	*Ejemplo: Parque Nacional Galápagos*			
Carmela				
Mariano				
Sabrina				

3 Los adjetivos indefinidos. Consulta el punto F1 en la sección de gramática y completa las frases con el adjetivo indefinido de la lista.

Ejemplo: 1 algunas

1 En México vi .... águilas en las montañas.
2 Hay .... visitas escolares en julio.
3 Voy a beber .... bebida de chocolate.
4 ¿Jaime, ¿tienes .... bolígrafo negro?
5 ¿Qué .... animales están en peligro de extinción?
6 Según .... gente, las vacaciones son para descansar.
7 Con tanto desempleo, hay .... oportunidades de trabajo en mi ciudad.
8 Tengo .... mis libros en el coche.

pocas	todos	cualquier	varias
otros	mucha	*algunas*	algún

4 Escribe un párrafo de unas 80–90 palabras sobre tu experiencia en un parque nacional. Si nunca has estado, puedes imaginar cómo sería una visita. Menciona:
- cuándo y con quién fuiste
- cuánto tiempo pasaste allí
- tu opinión del parque
- lo que viste allí

5 Haz una encuesta en clase y pregunta al menos a tres compañeros/as sobre su visita a un parque nacional. Si nunca has visitado un parque nacional, puedes imaginar la visita. Usa estas preguntas en tu encuesta:
- ¿Cómo se llama el parque? ¿En qué país está?
- ¿Cuándo y con quién fuiste? ¿Cuánto tiempo pasaste allí?
- ¿Qué viste allí?
- ¿Qué opinas del parque?

vuelo

C4.3 Nuestro planeta en peligro

> ★ **Hablar sobre los problemas medioambientales, sus consecuencias y soluciones**
> ★ **Los pronombres de relativo (1)**

1 Vas a oír a tres personas que hablan del problema ambiental más importante para cada uno. Escucha con atención y escoge la opción correcta en cada caso.

Ejemplo: 1 C

1 Según Emiliano, el calentamiento global…
   A puede bajar el nivel del agua en el mar.
   B es una consecuencia de inundaciones terribles.
   C es un problema serio.
   D no existe en este momento.

2 ¿Qué solución sugiere Emiliano?
   A Compartir más los coches.
   B Contaminar solo la atmósfera.
   C Apenas usar el transporte público.
   D Bajar la emisión de gas a la atmósfera.

3 Según Silvia, ¿por qué son tan importantes los árboles?
   A Las industrias podrían terminar con ellos.
   B Viven y respiran.
   C Evitan la deforestación.
   D Sin ellos, no habrá vida en el planeta.

4 Según Silvia, ¿cómo se puede educar a muchas personas sobre los efectos de la deforestación?
   A Cuidando más del Amazonas.
   B Teniendo más información en la tele, los periódicos, Internet, etc.
   C Prohibiendo muchas industrias.
   D Terminando con los bosques.

5 Según Carlos, ¿por qué está en peligro de extinción el oso panda?
   A Su hábitat se ha reducido considerablemente.
   B El número de osos en total está en peligro.
   C Porque está muy triste actualmente.
   D A causa de su representación de China.

6 Según Carlos, ¿por qué es importante ser miembro de un grupo ecologista?
   A para protestar.
   B para tomar acción directa.
   C para salvar a todos los osos.
   D para no extinguirse.

2 Los pronombres de relativo (1). Consulta el punto J de la sección de gramática. Mira las respuestas a estas preguntas y escoge el pronombre correcto.

Ejemplo: 1 el que

   1 ¿Tienes un bolígrafo verde? No, *el que / la que* tengo es rojo.
   2 ¿Reciclas la basura orgánica? *La que / El que* reciclo no es orgánica. Reciclo plástico y pilas.
   3 ¿Entiendes todo? No, *lo que / las que* no entiendo es el problema de matemáticas.
   4 ¿Llevas todos los calcetines en la mochila? No, *las que / los que* llevo son los calcetines de deporte.
   5 ¿Son españolas esas chicas? ¿Cuáles? ¿*Los que / Las que* están en la playa?
   6 ¿Tu tío vive en Huelva? Mi tío, *quien / lo que* era escritor, vive en Cádiz.
   7 ¿Son esos chicos tus amigos? *El que / Los que* están jugando al rugby son mis amigos.
   8 ¿Te gustan los nuevos profesores del insti? Los profesores *las que / que* enseñan literatura me gustan.

Madrid tiene un nuevo protocolo de tráfico contra la contaminación

El ayuntamiento de Madrid tiene un plan nuevo para controlar el tráfico en la capital y **1** .... de dióxido de nitrógeno, que son tan dañinos. En este plan, lo más importante es incentivar el uso de **2** .... en los coches, y también los vehículos menos contaminantes como los coches eléctricos, híbridos y de gas, que nunca serán sancionados por circular en el centro de la ciudad.

Entre las medidas para reducir las emisiones contaminantes de los coches, **3** .... la velocidad a 70 kilómetros por hora en la ciudad, se prohíbe el aparcamiento de más de media hora en las calles del centro y **4** .... el sistema de bicicletas por toda la ciudad. BICIMAD es un servicio con más de 2.000 bicicletas que están distribuidas por toda la ciudad en 164 estaciones. Tiene mucho éxito y a los madrileños les encanta usar la bici para ir a trabajar o simplemente **5** ....

Un carril-bici en el centro de Madrid

la ciudad. El problema es que no hay suficientes calles adecuadas para que los ciclistas no estén en peligro con el resto de los coches. Con este nuevo plan de tráfico, Madrid quiere adecuar más de 64 calles y avenidas en la capital para que las bicis tengan un espacio individual sin afectar al tráfico, o en algunas calles, eliminar los coches **6** ....

Otra medida con mucha controversia son las restricciones de tráfico. Si el nivel de contaminación es **7** .... en la ciudad más de dos días continuos, lo que es habitual, habrá una restricción del número de coches en los barrios más importantes, que tendrán menos humos como consecuencia. La alcaldesa de Madrid, Manuela Carmena, quien es muy ecologista, ha afirmado que casi todos los madrileños **8** .... con convicción estas restricciones.

3 a Lee esta noticia sobre el tráfico en la capital de España. Indica la letra correcta para cada palabra o expresión que falta.

Ejemplo: 1 D

A por completo	**C** muy elevado	**E** se aumenta	**G** alta ocupación
B se limita	**D** *reducir las emisiones*	**F** aceptarían	**H** pasear por

3 b Explica en tus propias palabras lo que significan las expresiones A–H del ejercicio 3a.

Ejemplo: A – totalmente

4 Prepara unas respuestas detalladas a las siguientes preguntas sobre el medio ambiente.
  1 En tu opinión, ¿cuál es el mayor problema con el medio ambiente hoy en día?
  2 ¿Qué soluciones puedes sugerir?
  3 ¿Qué efectos de la contaminación puedes observar donde vives?

5 Escribe dos párrafos. En el primero, habla de los problemas ambientales más importantes y sus consecuencias. En el segundo, habla de las soluciones a estos problemas, a nivel personal y global.

Embarque

C5.1 ¿Qué tiempo hace?

> ★ **Entender y usar las expresiones meteorológicas**
> ★ **Los puntos cardinales**

1 Lee las siguientes frases sobre el tiempo y luego mira el mapa. Decide si las afirmaciones 1–8 son verdaderas (V) o falsas (F).

Ejemplo: 1 V

Hoy, el tiempo será muy diferente por todas partes de España.

1 En el norte, hace frío y graniza. ¡Atención!
2 En el sur hace calor: temperaturas muy altas, más de treinta grados.
3 En el centro del país, hace sol y viento.
4 En el este, está muy nublado.
5 En el oeste, llueve… ¡viene agua!
6 En el noreste nieva.
7 En el suroeste hay tormenta.
8 En el sureste hay niebla muy intensa ¡Mala visibilidad!

2 a Vas a oír diferentes frases sobre el tiempo en algunas partes del mundo. Escucha con atención y completa las frases con la palabra necesaria.

Ejemplo: 1 calor

1 El centro de Portugal: hace mucho ....
2 En el este de México: temperaturas ....
3 En Barcelona: hace mal tiempo. Hay tormenta y ....
4 No usen el coche en Los Ángeles porque hay ....
5 Hace mucho .... en el sureste de Nicaragua.
6 Mallorca: hace .... y hace ....
7 Temperaturas de .... grados en Buenos Aires.
8 Hoy .... en el noroeste de Colombia.

2 b Haz una lista con todo el vocabulario nuevo que has encontrado hasta ahora.

3 Los puntos cardinales. Consulta el punto T5 en la sección de gramática y luego reescribe los anagramas en las frases siguientes para formar puntos cardinales.

Ejemplo: 1 norte

1 En el ~~roent~~ de Inglaterra llueve mucho.
2 En el ~~tese~~ de Francia hace viento.
3 En el ~~urs~~ de Escocia hace frío.
4 En el ~~ronesteo~~ de Grecia hace calor.
5 En el ~~rustese~~ de Alemania hay niebla.
6 En el ~~teseo~~ de Italia está nublado.
7 En el ~~nroeest~~ de Egipto hace mucho sol.
8 En el ~~sruseteo~~ de Irlanda graniza.

4 a El sonido de la 'r' suave y la 'rr' fuerte en español. Escucha esta frase y separa las palabras. Repite la frase tres veces, tradúcela a tu propia lengua y apréndela de memoria.

ElrabodemiperroLuceroesmarrónycortoynosemuevecuandocorrelamaratónenCaracas

4 b Lee la frase en alto y díctala a tu compañero/a para que la escriba. Después tu compañero/a te la dicta a ti. ¿Quién tiene menos fallos?

5 Responde a las preguntas con un(a) compañero/a de clase y usa la tabla para ayudarte. Puedes inventar las respuestas.
1 ¿Qué tiempo hace hoy en el norte del país?
2 ¿Cómo es el tiempo en el sur?
3 ¿Qué tiempo hace hoy en el este? ¿Y en el oeste?
4 ¿Hace buen tiempo en el centro?
5 ¿Cómo es el tiempo hoy en el este?

En el norte / sur / este / oeste / noreste / noreste / sureste / suroeste del país	hace (mucho) sol / hace calor / hace frío / hace buen tiempo / hace mal tiempo / hace viento
	hay niebla / hay tormenta / hay cielos despejados / hay temperaturas bajas / altas
	está nublado
	graniza llueve nieva

6 Escribe tres frases sobre el tiempo en tu país hoy o en cualquier país de tu elección. Usa la tabla y tus respuestas de la actividad 5 para ayudarte.

C5.2 El pronóstico de hoy

Despegue

> ★ **Entender boletines meteorológicos más extensos**
> ★ **Las expresiones impersonales sobre el tiempo**

1 a Lee el boletín meteorológico de Argentina para el día de hoy y contesta a las preguntas. ¡No uses el mapa del ejercicio 1b!

Ejemplo: 1 18 grados

1 ¿Cuál es la temperatura en el norte de Argentina hoy?
2 ¿Qué tipo de viento hay en la costa?
3 ¿Por qué es peligroso cerca de la ciudad de Salta?
4 ¿Qué tipo de precipitación hay en el centro?
5 ¿Qué podría ocurrir a causa de las tormentas en Buenos Aires?
6 ¿Quiénes están interesados en el tiempo en el sur de Argentina?
7 ¿Cuál es la temperatura máxima en el sur de Argentina hoy?
8 ¿Dónde hace viento y nieva?

El tiempo nacional

Hoy en Argentina las diferencias entre norte y sur serán más que evidentes. Hoy en el norte hace buen tiempo, hace un sol espléndido y las temperaturas se esperan bastante altas, en torno a los 18 grados durante el día. En la costa hay brisas ligeras, pero atención cerca de la ciudad de Salta, porque durante la noche habrá vientos fuertes que pueden ser peligrosos.

En el centro, hoy está nublado con precipitaciones en forma de lluvia débil. En la capital, Buenos Aires, hay tormentas con riesgo de inundación en los barrios cerca del río de la Plata. Es muy importante mencionar, para los amantes del esquí, que las temperaturas en el sur serán muy bajas, con mínimas de menos doce grados y máximas de menos tres. En la ciudad de Ushuaia hace viento y nieva.

1 b El tiempo del mapa de Argentina no se corresponde con el boletín. ¿Qué diferencias hay? Haz una lista con las diferencias que observas en…
● Buenos Aires
● el norte de Argentina
● el sur del país y la ciudad de Ushuaia

Ejemplo: No hay tormentas en Buenos Aires.

2 a Vas a oír a cuatro jóvenes que hablan del clima donde viven. Lee las siguientes frases y decide si tienen una opinión positiva (P), negativa (N) o positiva y negativa (P+N).

Ejemplo: 1 N
La opinión de…
1 Gema sobre la nieve.
2 Gema cuando hay cielos despejados.
3 Alberto sobre el calor en su ciudad.
4 Alberto cuando hace viento.
5 Sira sobre vivir cerca de la costa.
6 Sira cuando hay tormentas de arena.
7 Néstor sobre el clima donde vive.
8 Néstor sobre el tiempo en primavera y verano.

2 b Añade a tu lista de vocabulario sobre el tiempo palabras y expresiones nuevas y las cuatro estaciones.

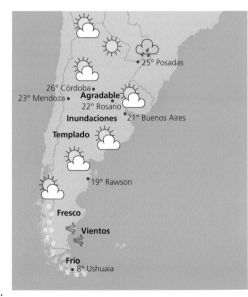

3 Las expresiones impersonales sobre el tiempo. Consulta el punto N21 en la sección de gramática y completa las frases con una de las opciones.

Ejemplo: 1 hace

    1 En Chile hoy *hace / es* muy buen tiempo.
    2 Me gusta mucho cuando *llueva / llueve* en Pamplona.
    3 En los valles de Asturias en invierno *hay / tiene* niebla.
    4 ¡Qué frío! Ahora no *nieve / nieva* pero en la tele dicen que empieza a las nueve.
    5 ¡Mira qué nubes tan oscuras! *Hace / Hay* tormenta.
    6 Cuando *hace / hay* fresco me gusta salir a tomar un helado.
    7 Ahora no *granizo / graniza* y podemos ir al supermercado.
    8 Siempre *está / es* nublado en la costa de Colombia.

4 Escribe un párrafo sobre el tiempo en tu región. Usa la tabla para ayudarte en tus respuestas e intenta añadir más información. Describe:
- el tiempo en tu región en general
- el tiempo que te gusta más y por qué
- el tiempo que no te gusta y por qué

Por lo general, en mi región	hace (mucho) frío		es muy agradable
	hace calor		puedo ir a la playa
Con respecto al tiempo, me gusta cuando	hace sol	porque	es precioso
	hace viento		es ideal para pasear con mi perro
No obstante, no me gusta cuando	hace fresco		es difícil andar por la calle
	está nublado		es peligroso
	hay niebla		no es posible salir de casa
	hay tormenta		no puedo jugar en el jardín
	hay brisas ligeras		
	hay cielos despejados		
	nieva		
	llueve (a cántaros)		
	graniza		

5 Estás hablando por teléfono con un(a) amigo(a). Practica el juego de rol con un/a compañero/a en clase. Debes elegir el papel A o el papel B. Haced turnos preguntando y respondiendo a las preguntas.

B
    1 Di a tu amigo/a qué tiempo hace hoy (dos detalles).
    2 Dile qué tiempo te gusta más.
    3 Explica por qué te gusta este tipo de tiempo.
    4 Dile qué tiempo no te gusta y por qué.
    5 Pregúntale qué tipo de tiempo prefiere.

A y B
A: ¡Hola! ¿Qué tiempo hace?
B: 1 (dos detalles)
A: ¿Y qué tipo de tiempo te gusta más?
B: 2
A: ¿Por qué?
B 3
A: Por supuesto. ¿Qué tiempo no te gusta y por qué?
B: 4
A: Vale.
B: 5
A: A mí me gusta cuando nieva. ¡Es muy divertido!

vuelo

C5.3 El clima nos afecta y nos cambia

* Describir los efectos del clima en ciudades y regiones hispanohablantes
* El imperfecto

España y el cambio climático

En España hay numerosos problemas con el cambio climático que afectan a muchas ciudades, ecosistemas y territorios.

En primer lugar, en el norte del país el cambio climático amenaza a animales como el oso, que se alimenta directamente de peces en los ríos. El agua de los ríos está cada vez más sucia y los peces están intoxicados, lo que afecta al oso, que ya está en peligro de extinción. Hace 100 años había dos veces más osos que ahora.

En segundo lugar, el este de España, sobre todo la región de Valencia, sufre numerosas lluvias en un periodo muy corto de tiempo, a finales de agosto, que se llama "la gota fría". Este fenómeno causa muchos daños en las ciudades y el campo, pero el resto del año no llueve lo

La amenaza del cambio climático

suficiente. Durante el siglo pasado, Valencia disfrutaba de un clima mediterráneo con lluvias, periodos soleados, frío y calor. Hoy en día no hay tantos contrastes.

En tercer lugar, el sur de España es la parte del país que más sufre los efectos de la falta de lluvia. En la ciudad de Córdoba, por ejemplo, tienen unos catorce días de lluvia, de media, al año. Hace tres décadas la ciudad tenía suficiente agua en sus reservas para cinco años, pero hoy en día apenas tiene para tres meses.

Finalmente, el centro de España, en especial la ciudad de Albacete, sufre problemas de vientos huracanados. Anteriormente Albacete era una ciudad tranquila, pero hoy en día, como consecuencia del cambio climático, en la ciudad ha habido varios accidentes con árboles que se han partido en las calles y parques.

1 a Lee la noticia sobre el cambio climático en España y completa las frases con las terminaciones correctas según el sentido del texto.

Ejemplo: 1 E

1 En el norte de España
2 La cantidad de osos
3 La gota fría
4 En Valencia no llueve
5 En Córdoba
6 Dentro de tres meses Córdoba
7 Hoy en día el clima de Albacete
8 A causa de los vientos fuertes

A durante la mayor parte del año.
B llueve dos semanas al año.
C tiene consecuencias negativas.
D no es tan tranquilo como era.
E ciertas especies podrían desaparecer.
F varios árboles se han caído en Albacete.
G ha bajado un 50%.
H no tendrá agua en sus reservas.

1 b Lee la noticia otra vez. Haz una lista de vocabulario con las palabras útiles del texto, tradúcelas a tu propio idioma y apréndelas de memoria.

2 Vas a oír a tres personas que hablan de cómo el clima afecta a donde viven ahora y donde vivían en el pasado. Escucha con atención y marca las seis opciones correctas según lo que oyes.

Ejemplo: 1 C

1 ¿Cómo describe Filomeno el clima de su ciudad cuando era pequeño?
  A Había temperaturas bajas y lluvia.
  B Era muy variable.
  C Hacía bastante calor y no llovía mucho.
  D Era muy similar al clima de España.

2 En su opinión, ¿cuál es una consecuencia del cambio climático en Lanzarote?
  A Hay menos tormentas.
  B Es extremadamente estable.
  C Las carreteras son más peligrosas.
  D Las temperaturas en la costa no cambian.

3 Según Casandra, ¿por qué es especial Almería?
  A Siempre hace calor.
  B Está en el sur de España.
  C No hay mucha gente allí.
  D Tiene el único desierto de Europa.

4 ¿Por qué piensa que hay una crisis ahora en Almería?
  A No hay suficiente agua.
  B Llueve demasiado.
  C Las sequías son cada vez más raras.
  D Hace mucho calor.

5 Según Kiko, ¿qué problema hay en Cancún?
  A Las playas son enormes y muy largas.
  B Hace muy buen tiempo.
  C Hoy en día no hay tanta naturaleza.
  D Los hoteles son malos.

6 En su opinión, ¿por qué hay turistas que no quieren ir a Cancún?
  A Porque el campo no es muy interesante.
  B No es un lugar muy seguro a causa de los vientos fuertes.
  C Es demasiado tranquilo y verde.
  D Las construcciones son peligrosas.

3 El imperfecto. Consulta el punto N4 de la sección de gramática y completa las frases con el verbo apropiado de la lista en su forma correcta.

Ejemplo: 1 jugaba

1 Manuel .... al tenis en el jardín.
2 Los pájaros .... alrededor de la ciudad.
3 ¿Tú .... pasteles de chocolate cuando .... pequeño?
4 Valentina y Javier .... por el océano Índico juntos.
5 Nosotras todas las mañanas .... muy temprano.
6 Cádiz .... un puente muy viejo. Ahora tiene dos.
7 Yo .... al colegio a pie cuando .... en Ciudad Real.
8 En Benidorm .... todas las noches de abril.

levantarse	comer	llover	tener	navegar
vivir	*jugar*	volar	ser	ir

4 Escribe unas 130–140 palabras sobre una región de tu elección, preferiblemente de un país hispanohablante. Menciona:
- el clima en la región hoy en día
- el clima hace 100 años ¿Era muy diferente o no?
- cómo afecta el clima al medio ambiente
- cómo afecta el clima a la vida de las personas en esa región

5 Prepara una presentación sobre la región de la que escribiste en la actividad 4. Prepara unas tarjetas para memorizar la información.

C6 Finding the way

Embarque

C6.1 ¿Por dónde se va a…?

★ **Dar direcciones simples en la ciudad y preguntar por dónde se va**
★ **El uso de** *tú* **y** *usted*

1   Vas a oír a diferentes personas preguntando cómo llegar a los lugares. Mira el dibujo y decide qué lugar (A–H) se indica en cada caso (1–8). Empieza por la X.

Ejemplo: 1 H

2   Mira el dibujo del ejercicio 1 y completa las siguientes frases con el lugar correcto. Empieza por la X.

Ejemplo: 1 teatro

   1   El ……… está entre el supermercado y el estadio.
   2   La ……….. está enfrente de la cafetería.
   3   El ……… está al lado del museo y enfrente de la estación de autobuses.
   4   Señor López, para ir al ………. siga todo recto y tome la primera a la derecha. Está a mano izquierda, enfrente del cine.
   5   Señorita Viceira, para ir a la ………. tome la primera a la derecha, luego la primera a la izquierda, y finalmente la primera a la derecha. Está a mano derecha.
   6   ¿El ……….? Muy fácil, está aquí mismo, muy cerca, a mano derecha.
   7   A ver… la ………. no está lejos. Usted, tome la primera a la izquierda, pase la estación de autobuses y tuerza a la izquierda.
   8   Señora Martín, el ………. está cerca de aquí. Tome la primera a la derecha, y siga todo recto. Pase el parque y el cine. ¡Es amarillo y muy grande!

3 a El uso de *tú* y *usted*. Consulta el punto M1 en la sección de gramática. Decide si las siguientes frases son formales (F) o informales (I).

Ejemplo: 1 F

1 Señora López, ¿Va a comer en el salón?
2 Perdona, ¿sabes dónde está el cine?
3 Mamá, ¿dónde tienes los lápices de colores?
4 Buenos días, señor Sánchez. ¿Desea beber algo?
5 ¿Dónde van a tomar el desayuno los señores?
6 Sigue todo recto y continúa por la avenida.
7 Doctor Martínez, ¿qué recomienda para un dolor de estómago?
8 ¿Vosotros queréis ir a Tenerife en barco?

3 b Elige una frase formal y otra informal y tradúcelas a tu idioma. Después, compara tus dos frases con las de otros/as compañeros/as en clase.

4 a El sonido de la 's' en mitad de una palabra en español. Escucha esta frase y separa las palabras. Repite la frase tres veces, tradúcela a tu propia lengua y apréndela de memoria.

DesdequevivoenMaspalomasveolamismacascadadeaguafrescacercadelapastelería

4 b Lee la frase en alto y díctala a tu compañero/a para que la escriba. Después tu compañero/a te la dicta a ti. ¿Quién tiene menos fallos?

5 Mira el mapa del ejercicio 1 y pregunta a un(a) compañero/a por dónde se va a cinco lugares diferentes. Haced turnos preguntando y respondiendo a las preguntas. Mira los ejemplos para ayudarte. Incluye frases formales e informales.

Informal
● Hola, ¿por dónde se va al supermercado?
● Sigue todo recto por la avenida y toma la segunda a la izquierda. Está a mano derecha.

Formal
● Señor, ¿dónde está el teatro?
● Muy fácil, siga todo recto y tuerza a la derecha.

6 Piensa en tu ciudad o el barrio donde vives. Escribe direcciones simples a tres lugares interesantes. Usa la tabla para ayudarte.

Para ir	al supermercado al banco al estadio al cine al parque al instituto al teatro	sigue todo recto y luego…	está a mano izquierda/ derecha
	a la cafetería a la farmacia a la comisaría a la estación de autobuses a la estación de bomberos	toma la primera / segunda / tercera a la izquierda / derecha	

Despegue

C6.2 Una excursión a Caracas

> ★ **Usar direcciones más concretas sobre cómo llegar a lugares en la ciudad**
> ★ **Las preposiciones antes del infinitivo; los números ordinales**

Preguntamos a Raúl, experto en Caracas

Ana   Hola Raúl, estamos un poco perdidos en Caracas, ¿Nos ayudas, por favor?

Raúl   Sí, claro, Ana, conozco la ciudad como la palma de mi mano, aunque nací en España.

Ana   Explícanos qué hacer para llegar al Mercado de Chacao.

Raúl   Está un poco lejos de aquí, pero es posible ir a pie sin cansarse mucho. Seguid todo recto y tomad la cuarta calle a la derecha. Luego tomad la primera a la izquierda. Está a la derecha del hospital. Este mercado tiene muchas flores de colores y fruta fresca. Es muy representativo de la ciudad.

Vista de Caracas, capital de Venezuela

Ana   ¡Fenomenal! También nos gustaría visitar la Plaza Bolívar. ¿Dónde está?

Raúl   Desde aquí es facilísimo. Simplemente tomad la segunda a la derecha y caminad durante tres o cuatro minutos. Pasad por los semáforos y está al final de la calle, en la esquina. Tiene una estatua impresionante de Simón Bolívar a caballo. Es mi favorita en la ciudad y debéis parar a verla.

Ana   ¡Ah! Y también nos gustaría ir al Cubo Negro. ¿Qué es y dónde está?

Raúl   El Cubo Negro es la zona de negocios y oficinas, pero también hay tiendas, una galería de arte y restaurantes. Desde aquí está muy lejos, es mejor ir en autobús. Está a la izquierda, en la sexta calle llamada Orinoco, cerca de la iglesia de Santa Teresa.

Ana   ¡Gracias, Raúl!

1   Lee la conversación con Raúl sobre Caracas, y contesta a las preguntas.

Ejemplo: 1 Caracas

1 ¿En qué ciudad está Ana?
2 ¿Cómo se puede ir al Mercado de Chacao?
3 ¿Qué edificio está al lado del mercado?
4 ¿Qué tipo de comida menciona Raúl?
5 ¿Qué hay en la Plaza Bolívar?

6 ¿Cómo puedes llegar más rápido al Cubo Negro?
7 ¿Cómo se llama la sexta calle?
8 ¿Qué edificio está cerca del Cubo Negro?

2   Vas a oír a tres personas que explican cómo llegar a diferentes sitios en Caracas. Lee las frases y corrige la información incorrecta. Escribe la palabra correcta.

Ejemplo: 1 tercera

1 Para ir a la floristería, sigue todo recto luego toma la ~~segunda~~ calle a la derecha.
2 Después de continuar todo recto, tienes que esperar al ~~taxi~~.
3 La floristería está entre el Banco de Crédito y ~~el estadio~~.

4 El teatro está a ~~trece~~ minutos andando.
5 La tienda de música está al otro lado ~~de la calle~~.
6 El centro comercial está en ~~el centro~~.
7 Es ~~fácil~~ ir al centro comercial.
8 Toma el metro para ir allí, es la línea ~~nueve~~.

3 a Las preposiciones antes del infinitivo. Consulta el punto P1 en la sección de gramática y completa las frases con una preposición del recuadro.

Ejemplo: 1 de

1 Voy a visitar Caracas antes .... viajar a China por **segunda** vez.
2 Raúl nos enseñó la capital de Venezuela después .... hablar sobre sus monumentos.
3 Voy a intentar cantar la canción .... leer la letra.
4 Aún tenemos mucho .... hacer. Queremos subir a la **décima** planta del edificio.
5 Mireia no quiere ir .... jugar al béisbol más porque es la **quinta** vez que juega hoy.
6 Ella salió del restaurante .... decir adiós a su madre.
7 Tengo dos entradas .... ver la **cuarta** parte de la Guerra de las Galaxias en el cine.
8 Voy .... leer este libro por **novena** vez antes .... empezar uno nuevo.

por	para	*de*	a	de	de	sin	a	para

3 b Vuelve a leer las frases anteriores y decide a qué número cardinal hace referencia cada ordinal en negrita.

Ejemplo: 1 segunda – dos

4 a Practica el siguiente juego de rol con un(a) compañero/a en clase. Debes elegir o el papel A o el papel B. Haced turnos preguntando y respondiendo a las preguntas.

B

1 **(i)** Dile que estás perdido/a y
  (ii) Que quieres ir a la plaza de toros.
2 Pregúntale si tienes que tomar transporte público.
3 Pregúntale por dónde se va a la plaza de toros.
4 Pregúntale cuánto tiempo dura el viaje.
5 **(i)** Explica por qué te gusta ir a una corrida de toros y
  (ii) Despídete y agradece la ayuda.

A y B

A ¡Hola! ¿Estás perdido/a?
B 1(i) y (ii)
A ¡Ah! Yo vivo cerca de allí.
B 2
A Sí, está bastante lejos de aquí.
B 3
A Toma <u>el metro</u>, línea <u>cuatro</u>, hasta la última parada, luego toma la <u>tercera</u> calle a la <u>derecha</u>.
B 4
A <u>Veinte</u> minutos aproximadamente. ¿Por qué quieres ir allí?
B 5(i) y (ii)

4 b Ahora cambiad de papel y practicad la conversación por segunda vez, sustituyendo las palabras marcadas por palabras de la lista a continuación.

segunda	treinta y cinco	tres	el tren	izquierda

5 Escribe las direcciones para llegar a tres lugares diferentes desde tu casa. Intenta incluir las siguientes palabras al menos una vez. Dibuja tu propio mapa.

cruza	gira	esquina	cerca	allí

Vuelo

C6.3 ¡De ruta y sin descanso!

★ **Planear una ruta en la ciudad con direcciones complejas**
★ **Las distancias y las aproximaciones numéricas**

Un paseo por Valdepeñas

Valdepeñas, un pueblo vinícola en el centro de España

Ruta A

Para visitar este famoso pueblo en el centro de España, partiremos siempre desde la céntrica Plaza de España. Desde allí, recomendamos visitar el convento de los Trinitarios. Para ir, no es complicado: cruza el paso de cebra a la derecha y sigue todo recto. Luego espera en los semáforos cerca de la rotonda y cruza al otro lado de la calle.

También recomendamos visitar el museo del vino. Valdepeñas es famoso por su producción de vino y es importante conocer este museo. Para llegar, toma la cuarta calle a la derecha y cruza el puente sobre el río Jabalón. Después, a mano izquierda toma la segunda calle a la derecha. Está a unos cinco minutos a pie desde allí.

Finalmente, para conocer la gastronomía local recomendamos la Fonda de Alberto, un restaurante típico manchego. Para ir, simplemente gira a mano derecha y continúa hacia delante por la avenida principal. Está al final, cerca de un parque infantil. Desde allí se puede visitar también la iglesia del Lucero, a unos dos kilómetros andando.

Ruta B

Esta ruta alternativa es la mejor opción para conocer realmente este pueblo manchego. En verano la calle principal está decorada con paraguas de colores y es muy fotogénica. Nuestro punto central será la Plaza de Europa. Desde allí, toma la tercera a la izquierda y camina unos cinco minutos todo recto. Después, gira a la izquierda y hay una zona peatonal muy bonita.

También debes visitar el parque Cervantes, con muchas fuentes y estatuas bonitas. Está a unos tres kilómetros. Cruza la calle en los semáforos y baja por el paso subterráneo, que es muy seguro aun por la noche. Después, toma la salida que pone dirección norte y sigue todo recto hasta la esquina. Allí verás el parque.

1 a Lee los dos folletos sobre dos rutas diferentes para explorar Valdepeñas. Señala si las afirmaciones son verdaderas (V) o falsas (F). Si son falsas, escribe una frase en español para corregirlas. ¡Atención! Hay cinco afirmaciones que son verdaderas y tres afirmaciones que son falsas.

Ejemplo: 1 V

Ruta A

1 El punto de partida de la ruta A es la Plaza de España.
2 Es muy difícil ir al convento de los Trinitarios.
3 Para llegar al museo del vino, hay que cruzar un puente.
4 Después de visitar el restaurante La Fonda de Alberto, es posible caminar a la iglesia del Lucero.

Ruta B

5 La ruta B no es recomendable si quieres explorar el pueblo de Valdepeñas.
6 No es posible ir en coche por todas las partes de la ciudad.
7 Es un poco peligroso usar el paso subterráneo por la noche.
8 Desde la esquina se puede ver el parque.

1 b Lee los folletos otra vez. Haz una lista de vocabulario con las palabras útiles del texto, tradúcelas a tu propio idioma y apréndelas de memoria.

2 Vas a oír a cuatro jóvenes que planean un viaje. Escúchalos con atención y explica qué significa cada número.

Ejemplo: 1 7 = el número de línea de autobús para ir al Palacio de Cultura

1 7
2 2,5
3 62
4 23
5 72
6 98
7 1991
8 500

3 Distancias y aproximaciones numéricas. Consulta el punto S3 de la sección de gramática y reescribe las siguientes frases en orden lógico.

Ejemplo: 1 A cinco kilómetros de Madrid hay un lago.

1 Madrid hay un lago A kilómetros cinco de.
2 está a El minutos de aquí mercado unos veinte.
3 a treinta del La kilómetros montaña está centro.
4 setecientos con agua fresca metros hay una fuente A unos.
5 a media hora la aldea llegaremos en Creo que.
6 Tuerce derecha y a la comisaría unos cien metros a la está.
7 metros una pastelería más o A cuatrocientos menos hay.
8 está minutos en coche a unos quince El aeropuerto.

4 Describe una ruta en una ciudad de tu elección a tus compañeros/as de clase. Prepara notas e incluye:
● tres o cuatro sitios de interés
● las direcciones para llegar a los sitios
● las distancias o el tiempo que se tarda en llegar a los sitios
● opiniones personales o recomendaciones

5 Basándote en tus notas para la actividad anterior, ahora escribe y diseña un folleto turístico sobre tu ruta en la ciudad.

Meeting people

Embarque

C7.1 Un placer conocerle

★ **Saludar y presentarse en situaciones diferentes**
★ **Manera formal e informal de dirigirse a alguien: *tú, vosotros/as* y *usted(es)*.**
  Los pronombres interrogativos (2)

A: ¡Hola! ¿Qué tal estáis? Me 1 .... Sebastián López.
B: ¡Hola! Fenomenal, gracias. Encantado, señor López.
C: Un placer conocerle.

A: 2 .... días Simona, ¿Cómo estás?
B: Hola, bien, gracias, ¿y 3 ....?

A: Me 4 .... : Soy Manuel, el director.
¿Cómo se encuentran?
B: Encantada de conocerle Don Manuel.
Yo soy Sira, la secretaria.
C: ¡Hola! Bienvenido. Yo soy Jorge, el
subdirector.

A: ¡Adiós! Nos vemos mañana, buenas 5 ....
B: ¡Por supuesto! 6 .... mañana Miriam, encantado
de conocerte.

A: ¡Hola! 7 .... al hotel Centenario.
B: Buenos días. ¿Puede ayudarme?

A: ¡Juan! ¿Qué 8 ....?
B: ¡Alberto! ¡Muy buenas! ¡Choca esos cinco!

1 Lee las presentaciones y saludos y escribe la palabra adecuada del recuadro para rellenar los espacios.

Ejemplo: 1 llamo

noches	*llamo*	hasta	pasa
presento	buenos	tú	bienvenido

2 a Vas a oír seis saludos y presentaciones diferentes. Escucha con atención y lee los diálogos. Corrige la información incorrecta, utilizando las palabras del recuadro. ¡Atención! No necesitas todas las palabras.

Ejemplo: 1 regular

1 ¿Cómo se encuentra hoy Doña Margarita?
~~Mal~~, pero me alegro mucho de verte
Ramón.

2 ¿Qué ~~pasa~~, Rosa?
¡Hola Gerardo! Todo en orden, ¿Y tú?
~~Fabulosamente~~.

3 Muy buenas tardes Señor Martínez.
Buenas tardes, ~~mucho gusto~~.
Igualmente.

4 Román, ¿Cómo se encuentra la ~~tía~~ hoy?
Hola Lola, muy bien, está en casa.

5 ¡Bienvenidos tíos y primos! Mi casa es
vuestra casa.
¡Buenas ~~noches~~! Gracias.
¡Hola, primo Samuel! ¿Qué tal estás?

6 Un saludo ~~afectuoso~~ a mis fans de México
y ~~Colombia~~.
¡Hola! ¡Hola! ¿Cómo estáis? ¡Un abrazo!

tardes	cordial	tal	estupendamente	encantado	noches
regular	el abuelo	Argentina	estás	la abuela	Alemania

2 b Vuelve a escuchar los saludos. Decide si cada uno es familiar o formal.

Ejemplo: 1 formal, familiar

3 Pronombres interrogativos (2). Consulta el punto H2 en la sección de gramática. En las frases siguientes, escoge la opción correcta en cada caso.

Ejemplo: 1 Cómo

1 *¿Qué / Cómo* está Doña Eugenia hoy?
2 ¡Hola chicos! *¿Qué / Cómo* tal estáis esta mañana?
3 Mercedes, *¿Para qué / Qué* quieres comprar, un kilo de naranjas?
4 *¿Dónde / De dónde* es tu tío Carlos? ¿España o Italia?
5 *¿Cómo / Cuánto* te encuentras, Jaime? —Bien, gracias
6 *¿Cuántas / Cuántos* personas hay?
7 *¿Adónde / De dónde* vamos esta tarde? —Vamos a Cuenca con mis padres.
8 *¿Por qué / Para qué* no te gusta la limonada, Lucía?

4 a El sonido de la 'f', 'w' y 'gu' en español. Escucha esta frase y separa las palabras. Repite la frase tres veces, tradúcela a tu propia lengua y apréndela de memoria.

Guillermohablaporteléfonosobrelasfotosylafilosofíaperonuncabebewhisky

4 b Lee la frase en alto y díctala a tu compañero/a para que la escriba. Después tu compañero/a te la dicta a ti. ¿Quién tiene menos fallos?

5 a Practica este juego de rol con un(a) compañero/a.

A ¡Buenas tardes!
B ¡Hola! ¿Qué pasa? ¿Cómo estás, amigo/a?
A Muy bien, ¿y tú? ¿Cómo te va?
B Regular. Me alegro de verte.

5 b Practica el siguiente juego de rol con tu compañero/a. Haced turnos preguntando y respondiendo a las preguntas, sustituyendo las palabras marcadas por las de la lista a continuación.

A Hola. <u>¿Cómo está?</u>
B <u>Buenos días.</u> Encantado/a de conocerle. <u>Bastante bien</u> gracias, ¿Y usted?
A <u>Fenomenal.</u> Soy el señor / la señorita .... ¿Cómo se llama?
B Me llamo .... Un placer.

Regular	¿Cómo se encuentra?
Buenas tardes	Muy bien

6 Reescribe las siguientes presentaciones y saludos en un orden lógico. Después, escribe dos diálogos más que te inventes.

Ejemplo: A 1 ¿Qué tal, Gema?

A
1 ¡Adiós!
2 Muy bien Moncho, ¿y tú?
1 ¿Qué tal, Gema?
2 ¡Igualmente! ¡Hasta la vista!
1 Fenomenal, me alegro de verte.

B
2 ¡Adiós Perico, nos vemos mañana!
1 ¡Hasta luego, Luis!
1 ¡Sí, claro Luis, adiós!

C
1 Bien, gracias. ¿Y usted?
1 Soy la señora Pérez, bienvenida a mi casa, Rosalinda.
2 Gracias señora. Un placer conocerla. ¿Cómo está?
2 Muy bien, gracias por preguntar.

C7.2 Amigos a miles de kilómetros

Despegue

★ **Hablar sobre los amigos por correspondencia y la experiencia de conocerse en persona**
★ *Ser* y *estar* **(2). Los diminutivos y aumentativos**

Begoña

Hola, soy Begoña, y soy de Argentina. En mi instituto hay un programa de intercambio de estudiantes. Yo participo en este programa desde hace un año y medio. Mi amiga por correspondencia se llama Shakeela y es de la India. Su casa está en una ciudad que se llama Agra. Su familia es muy numerosa y tiene cinco hermanas y dos hermanos. Normalmente nos mandamos mensajes por Internet y también nos escribimos correos electrónicos. Yo escribo en español porque es muy conveniente para Shakeela, ya que ella está estudiando este idioma. Shakeela responde a mis correos en inglés. Nos escribimos todas las semanas, y el verano que viene Shakeela va a venir a mi casa y pasará un mes con mi familia. Somos muy buenas amigas y estoy nerviosa por conocerla en persona.

Begoña lee una carta de Shakeela

Damián

En mi clase muchos estudiantes tienen amigos que están en otros países y mantienen contacto por carta, mensajes o Internet. Mi amigo por correspondencia se llama Ethan y es de Inglaterra. Ethan vive en una casona que está a las afueras de la ciudad de Liverpool, y le gusta mucho la música. Ethan está muy abierto a conocer a amigos nuevos y a veces hablamos por videollamada en Internet...¡me encanta porque puedo ver a Ethan, a sus padres y a su hermanito que se llama Ben! ¡Son muy buenos! Ethan habla un poco de español y yo hablo inglés, así que practicamos los idiomas cuando hablamos y es muy útil. Ethan va a venir a mi casa en Córdoba el mes que viene para dos semanitas, y por fín vamos a jugar al fútbol juntos... Él prefiere el equipo de fútbol que se llama Everton, pero yo soy fan del Sevilla. ¡El delantero de Sevilla marcó un golazo la semana pasada!

1 Lee los textos sobre dos estudiantes que hablan sobre sus amigos por correspondencia. Contesta a las preguntas en español.

Ejemplo: 1 un año y medio

   1 ¿Desde hace cuánto tiempo participa Begoña en el programa de intercambio?
   2 ¿En qué ciudad vive su amiga por correspondencia?
   3 ¿Qué lengua aprende Shakeela?
   4 ¿Cuánto tiempo va a pasar Shakeela con la familia de Begoña?
   5 ¿Cuándo va a venir Ethan a la casa de Damián?
   6 ¿Cuál es el equipo de fútbol favorito de Damián?

2 Vas a oír a Begoña y a Damián hablando sobre sus experiencias cuando conocieron en persona a sus amigos por correspondencia. Lee las siguientes frases y escribe el nombre de la persona correcta: Begoña (B), Shakeela (S), Damián (D) o Ethan (E).

Ejemplo: 1 S

1 Tuvo un viaje muy cansado.
2 Es de Rosario.
3 Viajó al sur de España.
4 Recibió un regalo.
5 Lleva ropa elegante y típica de su país.
6 Tiene un carácter muy divertido.
7 Le gusta mucho la carne de su ciudad.
8 Cree que los monumentos de su ciudad son muy bonitos.

3 *Ser* y *estar* (2). Consulta el punto N18 en la sección de gramática y completa las frases con la forma correcta de *ser* o *estar*, según el significado de la frase.

Ejemplo: 1 está

1 Mi amigo Pedro *es / está* muy abierto a nuevas experiencias.
2 Ayer nosotros no *estuvimos / éramos* buenos y fuimos a la farmacia.
3 El accidente de coche de Juan no *estuvo / fue* grave, afortunadamente.
4 Creo que el examen *será / estará* fácil.
5 En clase, Perico nunca habla, siempre *está / es* callado.
6 Los vecinos de Marina *son / están* viajando a Italia en coche.
7 ¡El martes pasado yo *estuve / fui* muy aburrido! No hice nada en toda la tarde.
8 ¡No voy a comer la pizza que cocina tu madre porque *está / es* malísima!

4 a Hablas por videollamada en Internet con tu amigo/a por correspondencia. Practica el juego de rol con un(a) compañero/a en clase. Debes elegir el papel A o el papel B.

B

1 (i) Saluda a tu amigo/a y
 (ii) pregúntale cómo <u>está</u>.
2 (i) Dile cómo estás y
 (ii) Dile que te gustaría <u>visitarle/la</u> muy pronto.
3 Dile qué <u>mes</u>.
4 Dile cómo vas a viajar allí
5 Menciona dos <u>actividades</u> que quieres hacer allí.

A y B

A ¡Hola amigo/a!
B 1(i) y (ii)
A ¡Fenomenal! ¿Qué tal?
B 2(i) y (ii)
A ¡Buena idea! ¿Cuándo exactamente?
B 3
A Muy bien. ¿Cómo vas a viajar aquí?
B 4
A Vale. ¿Qué quieres hacer aquí?
B 5

4 b Haced turnos preguntando y respondiendo a las preguntas, sustituyendo las palabras marcadas por las de la lista a continuación.

ir a verle	deportes	se encuentra	día

5 Hoy tienes que escribir un correo electrónico a tu amigo/a por correspondencia. Imagina cómo se llama y dónde vive y usa los siguientes puntos para ayudarte.
- Pregunta qué tal está y qué tal su familia.
- Menciona algo interesante y cultural para tu amigo/a en el extranjero, por ejemplo tu comida favorita, tu rutina en el instituto o tus pasatiempos.
- Pregunta dos o tres cosas a tu amigo/a (su familia, sus pasatiempos, su comida favorita, su vida escolar, etc.).
- Planea tu visita a su país (cuándo te gustaría ir, qué transporte vas a usar, etc.).

Vuelo

C7.3 Ahora me toca a mí viajar

★ **Hablar sobre el viaje al extranjero para conocer a un(a) amigo/a**
★ **Los pronombres de objeto indirecto**

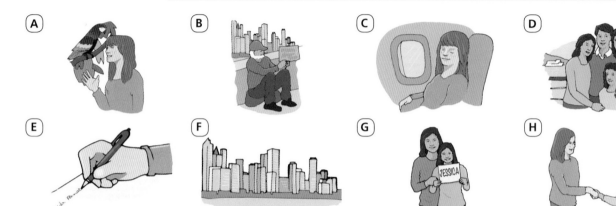

(A) (B) (C) (D)

(E) (F) (G) (H)

Una experiencia inolvidable

Soy Jessica, y soy de Dublín, en Irlanda. Ayer volví a casa después de visitar a mi amiga por correspondencia, Renata. Empecé a escribirle hace tres años, en el instituto. Renata es de Panamá, y con ella he tenido la oportunidad de mejorar mi nivel de español por nuestras cartas y mensajes. Por fin, hace casi tres semanas, visité su casa y a su familia.

El vuelo fue larguísimo, unas 12 horas, y yo estaba muy cansada aun antes de desembarcar del avión. Renata y su madre me esperaron en el aeropuerto de Tocumen con un cartel con mi nombre. Fue muy emocionante ver a Renata por primera vez en persona. Fuimos a su casa y allí conocí al resto de su familia: su padre, Sebastián, su hermano mayor, Jerónimo y su hermana pequeña, Selma. Selma solo tiene cinco años y es muy graciosa.

El primer día fuimos de excursión a la ciudad capital, donde hay muchos rascacielos impresionantes. El ambiente dinámico de la ciudad me fascinó. Fuimos de compras a un centro comercial muy grande y Renata me compró un regalo. ¡Qué generosa! Por la tarde fuimos a la bolera y lo pasamos muy bien.

Otro día el padre de Renata nos mostró los bosques cerca de la ciudad, con mucha vegetación y pájaros tropicales que me impresionaron mucho. Además, su hermano trabaja en el canal de Panamá, y toda la familia y yo fuimos a visitar el canal en barco. ¡Qué emocionante! Desafortunadamente, el último día vi mucha pobreza en un barrio bastante lejos del centro de la capital. La madre de Renata me contó sobre la situación económica del país y la falta de igualdad que existe. No obstante, es innegable que mi visita fue una experiencia genial. Lo mejor fue hablarles en persona y aprender sobre el idioma y la cultura panameña.

 1 a Lee el blog y ordena los dibujos en el orden cronológico correcto.

Ejemplo: 1 E

1 b Lee el blog otra vez. Haz una lista de vocabulario con las palabras útiles del texto, tradúcelas a tu propio idioma y apréndelas de memoria.

 2 Vas a oír a dos jóvenes hablando de su próxima visita para conocer a su amigo/a por correspondencia. Escribe la letra apropiada (A, B, C, D) para cada casilla.

Ejemplo: 1 C

1 Godofredo va a pasar…
- A cinco días con Ángelo.
- B mucho tiempo en el instituto de Ángelo.
- C aproximadamente dos semanas con Ángelo.
- D mucho tiempo con otros estudiantes de intercambio.

2 Esta tarde, Godofredo…
- A va a ver un partido de fútbol del Boca Juniors.
- B va a cambiar dinero.
- C comprará un regalo para su familia.
- D va a hacer la maleta.

3 En Milán, parece que los dos chicos
- A van a visitar muchos sitios de interés.
- B tendrán un apetito enorme.
- C evitarán la catedral.
- D comprarán mucha pasta.

4 Con respecto al viaje a Rusia, Vera…
- A piensa que el vuelo es aburrido.
- B no tiene experiencia de haber estado allí.
- C tiene prisa.
- D está muy ansiosa.

5 El vuelo a Moscú despega…
- A durante la madrugada.
- B a las quince horas.
- C muy tarde.
- D con seis horas y media de retraso.

6 La relación entre Vera y Anastasia es…
- A muy interesante.
- B bastante única.
- C larga.
- D profunda.

7 Con respecto a su familia, Anastasia…
- A solo vive con su padre.
- B no tiene hermanos.
- C es muy independiente.
- D no tiene mucho interés.

8 ¿Cómo será el tiempo cuando llegue Vera?
- A Hará fresco.
- B Hará buen tiempo.
- C Hará frío.
- D Hará viento.

3 Los pronombres de objeto indirecto. Consulta el punto M3 de la sección de gramática y usa un pronombre de objeto indirecto en cada frase para completarla.

Ejemplo: 1 me

1 Ayer vi a Juan y ………. dio un regalo de cumpleaños.
2 Mi tío Leopoldo ………. está pintando la casa a mi familia y a mí.
3 Siempre hablo con Manuela por teléfono, pero hoy ………. voy a escribir una carta.
4 Dolores compró muchas naranjas para vosotros. ………. las compró en el mercado Real.
5 Cuando estábamos en su casa, nuestro abuelo ………. contó la historia.
6 Cuando hablo con mi profesor, estoy muy nervioso. Mañana, ………. voy a hablar más tranquilamente.
7 Mientras hablaba conmigo, Gerardo ………. sacó una foto con su perro.
8 Ernesto y Sara son muy egoístas. No ………. voy a pedir un favor.

4 Imagínate la visita de un(a) amigo/a por correspondencia y contesta a las preguntas. Practica la conversación con un(a) compañero/a de clase.
- ¿De dónde es tu amigo/a por correspondencia?
- ¿Qué vais a hacer en tu visita?
- ¿Qué vas a hacer cuando tu amigo te visita en tu casa?

Puedes adaptar la información de los ejercicios 1 y 2.

5 Basándote en tus notas para la actividad 4, escribe una carta sobre tus planes para visitar a tu amigo/a en España. Debes escribir 130–140 palabras. Debes:
- describir los preparativos de viaje que has hecho
- describir lo que quieres hacer en tu visita
- decir por qué tener un(a) amigo/a por correspondencia es importante
- mencionar por qué tu amigo/a debería visitarte pronto

Places and customs

Embarque

C8.1 ¡Una vuelta al mundo en mil culturas!

* ★ **Describir las costumbres de diferentes países**
* ★ **Los adjetivos de nacionalidad**

1 Los adjetivos de nacionalidad. Consulta el punto C2 en la sección de gramática. Completa las frases con las nacionalidades correctas en las opciones

Ejemplo: 1 australiano

    1 Mi hermano es de Australia. Él es *australiano / australiana*.
    2 Samanta es *francesa / Francia*. Vive en Niza.
    3 Kike y Fernando son de Cuba. Ellos son *cubos / cubanos*.
    4 Mi padre nació en Gales. Él es *galés / gales*.
    5 Brittany es una chica que nació en Glasgow, y por eso es *escocés / escocesa*.
    6 Luis es de Colombia. Habla español y es de nacionalidad *colombiana / colombiano*.
    7 Nuestros abuelos son de China. Son *chinas / chinos*.
    8 Paco tiene doble nacionalidad: *la portuguesa / el portugués* y la italiana.

2 Lee las frases sobre jóvenes de países diferentes y mira las imágenes A–F. Escribe los números que se corresponden con las imágenes.

Ejemplo: 1 F

    1 Soy Adriana y soy brasileña. En mi país el carnaval es muy importante en el mes de febrero. ¡Bailamos samba y llevamos ropa de muchos colores!
    2 Me llamo Lawan y soy tailandés. Me encanta el festival de las linternas cuando el cielo se ilumina con miles de linternas que lleva la gente.
    3 Mi nombre es Graciela y soy mexicana. El Día de Muertos es el festival más espiritual de mi país, para recordar a los familiares muertos con esqueletos de colores y comida típica.
    4 Me llamo Francisco y en España, en un pueblo que se llama Buñol, hay una tradición que se llama la Tomatina. Es una pelea con millones de tomates, ¡pero no se comen!

5 Hola, soy Prisha, y soy india. El festival Holi es espectacular, con muchos polvos de colores que hacen cambiar el color de tu cara y tu ropa.

6 Me llamo Paulov y en la fiesta de las noches blancas en Rusia hay música y teatro en la ciudad de San Petersburgo. Mi familia hace un picnic en el parque y comemos *solianka*, una sopa típica.

3 Vas a oír a tres jóvenes que hablan de sus culturas o países favoritos. Escribe la letra apropiada para cada casilla.

Ejemplo: 1 B

1 ¿De qué color es la cara de una geisha?
  A rosa
  B blanco
  C rojo
  D verde

2 ¿Qué tipo de decoración hay en los kimonos?
  A cuadros
  B rayas
  C lunares
  D flores

3 ¿Qué tipo de ropa es importante para los inuit?
  A los zapatos
  B los abrigos
  C los guantes
  D los pantalones

4 ¿Qué comen los inuit?
  A carne y pescado
  B pasta y arroz
  D fruta y verdura
  d productos lácteos

5 ¿Qué fruta es más típica de Hawái?
  A el plátano
  B el coco
  C la fresa
  D la pera

6 ¿Cómo se llama el baile típico hawaiano?
  A salsa
  B flamenco
  C samba
  D Hula

4 a El sonido y la pronunciación de palabras inglesas en español. Escucha esta frase y separa las palabras. Repite la frase tres veces, tradúcela a tu propia lengua y apréndela de memoria.

TengounatelevisióndigitaldondeveounDVDdeicebergsousobluetoothparatenerunchat conmiamigo

4 b Lee la frase en alto y díctala a tu compañero/a para que la escriba. Después tu compañero/a te la dicta a ti. ¿Quién tiene menos fallos?

5 Responde a la pregunta con un(a) compañero/a de clase. Usa la tabla para ayudarte en tu respuesta. ¿Qué tradiciones y costumbres hay en Japón / México / India?

En Japón	es tradicional	comer *sushi* llevar un kimono	y / también / además / asimismo	me fascina / me interesa	el estilo de las geishas Monte Fuji
En México		comer fajitas y tacos tener una piñata para el cumpleaños			El Día de Muertos Chichén Itzá
En India		comer curry celebrar Diwali			el festival Holi el Taj Mahal

6 Escoge un país y escribe tres frases sobre sus costumbres. Menciona sus festivales, comida y otras características culturales. Usa información de la tabla de la actividad 4.

Despegue

C8.2 La hispanidad a través de sus festivales

> ★ **Explorar las diferentes fiestas populares hispanas**
> ★ **Los adverbios y los superlativos**

1 Vas a oír a cuatro jóvenes hablando de las fiestas populares en España e Hispanoamérica. En cada frase hay algo que no corresponde a lo que se dice en la entrevista. Escucha la entrevista y escribe la(s) palabra(s) correcta(s) en español.

Ejemplo: 1 marzo

Las Fallas…
1 tienen lugar en el mes de ~~mayo~~.
2 La mejor construcción va a ~~una galería~~.
Durante la Feria de Abril…
3 mucha gente lleva flores en el ~~pecho~~.
4 A los ~~ancianos~~ les gusta la feria de atracciones.
Durante la Fiesta de la Vendimia…
5 la fruta que se celebra es la ~~manzana~~.
6 hay muchos conciertos ~~en salas~~.
El Festival de las Flores…
7 dura ~~doce~~ días.
8 tiene lugar en Medellín, una ciudad ~~venezolana~~.

El Cinco de Mayo en México

En México el día cinco de mayo se conmemora el día de la Batalla de Puebla, en la cual los mexicanos vencieron a los franceses.

En 1862 México sufría la peor crisis financiera de su historia y Benito Juárez, el presidente de México, decidió no pagar la deuda económica del país por dos años. Como consecuencia, los franceses, españoles e ingleses vinieron a México con el fin de usar la violencia para robar el dinero.

Los ingleses y los españoles se fueron rápidamente pero, en contraste, los franceses iniciaron unos ataques violentos al país, especialmente en la ciudad de Puebla. Las tropas francesas eran mucho más grandes que el ejército mexicano; pero la población mexicana empezó a combatir y se formó un ejército de aproximadamente 4.800 hombres, que expulsaron a la mayor parte de los franceses de la ciudad de Puebla.

Hoy en día la fiesta popular del Cinco de Mayo es una celebración nacional muy importante para los mexicanos. Es una ocasión para celebrar el orgullo mexicano y lo mejor de su cultura con comida, bebida y reuniones familiares o de amigos.

Es también un día para bailar al ritmo de un mariachi —un tipo de música mexicana tradicional— y tomar bebidas típicamente mexicanas como el la margarita o comidas como las tortillas con guacamole o mole negro al chocolate. El Cinco de Mayo también se celebra mucho en Estados Unidos, donde se conoce el día como el Día del Orgullo Mexicano, y en otros países del continente americano que respetan a México y sus costumbres.

2 a Lee el texto sobre el Cinco de Mayo y contesta a las preguntas en español.

Ejemplo: 1 Francia

1 ¿Qué país atacó a México en la batalla de Puebla?

2 ¿Qué problema económico tuvo México en 1862?

3 ¿Durante cuánto tiempo no pagó la deuda el presidente?

4 ¿Cuántos hombres había en el Ejército mexicano?

5 ¿Qué es un mariachi?

6 ¿Qué comen los mexicanos el Cinco de Mayo? Menciona dos cosas. (2)

7 ¿En qué país norteamericano se celebra el Cinco de Mayo también?

8 ¿Qué otro nombre tiene la fiesta allí?

2 b Vuelve a leer el texto y busca al menos cinco ejemplos de cognados.

3 a Los superlativos. Consulta los puntos D4 y K en la sección de gramática y escribe una pregunta para cada respuesta con *¿Cuál es…?* o *¿Quién es…?* usando el superlativo de los adjetivos del recuadro.

Ejemplo: 1 ¿Cuál es el festival más famoso del sur de España?

1 la feria de abril — el festival

2 el invierno — la estación

3 Miguel de Cervantes — el escritor

4 Rafa Nadal — el tenista

5 Madrid — la ciudad

6 el Teide — la montaña

7 el fútbol — el deporte

8 Enrique Iglesias — el cantante

mejor	conocido	*famoso*	famoso
popular	frio	grande	alto

3 b Vuelve a leer el texto del ejercicio 2 y haz una lista con al menos seis adverbios que encuentres. Después, tradúcelos a tu propio idioma.

4 Fuiste a un festival con tus amigos. Escribe un párrafo de unas 80–90 palabras sobre el festival. Menciona:

- cuándo se celebra el festival
- por qué se celebra
- cómo se celebra exactamente
- tu opinión personal y lo que más te gusta

5 Prepara una presentación sobre un festival con toda la información posible. Preséntalo para convencer a tus compañeros/as de que deben visitarlo. Incluye la información de la actividad 4.

vuelo

C8.3 La evolución de las fiestas populares

★ **Comparar cómo eran las fiestas populares antes y cómo han cambiado hoy en día**
★ **El pretérito indefinido y el pretérito imperfecto en contraste**

El Día de Muertos

Antes

Cuando los españoles invadieron México en el siglo dieciséis, se encontraron con una civilización azteca que iniciaba guerras con las tribus vecinas y practicaba el sacrificio humano. La tradición de 'El Día de Muertos' nació de la mezcla de las costumbres mayas y aztecas con la religión católica. La festividad se celebra el dos de noviembre, y es una fiesta familiar y privada para recordar a los familiares muertos. Desde siempre, muchas familias preparaban un altar en casa con flores y la comida y bebida favorita de la persona que ya no estaba con ellos. Era un día importante porque muchos mexicanos pensaban que los espíritus de sus familiares volvían a casa para hacerles una visita y cuidarles. Las personas más religiosas rezaban ese día y otros menos espirituales simplemente recordaban a sus familiares con emoción y cariño.

Ahora

Esta celebración continúa siendo muy espiritual para los mexicanos, pero el personaje de Catrina —la representación de una calavera con flores de colores, sombrero y decoraciones varias— es ahora un símbolo internacional que muchas personas copian para fiestas de Halloween o disfraces. Aunque es parte del folklore mexicano y un icono importante en el Día de Muertos, mucha gente en otros países no conoce su verdadero significado y lo usa de manera frívola y sin respeto. Muchas familias mexicanas y en el sur de Estados Unidos continúan con la celebración tradicional, pero cada vez más jóvenes en todo el mundo ignoran la tradición y simplemente quieren usar sus iconos atractivos y coloridos para fiestas diferentes. Como consecuencia, hoy en día hay películas, máscaras, maquillajes y decoraciones inspiradas en la imagen de Catrina, aunque algunos mexicanos lo consideran ofensivo porque no se usa correctamente para recordar a los muertos en la familia.

1 a Lee este artículo sobre una fiesta popular mexicana e indica si las afirmaciones que siguen son verdaderas (V) o falsas (F). Si son falsas, escribe una frase en español para corregirlas. ¡Atención! Hay cuatro afirmaciones que son verdaderas y cuatro afirmaciones que son falsas.

Ejemplo: 1 F España invadió México en el siglo dieciséis.

1 España invadió México en el siglo diecisiete.

2 Tradicionalmente era una celebración pública donde la gente recordaba a todos los muertos mexicanos.

3 En uno de los días de la celebración, la familia cocina la comida que prefería el muerto.

4 La falta de creencias religiosas no es un obstáculo para celebrar esta fiesta en México.

5 Hoy en día, la imagen de Catrina se utiliza mundialmente de manera superficial.

6 La celebración del Día de Muertos ha traspasado las fronteras de México.

7 La Catrina está identificada como un símbolo espiritual en todo el mundo.

8 Las nuevas generaciones toman muy en serio las tradiciones e imágenes del Día de Muertos.

1 b Lee el artículo otra vez. Haz una lista de vocabulario con las palabras útiles del texto, tradúcelas a tu propio idioma y apréndelas de memoria.

2 Vas a oír a dos jóvenes que describen dos tradiciones españolas. Escucha con atención y copia y rellena la tabla con la información que falta.

	Antes	Ahora
La Tomatina	La tradición empezó…	Hay participantes de países como…
	Su popularidad aumentó a causa de…	Hay conflictos porque…
La tauromaquia	Antes de participar en una corrida, muchos toreros…	La mayoría de los españoles…
	En la televisión, se consideraban las corridas de toros como…	La corrida de toros es ilegal en…

3 El contraste entre el pretérito indefinido y el pretérito imperfecto. Consulta los puntos N3 y N4 de la sección de gramática y completa estas frases con la forma apropiada de cada infinitivo en el pretérito o el imperfecto.

Ejemplo: 1 jugaba , vino

1 Ayer cuando yo (*jugar*) .... al fútbol, mi madre (*venir*) .... a verme.

2 Juan (*llamar*) .... por teléfono mientras yo (*comer*) .... una pizza.

3 Lola y Sofía (*beber*) .... una limonada cuando Manuel (*aparecer*) ....

4 El perro (*romper*) .... la puerta cuando (*saltar*) .... contra ella.

5 Mientras (*conducir*) .... mi coche anoche, (*ver*) .... un accidente.

6 Nosotros (*correr*) . ..., pero de repente yo (*caerse*) ....

7 El mes pasado (*ir*) .... de vacaciones a China mientras mi madre (*cuidar*) .... de mi perro Tobías.

8 Las chicas de mi pueblo siempre (*participar*) .... en la Tomatina pero el año pasado no (*ir*) ....

4 Escribe un párrafo sobre una tradición popular que conoces. Menciona:
- cómo se llama y cuándo empezó esta celebración
- en qué consistía esta celebración en el pasado
- cómo ha cambiado hoy en día y qué se mantiene

5 Practica la siguiente conversación con un(a) compañero/a de clase, sobre una tradición en tu sociedad y sobre cómo ha cambiado con el tiempo. Incluye la información de la actividad 4.
- ¿Cómo se llama esta tradición y cómo era en el pasado?
- ¿Cómo ha cambiado hoy en día?
- ¿Prefieres la versión antigua o la moderna? ¿Por qué?

C9 Travel and transport

Embarque

C9.1 ¿Cuál prefieres, el tren, el metro o el autobús?

★ Hablar del transporte público
★ Preposiciones

1 a Vas a oír a ocho personas hablar sobre el modo de transporte que usan para ir a diferentes lugares. Escucha y empareja el modo de transporte que usan y el lugar adonde van.

Ejemplo: 1 en coche, el restaurante

Los modos de transporte

en tren	en tranvía	en avión
en coche	en metro	andando
en autobús	en bicicleta	

Los lugares

el instituto	el campo	el supermercado
el cine	las montañas	el restaurante
la playa	el centro comercial	

1 b Haz una lista del vocabulario y aprende la lista.

Alberto: Voy al colegio en autobús porque es rápido.

Noelia: Mi problema es que el metro está muy lejos y tengo que ir andando hasta mi casa.

Raúl: Me encanta volar. Los aviones son el transporte perfecto si quieres ir al extranjero.

Raquel: Utilizo mucho el metro en la ciudad. Aquí en Bilbao hay una línea que va hacia la costa.

Santi: Me gusta la bicicleta porque es rápida y no contamina. En mi ciudad tenemos vías especiales para ciclistas.

Laura: Los trenes en España son muy buenos. Es posible viajar desde Madrid hasta Valencia en menos de dos horas.

2 Lee lo que dicen estas personas. Escribe V (Verdad) F (Falso) o N (No se menciona) para cada frase.

Ejemplo: 1 V

1 Alberto utiliza el transporte público.
2 Alberto solo viaja en tren.
3 Noelia va a casa directamente en metro.
4 A Raúl le gusta ir a Francia.
5 Raquel puede ir a la playa en metro.

6 Santi participa en competiciones de ciclismo.
7 La ciudad de Santi es muy buena para los ciclistas.
8 Laura piensa que los trenes son lentos.

3 a Las preposiciones. Consulta el punto P2 en la sección de gramática. En las frases siguientes, elige la preposición correcta y escribe la frase completa.

Ejemplo: 1 a

1 Voy *a / en* casa en coche.
2 Viajo a Italia *hasta / en* avión.
3 ¿Hay autobuses en dirección *hacia / en* el centro?
4 Yo prefiero viajar *a / en* tren.

5 Tienes que viajar en esta línea de metro *en / hasta* el final.
6 ¿Vas andando *a / en* tu instituto?
7 ¿Vas en autobús *a / en* Málaga?
8 Sevilla está *en / hasta* el sur de España.

3 b Ahora cuenta los ejemplos de preposiciones en el texto del ejercicio 2.

Ejemplo: a 2

4 Prepara contestaciones a las siguientes preguntas. Usa la tabla a continuación para ayudarte en tus respuestas e intenta añadir más información. Haced turnos preguntando y respondiendo a las preguntas con diferentes compañeros/as de tu clase.

- ¿Cómo viajas al instituto?
- ¿Prefieres viajar en autobús o en coche? ¿Por qué?
- Cuando vas de vacaciones, ¿cómo viajas normalmente?
- ¿Qué piensas del transporte público en tu zona?
- ¿Cuál es tu opinión de viajar en avión?

Normalmente A veces	tomo viajo en	(el) tren (el) metro	porque ya que	es más barato es más conveniente
Prefiero Me gusta más	viajar en tomar ir en	(el) coche (el) autobús (la) bicicleta (el) avión		es más rápido
En mi opinión Me gusta / no me gusta	utilizar viajar en ir en			es muy lento es un poco caro es bastante incómodo

5 a El sonido de la 'c' y la 'z' en español. Escucha esta frase y separa las palabras. Repite la frase tres veces, tradúcela a tu propia lengua y apréndela de memoria.

Cadadíaviajocincokilómetrosalzoodondetrabajoyalasonceycuartotomocaféyunamanzana

5 b Lee la frase en alto y díctala a tu compañero/a para que la escriba. Después tu compañero/a te la dicta a ti. ¿Quién tiene menos fallos?

C9.2 ¿A pie, en autobús o cómo?

Despegue

★ **Expresar y justificar opiniones sobre diferentes modos de transporte**
★ **Los pronombres preposicionales**

Para mí el transporte público es esencial. Tengo 15 años y todavía no tengo permiso de conducir. Dependo mucho de **los autobuses**, **los trenes** y **el metro** para viajar.

En el autobús, por ejemplo, **un billete de ida** cuesta solo un dólar, y **un billete de ida y vuelta** un dólar con 50. Los billetes son válidos para toda la ciudad.

Tengo bicicleta y me gusta mucho para los viajes cortos, por ejemplo para visitar a mis amigos. Desafortunadamente, donde yo vivo **hay bastante tráfico** y algunos conductores de camiones son un poco locos en mi opinión. Parece que soy invisible para ellos. Si no voy muy lejos pues, **voy andando**, que es buen ejercicio también.

En mi familia somos todos muy diferentes. Mi madre no anda nunca. Para ella **el coche es más conveniente** porque es profesora y siempre tiene muchas bolsas con libros.

Mi padre prefiere el autobús. Para él es muy práctico cuando hay mucho tráfico en la hora punta. Hay **una parada** cerca de su oficina.

1 a Lee lo que Pedro escribe en su blog y traduce a tu propio idioma las palabras o expresiones marcadas.

Ejemplo: los autobuses = ?

1 b Lee este resumen del texto y escribe la palabra o expresión adecuada del recuadro para llenar los espacios. ¡Atención! Hay palabras que no necesitas.

Ejemplo: 1 coche

Pedro no tiene **1**.........., así que viaja mucho en **2**.......... . Un **3**.......... solo cuesta un dólar, pero un billete de **4**.......... es más económico. También monta en **5**.........., pero piensa que esto puede ser **6**.......... a causa del tráfico. Si no va muy lejos va **7**.......... . Los padres de Pedro tienen **8**.......... bastante diferentes sobre el transporte.

andando	bicicleta	caro	*coche*	ideas	peligroso
autobús	billete de ida	casas	ida y vuelta	parada	perfecto

2 Vas a oír cinco conversaciones. Lee las siguientes afirmaciones. En cada una hay algo que no corresponde a lo que se dice en la conversación. Escucha las conversaciones y escribe la palabra correcta en español.

Ejemplo: 1 autobús

1 La persona quiere coger un ~~tren~~.
2 Va al ~~campo~~.

3 Los viajes de ~~ida~~ son más baratos.
4 La persona quiere ir a la ~~catedral~~.

5 Tiene que andar ~~cinco~~ minutos.

6 La persona quiere ir al ~~supermercado~~.

7 La persona va a la ~~panadería~~.

8 La parada correcta está ~~al lado~~ de Correos.

3 a Los pronombres preposicionales. Consulta el punto M5 en la sección de gramática y completa las frases siguientes con el pronombre apropiado.

mí	él, ella	vosotros/as
ti	nosotros/as	ellos, ellas

Ejemplo: 1 = mí

1 No me gustan los autobuses. Para .... son muy lentos.

2 Prefiero viajar en tren. Para ....es mucho más cómodo.

3 A mi padre le gusta viajar en coche. Dice que para ....es lo mejor.

4 Mi hermana usa mucho la bicicleta. Para ....es mejor porque es muy ecológico.

5 Paco y yo damos muchos paseos. Para ....andar es muy relajante después de un día estresante.

6 Mis colegas de clase ya tienen moto. Para ....es perfecto porque son independientes, pero yo tengo miedo del tráfico.

7 Para ....el tranvía es lo mejor para moverme por la ciudad. Yo lo utilizo todos los días.

8 Tú y Yolanda vais mucho al cine. ¿Para ....es el pasatiempo preferido?

3 b Hay cuatro ejemplos de pronombres preposicionales en el texto del ejercicio 1. Búscalos y apúntalos.

4 a Trabaja con otra persona para realizar un juego de rol. Debes elegir el papel A (el/la conductor(a) del autobús) o el papel B (el/la viajero/a).
Quieres viajar en un <u>autobús</u> en Ecuador. Hablas con el/la <u>conductor(a)</u>.

B

1 (i) Saluda al/a la <u>conductor(a)</u> y
   (ii) Di dónde quieres ir.

2 Pide un billete.

3 Di qué tipo de billete.

4 Pregunta el precio.

5 (i) Pregunta <u>por la parada</u> y
   (ii) Pregunta <u>por la distancia</u>.

A y B

A Buenos días.

B: 1(i) y (ii)

A: Muy bien.

B: 2

A: No hay problema. ¿Quieres ida o ida y vuelta?

B: 3 y 4

A: Vale <u>un dólar con ochenta</u>.

B: 5(i) y (ii)

A: <u>Es la parada delante de la iglesia y el viaje tarda diez minutos</u>. ¡Hasta luego!

4 b Ahora viajas en tren. Cambiad de papel y practicad la conversación otra vez, sustituyendo las frases marcadas por las de la lista a continuación.

tren	a qué hora sale	20 dólares	llega a las cuatro
taquillero/a	a qué hora llega	sale a las dos	

5 Escribe un artículo para tu revista escolar con el título 'Yo y el transporte'. Menciona:
   - cómo viajas normalmente
   - tu opinión sobre el transporte público donde tú vives
   - los puntos de vista de tu familia
   - detalles de un viaje que hiciste recientemente en transporte público

vuelo

C9.3 ¡Conduce con cuidado!

★ **Hablar sobre accidentes de tráfico y cómo pedir ayuda**
★ **El pasado continuo y los pronombres preposicionales**

Las cámaras no cambian los hábitos

Aquí en Granada, después de más de una década de campañas publicitarias sobre los peligros de nuestras carreteras, parece que los problemas continúan.

El mayor problema es la velocidad en las carreteras nacionales. Hay cámaras de velocidad en muchos puntos en los tramos de máximo peligro, pero estas en muchos casos no funcionan. Además, algunas cámaras han sido objeto de actos vandálicos como es el caso de las de las afueras de la ciudad.

Otro problema es que en España solo te ponen multas. En otros países también te suspenden el permiso de conducir, quizás durante un año o dos. Sin embargo, este castigo no estaba funcionando, ya que estas multas estaban recaudando dinero para el gobierno pero no estaban parando a los malos conductores. Por consiguiente, esta semana se va a cambiar la ley.

Diego García, residente de nuestra ciudad nos dijo: 'Yo tuve un accidente recientemente. Estaba conduciendo a una velocidad normal por una carretera que conozco bastante bien, cuando de repente dos motos me adelantaron. Frené, pero era demasiado tarde para evitar una colisión con una de ellas. Uno de los motociclistas tenía heridas bastante graves en las piernas. Expliqué a la policía que ellos estaban viajando a más de 140km/h, pero aun así ese momento me dejó traumatizado ya que tenía a mi hija conmigo. Estaba jugando con la muñeca que lleva siempre consigo en el asiento de atrás y menos mal que tenía el cinturón abrochado y por eso no le pasó nada. No he dormido bien desde ese día. ¡Y pensar que solo les han puesto una multa de 100 euros! Me da rabia.'

1 Lee el artículo y contesta a las preguntas.

Ejemplo: 1 Granada

1 ¿A qué ciudad de España se refiere el artículo?
2 ¿Desde hace cuántos años hacen publicidad contra los peligros de la velocidad?
3 ¿Por qué las cámaras no han solucionado el problema de la velocidad excesiva? Da dos detalles. (2)
4 ¿Qué tipo de castigo se impone a los malos conductores en España?
5 ¿Qué hacen en otros países para castigar a los malos conductores?
6 ¿Qué van a hacer esta semana para mejorar la situación?
7 ¿Quién es Diego García?
8 ¿Cómo le ha afectado a Diego el accidente? Da dos detalles. (2)

2 Vas a oír dos llamadas sobre un accidente de tráfico en la N332 cerca de Fávara, un pueblo de la Comunidad Valenciana. Escucha lo que dicen y escribe la letra (A, B, C o D) para completar cada frase.

Ejemplo: 1 A

Llamada a una ambulancia

1 En el accidente estaba involucrado…
- **A** un camión.
- **B** un peatón.
- **C** una bicicleta.
- **D** un niño.

2 El accidente ocurrió…
- **A** en una calle de Valencia.
- **B** en el centro de Fávara.
- **C** en las afueras de Fávara.
- **D** al norte de Valencia.

3 Algunas de las personas tenían…
- **A** once años.
- **B** heridas graves.
- **C** heridas superficiales.
- **D** problemas para salir de su coche.

Llamada a la policía

4 El policía quiere saber quién…
- **A** necesita asistencia médica.
- **B** ha visto el accidente
- **C** viaja solo.
- **D** tiene cámara.

5 El conductor del camión no ha…
- **A** parado en el semáforo.
- **B** visto el coche de la señora.
- **C** bajado del camión.
- **D** subido en la ambulancia.

6 Los dos conductores de coche estaban…
- **A** buscando su seguro.
- **B** hablando con el camionero.
- **C** viajando al aeropuerto.
- **D** conduciendo despacio.

3 a Los pronombres preposicionales. Consulta el punto M5 en la sección de gramática. En las frases siguientes, escoge la palabra correcta.

Ejemplo: 1 contigo

1 Yo trabajaba en casa *contigo / conmigo*.
2 Ana siempre lleva su bolso *contigo / consigo*.
3 Mi amigo estaba viajando *conmigo / consigo*.
4 Yo necesito hablar *conmigo / contigo*.
5 Pedro, ¿están tus hermanos *contigo / consigo*?

3 b El pasado continuo. Ahora consulta el punto N5 en la sección de gramática. Busca cinco ejemplos del pasado continuo en el texto del ejercicio 1 y apúntalos.

Ejemplo: estaban funcionando

4 Prepara un juego de rol donde llamas a la policía para informar sobre un accidente de tráfico. Aquí tienes lo que dice el/la policía. Primero pon las cinco frases que dice en un orden lógico y prepara tus contestaciones a cada una. Luego practica la conversación con un(a) compañero/a de clase.

Policía: Policía, dígame.
Yo: Buenos días, me llamo […]. He tenido un accidente de coche en…
Policía: ¿Qué estaban haciendo las otras personas?
Policía: ¿Hay algún herido?
Policía: Explícame exactamente qué pasó.

5 Cuando estabais de vacaciones en México, tu familia y tú tuvisteis un accidente en vuestro coche alquilado. Escribe un informe a la compañía de seguros. Debes escribir entre 130 y 140 palabras. Menciona:
- lo que pasó y una descripción de las personas y de los vehículos
- tu opinión sobre quién fue responsable y por qué, y las consecuencias del accidente

Vocabulario

C1.1 Qué hay donde yo vivo

al lado de	enfrente de	junto a	la plaza (mayor)
el ayuntamiento	entre	la librería	el polideportivo
la catedral	la estación de autobuses	la montaña	el pueblo
la comisaría	hay	el mercado	el río
delante de	el hospital	el museo	el teatro
detrás de	la iglesia	la playa	la universidad

C1.2 ¿Vives en el campo o en la ciudad?

aburrido/a	la basura	el paisaje	ruidoso/a
agradable	caro/a	parecer	típico/a
aislado/a	el castillo	el parque	tradicional
los alrededores	divertido/a	pintoresco/a	la vista
antiguo/a	encontrar	el pueblo	la zona
barato/a	interesante	la región	

C1.3 Pros y contras de cada lugar

acostumbrarse	contaminado/a	lujoso/a	respirar
aparcar	demasiado/a	más / menos… que	tan… como
bullicioso/a	la desventaja	mudarse	tranquilo/a
caminar	*espacioso/a*	peligroso/a	*trasladarse*
concurrido/a	hacer deporte	relajarse	ventaja

C2.1 ¿Qué venden aquí?

el banco	*el escaparate*	el monedero	la revista
la cartera	escoger	la papelería	la tarjeta de crédito
comprar	la farmacia	*el puesto*	vender
Correos	la floristería	la pulsera	la zapatería
costar	hacer falta	el quiosco de periódicos	
el cuaderno	la joyería	la rebaja	
el/la dependiente/a	la juguetería	el regalo	

C2.2 Quisiera tres cuartos de queso manchego

la aceituna	la gamba	el pollo	la tarta
el arroz	el huevo	poner	la zanahoria
celebrar	la lechuga	recomendar	el zumo
la fresa	la patata frita	el queso	

C2.3 ¡Uy! Voy a devolver este vestido…

a rayas	cómodo/a	ofrecer	traer
el armario	devolver	el pantalón	la talla
el agujero	disculparse	*la queja*	el vestido
el bolsillo	error	el recibo	el zapato
cambiar	la falda	el tamaño	
la camisa	favorito/a	la tela	

C3.1 Voy a hacer unas gestiones al banco

abrir una cuenta	el billete	desear	meter
¿a cuánto está...?	la caja fuerte	firmar	la moneda (extranjera)
ahorrar	el cajero automático	gastar	sacar dinero
ayudar	la cuenta (corriente)	hacer gestiones	la tarjeta de crédito/débito
			la ventanilla

C3.2 En una cafetería con wifi

el buzón	hacer cola	el paquete	*ser adicto/a*
la carta	*imprimir*	recibir	la ventanilla
la contraseña	mandar	la red social	
enviar	el motor (de búsqueda)	el ruido	
la guía telefónica	navegar	el sello	

C3.3 ¡He perdido mi cámara!

agradecer	devolver	la mochila	la recompensa
aliviado/a	el domicilio	mostrar	sentirse
avisar	entregar	la Oficina de Objetos Perdidos	sorprendido/a
buscar	el guante	olvidar	sospechar
dejarse	llevar	perder	

C4.1 Yo cuido del medio ambiente... ¿y tú?

el/la activista	el contenedor	la luz	separar
apagar	*desaparecer*	el miembro	usar
bañarse	la ducha	orgánico/a	el vidrio
la basura	ecologista	la pila	
la botella	gastar	el plástico	
contaminar	la lata	reciclar	

C4.2 Los parques nacionales en los países hispanos y su importancia

aislado/a	la especie	pasar	salvaje
allí	el grado	el peligro	el sitio
el bosque	el hielo	peligroso/a	todo el mundo
el caballo	impresionante	la planta	tranquilo/a
conservar	la isla	la playa	tropical
contener	la libertad	proteger	el valle
el color	la naturaleza	recibir	
declarar	ocupar	la roca	

C4.3 Nuestro planeta en peligro

el/la alcalde/esa	cierto/a	la energía	protestar
aparcar	el clima	la inundación	reducir
el árbol	la contaminación	la medida	*renovable*
el bosque	contaminar	el medio ambiente	respirar
el calentamiento global	dañino/a	el nivel	el tráfico
el cambio climático	la emisión	prohibir	

C5.1 ¿Qué tiempo hace?

el centro	llover	el oeste	el tiempo
el cielo despejado	la niebla	el sol	la tormenta
el este	el noreste	el sur	el viento
el frío	el noroeste	el sureste	
el grado	el norte	el suroeste	
granizar	nublado/a	la temperatura	

C5.2 El pronóstico de hoy

alto/a	débil	menos	la precipitación
andar	fuerte	mínimo/a	la primavera
la arena	el invierno	el otoño	el riesgo
bajo/a	ligero/a	pasear	el verano
brisa	la lluvia	peligroso/a	
el clima	máximo/a	precioso/a	

C5.3 El clima nos afecta y nos cambia

el aire acondicionado	el espacio	permitir	suficiente
alojarse	la isla	el puente	turístico/a
caluroso/a	la línea	el río	
el desierto	la lluvia	la sequía	

C6.1 ¿Por dónde se va a...?

aquí	la comisaría	la farmacia	recto/a
la avenida	la derecha	ir	seguir
el banco	donde	la izquierda	segundo/a
la cafetería	enfrente	luego	el supermercado
la calle	el estadio	el parque	tercero/a
el cine	estar	primero/a	

C6.2 Una excursión a Caracas

caminar	esperar	el metro	la rotonda
complicado/a	la esquina	el negocio	el semáforo
conocer	la estatua	nuevo/a	la zona
el crédito	girar	la parada	
la dirección	llevar	perder	

C6.3 ¡De ruta y sin descanso!

coger	hacia	la salida	valer (la pena)
construir	hasta	sobre	el viaje
desde	partir	subterráneo/a	
girar	el punto (de partida)		

C7.1 Un placer conocerle

adiós	cuidar	fenomenal	mal
alegrarse	encantado/a	gracias	el placer
bien	encantar	hola	regular
bienvenido/a	encontrarse	igualmente	usted
conocer	estar	llamarse	

C7.2 Amigos a miles de kilómetros

el/la amigo/a	el intercambio	por fin	venir
la carta	la lástima	el programa	viajar
el correo electrónico	mandar	el regalo	el vuelo
la correspondencia	el mensaje	tener en común	
la excursión	pasar	traer	

C7.3 Ahora me toca a mí viajar

el abrigo	despegar	el itinerario	la prisa
acabar de	disfrutar de	la madrugada	profundo/a
la amistad	la excursión	la maleta	el rascacielos
el cartel	la experiencia	la moneda extranjera	
congelar	inolvidable	la oportunidad	

C8.1 ¡Una vuelta al mundo en mil culturas!

bailar	el día	la fiesta	la ropa
la cara	especial	la música	típico/a
el color	*el esqueleto*	la pelea	el tomate
la comunidad	espectacular	el polvo	tradicional
la cultura	el festival	recordar	único/ a

C8.2 La hispanidad a través de sus festivales

al aire libre	la competición	irse	*producir*
aproximadamente	la costumbre	nacional	la reunión
el ataque	decidir	el olor	vencer
las atracciones	la feria	el orgullo	venir
la celebración	hoy en día	quemar	

C8.3 La evolución de las fiestas populares

anticuado/a	crecer	la mezcla	recordar
aparecer	la emoción	la mitad	la religión
atractivo/a	estar en contra	participar	el siglo
el cariño	gracias a	el personaje	
la competición	la imagen	la plaza de toros	
la corrida de toros	internacional	privado/a	

C9.1 ¿Cuál prefieres, el tren, el metro o el autobús?

andando	un billete de ida (y vuelta)	el metro	*el tranvía*
a pie	el coche	porque	el tren
el autobús	cómodo/a	preferir	viajar
el avión	*contaminar*	rápido/a	ya que
barato/a	difícil	soler	
la bicicleta	fácil	tomar	

C9.2 ¿A pie, en autobús o cómo?

acabar de	depender	*el permiso de conducir*	tardar
andar	esperar	la persona	el tráfico
bajar	*la hora punta*	el precio	usar
el camión	llevar	próximo/a	utilizar
costar	la parada	recientemente	viajar
el/la conductor(a)	paseo	salir	

C9.3 ¡Conduce con cuidado!

las afueras	conducir	la llamada	quedar
la autopista	cruzar	la multa	el seguro
la ayuda	evitar	parar	el semáforo
cambiar	explicar	el/la peatón/ona	suspender
la carretera	frenar	el/la policía	
el castigo	el/la herido/a	la policía	

Viajeros en Cuba

Leamos las experiencias recientes de unos jóvenes viajeros a Cuba…

Rebeca Díaz

Cuando visité Cuba hace unos meses, fui a Pinar del Río, en el norte de la isla. Me impresionó mucho porque no representó la idea que tenía de una isla en el Caribe. En esta parte del país hay montañas y valles verdes. Por supuesto, hay playas maravillosas también. Lo mejor del viaje fue conocer a la gente por la calle. ¡Hay un ambiente muy amable en Cuba! Una familia me invitó a entrar en su casa y a comer y beber algo. Vi muchas casas con la puerta abierta todo el día. Visité una plantación de tabaco y probé el famoso sándwich cubano, que tiene pan tostado, queso y carne asada… ¡delicioso!

Las playas espectaculares en Varadero, Cuba

Un coche clásico y casas de colores en La Habana

Pedro Mariscal

Yo fui a la capital, La Habana. Me gustó mucho ver los coches antiguos de los años 50 y 60 por las avenidas de la ciudad. Históricamente, Estados Unidos tuvo un bloqueo político y económico con la isla y no hay muchos coches nuevos. Mi taxi era un Cadillac amarillo muy bonito. ¡Increíble! La Habana tiene más de dos millones de habitantes y hay mucha cultura que descubrir. Vi a muchos músicos tocando salsa por la calle y mucha gente baila al aire libre sin preocupación. ¡No hay estrés!

Javier Marcos

Pasé una semana estupenda en Cuba. ¿Mi lugar favorito? Cayo Perla, sin ninguna duda, porque es tan tranquilo y lleno de naturaleza. Allí hice buceo… ¡Espectacular! El agua azul turquesa es hermosa. En mi último día de viaje, visité el club Tropicana, donde hacen espectáculos de baile que son famosos en todo el mundo. Me gustó mucho, aunque muchos turistas dicen que es demasiado caro.

1 Lee las opiniones de los tres jóvenes sobre Cuba. Indica quién dice qué: Rebeca (R), Pedro (P) o Javier (J).

1 Pasé todo el tiempo en la ciudad.

2 Hay un sitio turístico que cuesta mucho dinero.

3 Recomiendo la comida cubana.

4 El estilo de vida es muy relajado.

5 ¡Es como vivir en un museo del automóvil!

6 La geografía de la isla es diferente a lo que yo esperaba.

7 Hice un deporte acuático.

8 La gente es muy agradable con los extranjeros.

2 Lee la ficha de información sobre Cuba y escribe los números que se corresponden con las letras

Ficha de información

1 Siglo XV: Los colonos españoles llegan a la isla de Cuba…	**A** vinieron de África.
2 1812: Muchos esclavos sufren en la isla, especialmente los que…	**B** Estados Unidos.
3 1895: Con el general José Martí, Cuba obtiene…	**C** corrupción.
4 1902: El 20 de mayo, se forma oficialmente la…	**D** por primera vez.
5 1952: Bajo el presidente Batista hay mucha…	**E** pueblo cubano.
6 1956: El general Fidel Castro y el Che Guevara empiezan la revolución cubana con el apoyo del…	**F** la independencia de España.
	G comunista.
7 1961: Se produce la invasión de la Bahía de Cochinos, una operación militar en la que tropas apoyadas por Estados Unidos…	**H** atacan a Cuba.
	I república cubana.
8 2006: Fidel Castro está viejo y cede la presidencia a su hermano, Raúl Castro. Continúa la dictadura …	
9 2015: Mejoran las relaciones comerciales y políticas con…	

3 Lee el texto y empareja los subtítulos A–D con los párrafos 1–4.

A Récord de temperaturas altas   **C** La tormenta más peligrosa
B Una tormenta reciente   **D** Dos estaciones bien diferenciadas

¡El clima en Cuba está loco!

1 El clima en Cuba es un clima tropical moderado. De noviembre a abril se da la estación seca y fresca, y en los meses de verano, la temperatura media sube hasta los 30ºC, con una humedad un poco mayor. Con su clima tropical, Cuba es ideal para las vacaciones todo el año, pero los tornados y tormentas tropicales pueden sorprender a los visitantes a la isla.

2 El pasado mes de junio, se formó Colin, una tormenta tropical con vientos de 65 kilómetros por hora. Primero, hubo cielos despejados y sol, pero a las cuatro de la tarde del lunes, el viento cambió de dirección y en solo veinte minutos las lluvias torrenciales invadieron el norte y centro de la isla. Colin destruyó varias plantaciones de azúcar.

3 En el año 2008, Ike fue uno de los huracanes más fuertes en la historia reciente de la isla. Durante casi tres días este huracán con vientos muy rápidos destrozó casas y edificios por completo, arrasando con árboles y ciudades. Después llovió durante casi diez días seguidos y esto ocasionó inundaciones.

4 El año 2015 fue el más caluroso en la isla históricamente. A causa del fenómeno meteorológico de El Niño, las aguas en las costas cubanas también son más cálidas. El 28 de abril fue un día histórico porque la isla alcanzó su temperatura más extrema, 38,7 grados. Según los expertos, esto es una consecuencia del cambio climático.

Un huracán se mueve hacia Cuba

Vuelo

¡Arriba Mexico!

Archivo cultural: ¿Qué es la quinceañera?

La celebración de la quinceañera consiste en celebrar el quince cumpleaños de las chicas en países de Latinoamérica como una ocasión muy especial para simbolizar la transición de niña a mujer. Es una celebración tradicional católica con una mezcla de ritos aztecas, que hoy en día muchas familias celebran como una fiesta con banquete, regalos y baile.

Mi quinceañera: una cronología

Soy Lupita y vivo en Monterrey, en México. Ayer celebré mi fiesta de quinceañera y fue un día muy especial para mí y para mi familia. ¡Estuvimos planeando la celebración casi todo el año! Mi familia y amigos fueron muy importantes y cada miembro tuvo una tarea especial.

Con mi abuelita Carmela

Mi abuela está viuda y para ella, celebrar mis quince años es espiritual y religioso, y lo más importante es la celebración en la iglesia. Ella me ayudó a comprar mi vestido para la ceremonia religiosa…¡es como el vestido de una novia! Ella siempre cuenta que, cuando era pequeña, su fiesta de quinceañera fue muy sobria y no tuvo regalos, baile ni comida familiar.

Los preparativos antes de la ceremonia religiosa

Con mis padres Avelino y Samira

Mi foto favorita con mis padres, Avelino y Samira

Mis padres son muy generosos y empezaron a ahorrar dinero hace un año para poder celebrar mi fiesta de quince años con toda la familia, amigos y vecinos del barrio. Mi padre ha reservado un restaurante por completo y tenemos mesas para celebrar un banquete para 100 personas después de ir a la iglesia. Mi madre está muy emocionada porque dice que cuando tienes quince años ya eres una 'mujercita' y tienes que ser más madura. Mi padre va a conducir una limusina rosa para mí y mis amigas del instituto.

Con mi mejor amiga Petronila

Petro es mi mejor amiga y ella celebró su quinceañera hace un mes. Su familia es más humilde y su fiesta fue más pequeña, por eso está muy sorprendida de todos los preparativos de mi fiesta. Petro me ayudó a escribir las invitaciones para mis amigos del insti. ¡He invitado a toda mi clase al baile!

Con Teo, mi amigo especial

Todas mis amigas dicen que Teo es mi novio, pero ¡solo es mi amigo! Teo fue mi acompañante al baile después del banquete, y preparó una coreografía muy romántica con un vals tradicional. Después de bailar, me cambié de ropa, me quité el vestido blanco y me puse otro rojo para disfrutar del resto de la fiesta. ⏐

1 Lee la cronología de una quinceañera y decide si cada afirmación es verdadera (V), falsa (F) o no se menciona (NM).

    1 La quinceañera solo tiene sus orígenes en el catolicismo.

    2 Durante la fiesta, el banquete tiene que ser gratis.

3 La abuela de Lupita no tiene marido.

4 Hoy en día la celebración es más modesta.

5 Según la madre de Lupita, una chica de quince años debe empezar a comportarse como una adulta.

6 Petro es mayor que Lupita.

7 Lupita y Teo tienen una relación muy romántica.

8 Mi color favorito es el rojo.

2 Completa las frases siguientes con una palabra de la lista.

1 Chichén Itzá es uno de los sitios más importantes e históricos en **1** ...., y está situado en la península de Yucatán, al **2** .... del país.

2 La antigua civilización **3** .... tuvo en esta ciudad su centro social y religioso durante muchos años.

3 Construida entre el 800 y el 1100 DC, la **4** .... central, el templo de Kukulcán, es un monumento apreciado mundialmente de fama internacional. La construcción tiene **5** .... pisos de altura.

El templo de Kukulcán en Chichén Itzá

4 El templo muestra como los mayas eran expertos en matemáticas, acústica y **6** ....

5 Hay varios datos que confirman las celebraciones religiosas, algunas con **7** .... humanos que se hacían en la parte superior del templo.

6 En el interior se han descubierto esculturas de animales como el **8** .... con incrustaciones de piedras preciosas como el jade.

pirámide	jaguar	astronomía	sacrificios
sur	México	maya	nueve

3 Lee y elige la palabra correcta.

¡Ándale, ándale!

No hay nada que represente mejor al folklore **1** *mexicano / colombiano* que una banda de mariachis cantando canciones **2** *tradicionales / modernas*. Generalmente la banda tiene como mínimo **3** *tres / ocho* personas que tocan la trompeta, el violín y el guitarrón (una guitarra clásica de tamaño **4** *grande / pequeño*). Lo más importante es llevar la ropa correcta, casi siempre blanca y **5** *negra / rosa*, y muchos mariachis llevan también el típico sombrero mexicano con **6** *flores / lunares* y motivos en diferentes colores.

Las bandas de mariachi son un reclamo turístico

Una de las canciones más reconocidas en todo México, que los mariachis suelen tocar en celebraciones como fiestas populares o **7** *bodas / funerales*, se llama *Ay, Jalisco no te rajes*, y se hizo muy famosa por el cantante Jorge Negrete. La letra habla de la región de Jalisco y su capital, Guadalajara, donde el mariachi es súper popular.

vuelo

Rincón del examen 3.1

Ejercicios de audición más elaborados

En tu examen podrías encontrar dos tipos de ejercicios de audición:
- preguntas en español
- elección múltiple

El tipo de grabaciones que se usa es:
- entrevistas

Estrategias generales para antes y durante la audición

→ Recuerda leer las instrucciones y preguntas con cuidado antes de escuchar, para hacerte una idea del contenido.

→ Mientras escuchas la grabación, puedes tomar notas, pero no olvides tacharlas al final

→ Usa las pausas para leer las preguntas y comprobar tus respuestas con cuidado.

→ Responde a las preguntas que sepas inmediatamente, después vuelve a escuchar y centra tu atención en la parte de la grabación que trata sobre las respuestas para las preguntas de las que dudas.

Las preguntas en español

1 a Trabaja con un(a) compañero/a y tomad notas sobre la información que necesitas para cada pregunta.

Ejemplos: 1 una fecha, un lugar; 2 animales

1 b Lee las estrategias para este tipo de ejercicio y tradúcelas a tu propio idioma.

Estrategias

→ Apréndete todos los tipos de pronombres interrogativos o fórmulas de preguntas que hay en español para que así sepas qué tipo de información necesitas en tu respuesta.

→ ¡Atención con las preguntas que intentan confundirte! Léelas bien y responde de manera adecuada.

→ A veces tendrás que dar más de un dato o frase en tu respuesta.

---

1 c Vas a oír una entrevista en un *podcast* de Internet con Ciriaco Robles, coordinador de la Feria de Sevilla este año. Contesta a las preguntas en español.

1 ¿Cuándo empezó la tradición de la Feria de Abril? [1]

2 ¿Qué tipos de animales se compraban y vendían? [2]

3 ¿Qué pasa en la primera parte de la feria? [1]

4 ¿Quiénes asisten a las casetas por lo general? [1]

5 ¿Qué se come en la caseta? [1]

6 ¿Qué hace el ayuntamiento de Sevilla? [1]

7 ¿Por qué no fue posible hacer los tradicionales paseos el año pasado? [1]

8 ¿Qué tiempo hará mañana? [1]

¿Encontraste la pregunta con la información que intentaba confundirte? ¡Era la número 8! Explica por qué la respuesta no era obvia.

Ejercicios de elección múltiple

2 a Antes de escuchar, habla sobre las preguntas con un(a) compañero/a de clase e intenta adivinar qué respuesta parece más o menos la correcta y explica por qué.

Ejemplo: 1 A parece menos probable porque cuarenta años es mucho tiempo para ser jefa.

2 b Lee las estrategias para este tipo de ejercicio y tradúcelas a tu propio idioma.

Estrategias

➔ Primero lee las preguntas y todas las opciones al completo.

➔ Toma notas con lápiz mientras escuchas y marca levemente la respuesta hasta que estés seguro/a.

➔ Adivina de manera sensata si no estás seguro/a y no dejes ningún hueco en blanco.

---

2 c Vas a oír una entrevista en la radio con Adela Júcar, jefa de transportes de la ciudad de Madrid. Escucha la entrevista con atención y contesta a las preguntas escribiendo una X en la casilla correcta.

1 Adela es jefa de transportes en Madrid desde hace…

A		cuarenta años
B		catorce años.
C		cuatro años.
D		varios meses.

2 Según Adela, el transporte público no puede ser caro porque…

A		los madrileños son pobres.
B		no es posible bajar los precios.
C		no es de buena calidad.
D		sirve a todas las personas.

3 Solo el ocho por ciento de los viajeros en metro…

A		compran billetes sencillos.
B		pagan menos que en la mayoría de las capitales europeas.
C		aumentan el precio de un billete.
D		viajan en autobús.

4 El metro ligero es…

A		sucio y rápido.
B		rápido e inútil.
C		rápido y ecológico.
D		contaminado y rápido.

5 Las bicicletas públicas…

A		aparecerán en el invierno.
B		tendrán restricciones.
C		estarán permitidas entre las 7 y las 9 de la tarde.
D		causan demasiados atascos.

6 El sistema de bicis en Madrid…

A		está concentrado en dos zonas de la ciudad.
B		tiene muy buena relación calidad-precio.
C		no existe fuera de la capital.
D		es el más avanzado de Europa.

Rincón del examen 3.2

Ejercicios de lectura más elaborados (1)

En tu examen podrías encontrar tres tipos de ejercicios de lectura:
- verdadero o falso
- preguntas en español
- elección múltiple

El tipo de texto que encontrarás:
- artículos

Estrategias generales para antes y durante de la lectura

→ Recuerda leer el título y las instrucciones con cuidado antes de empezar.
→ Lee el texto por encima para extraer la información clave.
→ Lee todas las preguntas para saber qué tipo de información necesitarás buscar.

Las frases verdaderas y falsas

La tradición y la protección de los animales

Los Sanfermines, o la fiesta en honor a San Fermín, es una celebración popular que tiene lugar durante una semana al año, desde el siete de julio. Sus orígenes se remontan a hace cientos de años, pero son los encierros de toros lo que atrae a la gente a Pamplona en estas fechas.

En la actualidad hay un encierro cada día a las ocho de la mañana, y suelen durar de dos a tres minutos. El encierro es una costumbre tradicional en la que los toros van de un lado a otro de la ciudad y pasan por algunas calles estrechas del centro mientras muchas personas corren delante de ellos. Es una actividad muy peligrosa, y algunos años hay muertes.

Según Fátima Peláez, presidenta de la asociación a favor de los derechos de los animales *Proanima*, esta actividad es tremendamente cruel con los toros, ya que muchos de ellos sufren estrés mientras hacen la carrera. Muchos corredores los provocan, y los toros están desorientados.

Fátima también está completamente en contra de las corridas de toros porque, al contrario que en los Sanfermines, donde los toros no mueren al final, en una corrida de toros simplemente se tortura a un animal en público con un final mucho más horrible.

Aunque el número total apenas ha cambiado en años recientes, *Proanima* cuenta con más de 7.000 socios en toda España y frecuentemente organiza manifestaciones y campañas de visibilidad e información sobre los eventos y festivales que dañan a los animales.

1   a   Antes de leer el texto, lee las cinco afirmaciones y para cada una, elige una palabra o una expresión y escribe un sinónimo. Compara tus respuestas con las de tu compañero/a.

Ejemplo: 1 Hace un siglo – hace cien años

Estrategias

→ Las afirmaciones están en el orden del texto.

→ Mientras lees, intenta averiguar qué afirmaciones son verdaderas o falsas, basándote en la lógica y en el significado del texto.

→ Recuerda que, en las afirmaciones falsas, siempre hay un detalle a corregir que podría ser, por ejemplo, una fecha, un lugar o una cifra.

---

1   b   Lee el artículo sobre una fiesta popular española e indica si las afirmaciones que siguen son verdaderas o falsas. Si son FALSAS, escribe una frase en español para corregirlas.

¡ATENCIÓN! Hay 2 afirmaciones que son VERDADERAS y 3 afirmaciones que son FALSAS.

	VERDADERO	FALSO
Ejemplo:		
La tradición de Sanfermines empezó hace un siglo.	☐	☒
La tradición empezó hace varios siglos.		
1 Un encierro típico empieza por la mañana.	☐	☐
2 Afortunadamente, el recorrido del encierro es ancho.	☐	☐
3 Fátima Peláez dice que los toros no pueden aguantar la carrera.	☐	☐
4 Fátima afirma que una corrida de toros es tan cruel como un encierro.	☐	☐
5 La popularidad de *Proanima* está claramente en aumento.	☐	☐

Las preguntas en español

Un accidente en la carretera

Hoy, martes tres de agosto, en radio Esfera Nacional de Guatemala, dieron la noticia del terrible accidente que ocurrió anteayer a las afueras de un pueblo aislado en la carretera Panamericana, que atraviesa el país de norte a sur.

Al parecer, un camión de mercancías que transportaba varias toneladas de tomates, pepinos y cebollas chocó con un coche donde viajaba una familia al completo con los padres y sus tres hijos de ocho, doce y quince años.

El accidente tuvo lugar durante la madrugada cuando las carreteras están casi completamente vacías. Aún se desconocen las causas, aunque la noche anterior hubo una tormenta que dejó parte del pavimento congelado, por lo que la policía piensa que el camión patinó en la autopista unos cien metros hasta perder el control y chocar con el coche.

Las autoridades nos informan de que el conductor del camión, un hombre de unos 40 años de edad, se encuentra muy grave en el Hospital Herrera Llerandi mientras que la familia ha sido trasladada a cuidados intensivos a un hospital de la zona sur de la capital.

La policía nos comunica también que el coche familiar no estaba en buenas condiciones antes del accidente. Como consecuencia se supone que el conductor y padre de la familia no pudo frenar a tiempo y evitar el camión.

Se solicita la colaboración ciudadana para poder encontrar más información sobre las causas de este accidente, y la policía nacional tiene un número de teléfono a disposición de cualquier persona con información. Además, se puede visitar la página web de la policía guatemalteca fuera de horas de oficina.

1 a Antes de empezar, toma notas sobre el tipo de información que necesitas para cada pregunta. Compara tus respuestas con las de tu compañero/a.

Ejemplo: 1 un día de la semana

> ### Estrategias
> → Asegúrate de que conoces todos los tipos de fórmulas de preguntas en español.
> → Las respuestas pueden ser un poco más elaboradas que las de la sección 2. No siempre encontrarás la respuesta directamente en el texto, a veces aparecerá de manera más sutil.
> → Comprueba qué tiempo verbal se utiliza.
> → ¡Presta atención a la información que puede llevarte a la respuesta equivocada!

1   b   Lee el reportaje sobre un accidente en la carretera y contesta a las preguntas.

    1   ¿Qué día de la semana ocurrió el accidente?   [1]

    2   ¿Cuál era la edad del pasajero más joven del coche familiar?   [1]

    3   ¿Por qué no había mucho tráfico en la carretera?   [1]

    4   ¿Cuál fue la consecuencia de la tormenta de la noche anterior?   [1]

    5   ¿Por qué no pudo frenar el conductor del coche?   [1]

    6   ¿Qué se puede hacer si tienes información sobre el accidente? (Menciona dos
       detalles.)   [2]

    ¿Encontraste la pregunta que intentaba confundirte? ¡Era la número 1! Explica por
    qué la respuesta no era obvia.

Ejercicios de elección múltiple

Las preguntas de elección múltiple en los ejercicios de lectura requieren de muchas de las estrategias que se usan en los ejercicios de audición. Vuelve a leer estas estrategias y recuerda:

Estrategias

→ Cuidado con las preguntas de elección múltiple que repiten palabras del texto.

→ Si no estás seguro/a de la respuesta, basa tu decisión en lo que comprendes del texto.

→ Probablemente no vas a encontrar las mismas expresiones en el texto: intenta encontrar expresiones con sinónimos y antónimos para ayudarte.

D1 Further education and training

D1.1 Me gustaría ser artista

Despegue

★ **Hablar de educación y formación adicional**
★ **El condicional**

V **1** Encuentra cinco palabras que no corresponden al tema de la educación y la formación profesional.

la tarta	acostar	invitar	la fábrica	la discoteca
la cajera	aprender	hacer(se)	la enfermera	
la secretaria	el banquero	el artista	la alegría	

2 a Empareja las imágenes (1-6) con las habilidades del recuadro. ¡Atención! Hay más habilidades que imágenes.

Ejemplo: 1 saber idiomas

tratar con los clientes	usar el ordenador	ayudar a la gente
saber idiomas	diseñar	conducir
hablar en público	ser bueno para los negocios	

2 b Ahora lee el folleto en la página siguiente. Escribe la palabra o expresión adecuada del recuadro para rellenar los espacios.

Ejemplo: 1 ser bueno para los negocios

3 Vas a oír a dos jóvenes, Karina y Leo, hablar de sus planes de futuro. Contesta a las preguntas en español.

Ejemplo: 1 (Le gustaría ser) piloto.
1 ¿Qué le gustaría ser a Karina?
2 ¿Qué le gustaría hacer a Karina este verano?
3 Antes de aprender a volar, ¿cuál debería ser la prioridad de Karina?
4 ¿Qué actividades haría Karina en un año sabático?

¿En qué trabajarían nuestros compañeros de clase?

A Pedro, si tú haces las prácticas laborales, podrías ser banquero. Hay que manejar bien el dinero, **1**.......... y calcular con facilidad. Además, ¡tienes que tolerar muy bien el estrés!

B Teresa, como vas a trabajar de secretaria este verano, aprenderás a **2**.......... y también a escribir cartas, mandar correos electrónicos y hablar por teléfono. ¿Te gusta la idea?

C Si Adrián es artista, va a **3**.......... ropa muy moderna y elegante. Seguramente necesitará tener mucha imaginación e ideas originales para ser diferente. ¡Hoy en día, el mundo del diseño es muy exigente!

D Como a Paquita le encantaría **4**.........., quiere ser enfermera. Es muy amable y simpática y eso es importante para esa profesión. También tiene que pasar algunas noches despierta. ¡Debe ser muy cansado!

E Ruth, Alberto y Zoe deberían aprender a **5**.......... ; quieren ser profesores de universidad. Tendrán que habituarse a ser muy pacientes, trabajadores y serios, pero ... ¡no demasiado!

F Para encontrar trabajo más fácilmente, todo el mundo debería **6**.......... . El inglés es muy importante, el español se habla en muchos lugares y el italiano es precioso. ¡Lo más difícil es aprender idiomas rápido!

G Lucas, si quieres ser taxista, yo te recomendaría aprender a **7**.......... ya. Así, también puedes considerar otros trabajos como conductor de autobús (o camión), repartidor de pizzas o chófer.

H Y yo seguramente voy a trabajar de cajera en aquel supermercado. Me gusta **8**.........., no me importa trabajar el fin de semana y además, así puedo ganar algo de dinero de bolsillo. Perfecto.

5 ¿Qué pasatiempos le gustan mucho a Leo? (3)
6 ¿Qué cree Leo que debería estudiar?
7 ¿Por qué está contento Leo?
8 ¿Por qué sería cansado el trabajo?

4 a El condicional. Consulta el punto N8 en la sección de gramática. Usa el verbo en el condicional para completar las frases.

Ejemplo: 1 sería

1 Si Asad pasara la entrevista, (*ser*) .... camarero en ese hotel.
2 ¿A tu hermana no le (*gustar*) .... ser enfermera?
3 A sus alumnos les (*encantar*) .... hacer prácticas.
4 Tú (*deber*) .... mejorar tu nivel de francés.
5 Allí Rose y Tim (*poder*) .... tener el trabajo de sus sueños.
6 A Nadia le (*encantar*) .... trabajar de peluquera.
7 Ellos (*hacer*) .... historia del arte en la universidad si pudieran.
8 Shoaib, ¿(*decir*) .... que es bueno hacer prácticas laborales?

4 b Ahora busca al menos cinco ejemplos del condicional en el texto del ejercicio 2. Escríbelos y tradúcelos a tu idioma.

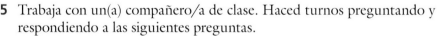

5 Trabaja con un(a) compañero/a de clase. Haced turnos preguntando y respondiendo a las siguientes preguntas.
- ¿Qué te gustaría hacer en el futuro?
- ¿Qué habilidades te harán falta?
- ¿Qué tipo de formación necesitarías?
- ¿Tienes interés en trabajar mientras estudias? ¿Por qué (no)?
- ¿Qué ventajas/desventajas hay en trabajar mientras estudias?

6 Escribe tus respuestas a las preguntas del ejercicio 5 para describir tus planes de futuro.

Vuelo

D1.2 Cuando termine la carrera...

★ **Hablar de lo que quieres ser y estudiar**
★ **Presente de subjuntivo de los verbos regulares (después de *cuando, para que, es posible que*)**

Arquitecta

TamT9	Me encantaría ir a la universidad y llegar a ser arquitecta. Creo que es bastante difícil, así que es posible que aprenda sola a dibujar bien y a manejar las matemáticas antes de hacer la carrera. ¡Cuando termine mi formación, os podré diseñar vuestra casa!
Ger37	Yo sueño con ser mecánico. Mi abuelo lo era y mi padre también. Cuando pase los exámenes del colegio, iré a trabajar a su taller. Por ahora, mi padre quiere que vaya allí los sábados para que conozca la profesión y trate con los demás empleados.
Saida_fu	Me interesa mucho proteger el medio ambiente, así que es posible que estudie biología en la universidad. Antes trabajaré de voluntaria en organizaciones humanitarias en otros países. Así, cuando empiece la carrera, me sentiré mucho más preparada.
1920Nic	A mí me fascina la idea de tener mi propio negocio. Creo que, cuando llegue el momento de decidir, no sabré si ir a la universidad o no. Por un lado, quiero aprender contabilidad y economía, pero por otro, quiero empezar a ganar dinero ya. De momento, trabajo los fines de semana en una tienda de ropa.

1 a Lee las contribuciones de varios estudiantes a este foro sobre futuros planes. Señala si las afirmaciones son verdaderas (V) o falsas (F). Si son falsas, escribe una frase en español para corregirlas. ¡Atención! Hay cinco afirmaciones que son verdaderas y tres afirmaciones que son falsas.

Ejemplo: 1 F Es posible que *TamT9* estudie arquitectura en la universidad.

1 Es posible que *TamT9* estudie derecho en la universidad.

2 *TamT9* quiere prepararse independientemente antes de empezar sus estudios universitarios.

3 *Ger37* quiere ser el primero en su familia en ser mecánico.

4 *Ger37* no va a ir a la universidad.

5 Los intereses de *Saida_fu* van a influenciar sus estudios universitarios.

6 Trabajar de voluntaria va a ser muy útil para los estudios universitarios de *Saida_fu*.

7 *1920Nic* está seguro de que va a hacer estudios universitarios.

8 *1920Nic* trabaja de dependiente en una tienda de ropa.

1 b Haz una lista de vocabulario con las palabras útiles del texto. Tradúcelas a tu idioma y apréndelas. Añade más palabras útiles de la sección de vocabulario.

2 Vas a oír a cuatro jóvenes hablar sobre sus planes de futuro. Indica quién dice qué: Joachim (J), Ángela (A), Mario (M) o Valentina (V).

Ejemplo: 1 A

1 Es posible que trabaje de forma independiente.

2 No me interesa continuar con mis estudios.

3 Es muy probable que un día me dedique a escribir.

4 Siendo mujer, puede que os sorprenda que quiera ser electricista.

5 Os avisaré cuando sepa en qué va a consistir mi negocio.

6 No seré feliz hasta que trabaje entre flores.

7 Es una suerte tener un familiar que conozca el oficio.

8 Parece que lo que escribo tiene bastante éxito.

3 a El presente de subjuntivo de los verbos regulares. Consulta el punto N13 en la sección de gramática. Usa el verbo en el subjuntivo para completar las frases.

Ejemplo: 1 cante

1 Cuando tu hermano (*cantar*) .... en público, se hará famoso.

2 Te voy a dar un buen sueldo, para que te lo (*gastar*) .... en formación.

3 Cuando usted (*hablar*) .... alemán, le podré ofrecer el puesto.

4 Intentaremos hacerte director para que (*viajar*) .... a Venezuela.

5 Cuando (*aprender*) .... a cocinar, podrá pensar en ser chef.

6 Es posible que (*visitar*) .... tu país, si consiguen terminar la investigación.

7 Cuando (*estudiar*) .... medicina, no tendrás mucho tiempo de salir.

8 Descansad todo el día para que (*aguantar*) .... el estrés del trabajo nocturno.

3 b Ahora busca ocho frases con ejemplos de subjuntivo en el texto del ejercicio 1. Luego tradúcelas a tu idioma.

Ejemplo: es posible que aprenda

4 Escribe un informe para tu profesor(a) explicando tus planes para el futuro (130–140 palabras). Explica:
- qué carrera quieres estudiar
- qué vas a hacer para conseguir ese objetivo
- cómo crees que deber ser esa profesión/ocupación
- qué cualidades te hacen idóneo/a para esa carrera

5 Responde a las siguientes preguntas con un(a) compañero/a de clase. Haced turnos preguntando y respondiendo a las preguntas.
- ¿Qué te gustaría ser?
- ¿Qué habilidades crees que necesitarás?
- ¿Cómo puedes aprenderlas?
- ¿Qué inconvenientes puede tener ese oficio/profesión?

Despegue

D2.1 Cómo entrar en el mercado laboral

> ★ Hablar sobre los distintos tipos de trabajos y carreras
> ★ Pronombres interrogativos precedidos de preposición (2)

Cómo se gana la vida nuestro círculo de familiares y amigos

Aquí os explico en qué trabajan nuestra familia y nuestros amigos.

¿Sabéis con quién trabaja Arturo, mi hermano? ¡Con algunos de los futbolistas y atletas más famosos del mundo! Siempre quiso ser árbitro y ahora ese es su trabajo. Al principio, verlo en la televisión era divertido. Ahora nos hemos acostumbrado.

Mi padre

Mi papá está jubilado, pero ¿sabéis en qué trabajó durante toda su vida? Fue marinero militar. Sus estudios fueron bastante difíciles porque hizo la carrera de ingeniería ya como militar. Pasaba mucho tiempo fuera de casa, así que ahora estamos muy contentos de que no trabaje.

Y mi prima Sandra… Ella trabaja de basurera. Quiere ser abogada, pero trabaja los fines de semana para ahorrar. No le gusta limpiar la basura de los demás. ¿Con qué disfruta más? Disfruta hablando con gente que no conoce de nada. Así aprende mucho de la vida, como le dice su padre. Su sueño es defender a los más débiles.

Mi amigo Alberto es médico. Estudió medicina en Sevilla. Llegar a ser médico no ha sido fácil. Ha estudiado muchas horas. ¿De qué se lamenta? De nada, porque le gusta ayudar a los demás y porque ahora tiene un buen trabajo. Vive tranquilo y tiene suficiente dinero para su familia.

La próxima semana os contaré la historia de mis tres hermanas: Carmen (arquitecta), Silvia (actriz) y Esther (peluquera). ¡Hasta pronto!

(Escrito y editado por Francisco)

---

1 a Lee este artículo sobre las profesiones de los familiares y amigos de Francisco. Completa las siguientes frases, intenta utilizar tus propias palabras.

Ejemplo: 1 deportistas muy conocidos.

    1 Arturo trabaja con ....
    2 La profesión de Arturo consiste en ....
    3 El padre de Francisco no trabaja porque ....
    4 La desventaja de tener un padre marinero es ....
    5 Sandra trabaja los fines de semana para ....
    6 A Sandra le gustaría proteger ....
    7 Gracias a su carrera, Alberto puede ....
    8 Para ser médico, Alberto ha dedicado ....

1 b Haz una lista de vocabulario sobre carreras y profesiones con las palabras útiles del texto. Tradúcelas a tu idioma y apréndelas. Añade más palabras útiles de la sección de vocabulario.

2 Vas a oír la experiencia de cuatro jóvenes que han hablado con su orientador sobre su carrera profesional. Lee las siguientes afirmaciones e indica si son verdaderas (V) o falsas (F). ¡Atención! Hay cuatro que son verdaderas y cuatro falsas.

Ejemplo: 1 F

Alice

1 Alice está interesada en carreras poco artísticas.

2 Alice quizá estudie historia del arte, arquitectura o diseño gráfico.

Gabriel

3 Gabriel disfruta leyendo y estando informado.

4 A Gabriel le convienen las profesiones nocturnas.

Miriam

5 Miriam tiene claro que no irá a la universidad.

6 A Miriam le han recomendado puestos de portera, cocinera o cajera.

César

7 César no tiene mucha habilidad para montar y desmontar cosas.

8 César no tiene interés en trabajar de voluntario este verano.

3 a Pronombres interrogativos precedidos de preposición. Consulta el punto H2 en la sección de gramática. Usa los pronombres interrogativos *qué* o *quién* para completar las frases.

Ejemplo: 1 qué

1 ¿A .... clase tengo que ir?

2 ¿De .... te vas a examinar tú?

3 ¿Con .... van a hacer las prácticas?

4 Me gustaría saber para .... tengo que hablar con el director.

5 ¿De .... es la idea de que tengo que ser actriz o bailarina?

6 ¿Para .... estudié ingeniería? ¡No me gusta nada!

7 ¿Por .... no trabajas para una organización benéfica?

8 ¿Para .... sirve trabajar los fines de semana?

3 b Ahora busca cuatro ejemplos de preposiciones seguidas de un pronombre interrogativo en el texto del ejercicio 1. Escríbelos y tradúcelos a tu idioma.

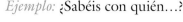

Ejemplo: ¿Sabéis con quién...?

4 Escribe una breve redacción explicando:
- en qué trabaja alguien de tu familia u otra persona que conozcas
- qué sabes de su experiencia
- a qué te gustaría dedicarte
- por qué elegirías esa profesión

5 Haz una breve presentación (de dos a tres minutos) a tus compañeros/as sobre tu trabajo escrito (ejercicio 4). Recuerda:
- preparar tarjetas para ayudarte a memorizar la información
- presentar la información a tu grupo usando las tarjetas
- pedir a tus compañeros/as que te cronometren y te den consejos para mejorar
- intentarlo de nuevo sin las tarjetas
- no aprenderte la presentación de memoria
- expresarte con tus propias palabras

vuelo

D2.2 Yo no podría estudiar medicina…

★ **Hablar de distintas carreras y profesiones**
★ **El condicional (2)**

La experiencia de antiguos alumnos

Decidir qué carrera hacer es una decisión importante en la vida. La experiencia de antiguos alumnos te puede ser útil…

Iñigo: Hice psicología para ayudar a la gente, porque me comunico bien y porque soy tranquilo. Estudié en Cambridge porque tiene muy buena reputación y porque es precioso. Si estudias psicología y quieres mejores ingresos, te diría que la apliques después a otros campos. Eso te ayudaría, pues la psicología se utiliza en el ámbito familiar, educativo, tecnológico, empresarial… Además, nunca deberías dejar de actualizarte, estudies lo que estudies.

Tamara: Estudié arquitectura porque me encantan el arte y el diseño. Y por eso me fui a Riga, donde hay abundante *art nouveau*. Ni mi amiga Andrea ni yo tendríamos dudas en repetir la experiencia. Recuerda que los orientadores te ayudan a conocerte, a saber qué carreras existen y qué profesiones hacer, pero su opinión es solamente una guía.

Tamara

Carlota: Estudié en Mendoza, porque estaba cerca de la casa de mis padres. Y elegí lo que estudió mi hermana mayor: química (que no me gusta nada). ¡Pudo ser un gran error! Sin embargo, tuve suerte. No sabía que esa carrera me valdría para trabajar en algo que me encanta: un taller de imprenta. La química es muy útil, por ejemplo, para elegir papeles y tintas (los líquidos de color que se utilizan para escribir o dibujar).

Jeremy: Aunque varios alumnos podrían haber sacado mejores notas, al final gané yo el "premio al mejor científico del colegio". Mis profesores me dijeron que tenía mente de científico: muy bueno para los números y los detalles. Estudié biología en Deusto, por recomendación de mis profesores, y luego hice el doctorado. Ahora soy profesor en la universidad.

1 Lee el folleto sobre posibles carreras y profesiones. Elige la letra correcta para completar las afirmaciones.

Ejemplo: 1 C

1 Iñigo…
   A trabaja en una agencia de viajes.
   B abrió su propio negocio.
   C recomienda usar la psicología en otras áreas.
   D trabajó en una oficina.

2 Iñigo…
   A piensa que uno debería ponerse al día regularmente.
   B no quiere asistir a clase.
   C tiene muy buena reputación.
   D está siempre nervioso.

3 Tamara…
   A ha perdido su pasión por el arte y el diseño.
   B se conoce a sí misma.
   C está convencida de su elección.
   D estudió en Tallin.

4 Tamara…
- **A** espera que los orientadores le ofrezcan experiencia laboral.
- **B** cree que tú tienes la última palabra en la decisión.
- **C** duda de que los orientadores te conozcan bien.
- **D** no te recomienda ver a un orientador.

5 Carlota…
- **A** te aconseja estudiar lo que tus familiares o amigos.
- **B** lamenta su error.
- **C** fue poco afortunada.
- **D** no se equivocó al estudiar química.

6 Carlota …
- **A** ha acabado en un trabajo aburrido.
- **B** no sabía que la química sería tan útil.
- **C** sigue buscando un puesto interesante.
- **D** trabaja en lo mismo que su hermana.

7 Jeremy…
- **A** quiere recibir un premio.
- **B** no ha sacado buenas notas.
- **C** tenía miedo a los exámenes.
- **D** llegó a ser científico.

8 Jeremy…
- **A** da clases en la universidad.
- **B** estudió en Deusto gracias a sus amigos.
- **C** no recomienda estudiar biología.
- **D** no quiere ser investigador.

2 Vas a oír a tres jóvenes hablar con su profesor sobre sus planes de futuro. Indica quién dice qué: el profesor (P), Gonzalo (G), Julia (J) o Laia (L).

Ejemplo: 1 G

1 No soy buen estudiante.
2 Estudiar es importante para el futuro.
3 Me gustaría apoyar económicamente a mi familia.
4 Me gusta tanto el turismo como el periodismo.
5 Hacer unas prácticas podría ser buena idea.
6 Estoy interesada en hablar con el Centro de Orientación.
7 Creo que me voy a decidir por el arte dramático.
8 Vosotros sois los últimos responsables de la decisión.

3 a El condicional. Consulta el punto N8 en la sección de gramática. Usa los verbos del recuadro en el condicional para completar las frases.

tener (×2)	decir	poder	hacer
recomendar	deber	valer	

Ejemplo: 1 tendríamos

1 Nosotros ………. que vernos mañana para solicitar el puesto.
2 Según nuestro profesor, ………. la pena hacer prácticas.
3 Raúl, tú ………. que aprender francés este año.
4 Nosotros ………. la carrera de arquitectura, pero dibujamos muy mal.
5 Tu jefe te ………. lo mismo que yo: mejorar no es fácil.
6 Por mi mala experiencia, no ………. recomendarte la carrera de medicina.
7 Con esas notas tan buenas, vosotros dos ………. estudiar una carrera más dura.
8 Seguro que mis padres me ………. ir a la universidad.

3 b Ahora busca seis ejemplos del condicional en el texto del ejercicio 1. Escríbelos y tradúcelos a tu idioma.

4 Escribe a un(a) amigo/a español/a sobre la carrera universitaria que quieres estudiar (130–140 palabras). Menciona:
- dónde te gustaría estudiar y por qué
- por qué has elegido esa carrera
- qué responsabilidades tendrás en el futuro

5 Ahora lee tu redacción a tu compañero/a, que después te hará cuatro preguntas.

D3 Employment

Despegue

D3.1 ¡Voy a coger un año sabático!

★ **Hablar de trabajos temporales y de cogerse un año libre**
★ **Pronombres relativos (2)**

V

1 Escribe el femenino de estos trabajos.

Ejemplo: la camarera

el camarero	el secretario	el recepcionista	el dependiente
el periodista	el cajero	el profesor	el cartero

A

B

C

D

E

F

G

H

2 a Mira las imágenes y lee las siguientes frases. Escribe las letras que se corresponden con las frases.

Ejemplo: 1 H

  1 Trabajo de niñera; tengo que cuidar a una niña que tiene dos años.
  2 Es profesor de esquí; lo que más le gusta es trabajar al aire libre.
  3 Soy recepcionista; en el hotel en el que trabajo hay solamente siete habitaciones.
  4 La chica con quien trabajo también gana su dinero de bolsillo como cajera.
  5 Los fines de semana trabaja de dependiente en una tienda cuyo dueño es millonario.
  6 Le encanta viajar en el autobús en el cual trabaja como guía turístico.
  7 El chico que está en la puerta es el camarero del restaurante.
  8 En verano hago de secretaria en la oficina en la que trabaja Juan.

2 b Ahora anota todas las profesiones del ejercicio 2a en masculino y femenino.

Ejemplo: la niñera, el niñero

186

3 Escucha la conversación sobre qué van a hacer cuatro estudiantes en su año libre. Elige la opción correcta y escribe la letra.

Ejemplo: 1 C

1 Marta va a trabajar de…
- **A** dependienta.
- **B** guía turístico.
- **C** profesora de esquí.

2 Marta va a ganar ……… dinero.
- **A** mucho
- **B** poco
- **C** bastante

3 Chema ha decidido coger…
- **A** un año sabático.
- **B** vacaciones.
- **C** un guía.

4 Chema espera…
- **A** viajar con sus amigos.
- **B** ganar poco dinero.
- **C** conocer muchos lugares.

5 Andrea va a trabajar de…
- **A** secretaria.
- **B** cajera.
- **C** niñera.

6 Andrea no va a ganar mucho, pero va a…
- **A** aprender mucho español.
- **B** viajar por España.
- **C** dirigir un supermercado.

7 Rodrigo va a trabajar de dependiente en una tienda de…
- **A** ropa.
- **B** ordenadores.
- **C** música.

8 Para ganar más dinero, Rodrigo quiere…
- **A** encontrar un grupo con el que tocar.
- **B** vender su acordeón.
- **C** trabajar en varias tiendas.

G

4 a Pronombres relativos (2). Consulta el punto J en la sección de gramática. Lee las frases siguientes y reescribe cada grupo de dos frases en una sola frase, uniéndolas con las palabras entre paréntesis.

Ejemplo: Trabajo de dependiente en una tienda que está cerca de mi casa.

1 Trabajo de dependiente en una tienda. La tienda está muy cerca de mi casa. (*que*)

2 Soy el camarero del restaurante. La puerta del restaurante fue forzada. (*cuya*)

3 La niñera no está disponible. Te hablé de la niñera. (*de la que*)

4 Ese profesor vive en el barrio. El hijo del profesor es novelista. (*cuyo*)

5 Me llevo bien con mis compañeros. Puedo confiar en mis compañeros. (*en los que*)

6 La chica italiana no ha venido hoy. Trabajo con una chica italiana. (*con la que*)

7 Estoy decepcionado con el sueldo. El sueldo no es muy bueno. (*que*)

8 Me encuentro en esa oficina. Hay muchas plantas en esa oficina. (*en la que*)

4 b Ahora busca ocho ejemplos de pronombres relativos en el texto del ejercicio 2. Escríbelos (con el contexto) y tradúcelos a tu idioma.

5 Practica con un(a) compañero/a de clase la conversación que te va a entregar tu profesor(a).

6 Escribe una carta a un(a) amigo/a hablando de experiencia laboral. Menciona:
- qué planes tienes para el futuro y por qué
- tu experiencia anterior: qué trabajos has hecho antes
- si quieres tener un año libre o no y por qué

vuelo

D3.2 Te piden que sepas tres idiomas

★ **Hablar de anuncios de trabajo y solicitudes**
★ **Presente de subjuntivo; verbos irregulares. Verbos con dos objetos (directo e indirecto)**

A Queremos que tenga un verano productivo. ¡Haga prácticas en nuestro banco durante ocho semanas! Le enseñamos a tratar con los clientes, además de economía e informática. Se lo contamos todo en breve, en nuestra web. Sueldo muy razonable. www.bancobanca.es

B Necesitamos dependientes. Pedimos que trabajen días festivos, fines de semana y puentes. Buena presencia. Experiencia imprescindible. Llama al 123 321 456.

C Empresa de hostelería busca camareros/as para que vengan a trabajar en congresos y eventos. Horarios y fechas flexibles. Excelente compensación económica. hosteleros@hosteleros.ar

D ¿Eres hombre? ¿Tienes una voz potente? ¿Te gusta que te oigan? ¡Nuestra empresa de sonido se alegra de que suene así! Aquí te la mejoraremos. Preferible experiencia en radio o TV. Buen sentido del humor. Sueldo a convenir. vocesmac@vocesmac.bo

E Es importante que sepas cuánto vale la experiencia de la vida y que quieras pasar tiempo con los mayores. Ofrecemos estancias semanales en residencias de ancianos organizando actividades. Cubrimos alojamiento y alimento. Llámanos al 976 543 21

F Si te gusta escribir y practicas algún deporte, colabora con nuestra revista. Necesitamos que nos traigas o envíes los artículos diariamente para nuestro blog. literaturaydeporte@literaturaydeporte.es

G ¿Te interesa la cocina? Necesitamos empleados temporales para un programa gastronómico. Queremos que hagáis la compra y organicéis el transporte de alimentos. Fines de semana durante tres meses. Estamos en: C/ Otura, 37. Madrid.

H Prácticas en agencia de viajes para angloparlantes y aventureros. Te compensamos con viajes con todos los gastos pagados. ¿Te lo puedes creer? Si hablas inglés y te gusta la aventura, escríbenos. parlaviajes@parlaviajes.es

1 Lee las ofertas de trabajo (A–H) y las siguientes reacciones (1–8). Señala si las reacciones son verdaderas (V) o falsas (F). Si son falsas, escribe una frase en español para corregirlas. ¡Atención! Hay cinco afirmaciones que son verdaderas y tres afirmaciones que son falsas.

Ejemplo: 1 F Me sorprende que las prácticas del anuncio A duren ocho semanas.

  1 Me sorprende que las prácticas del anuncio A duren más de dos meses.
  2 Para el anuncio B es necesario que hayas trabajado ya en un comercio.
  3 Es raro que el trabajo del anuncio C no esté muy bien pagado.
  4 Si tienes la voz femenina y débil, dudamos que solicites el empleo del anuncio D.
  5 Si quiere el puesto del anuncio E, pedimos que le gusten las personas mayores.
  6 Es importante que hagas ejercicio, si te interesa el puesto del anuncio F.
  7 Para el empleo del anuncio G, te mandaremos que compres y transportes animales.
  8 Es esencial que te comuniques en otro idioma para el empleo del anuncio H.

2 Marina acude a una entrevista de trabajo. Escucha y elige la palabra adecuada para completar las frases.

Ejemplo: 1 agite

  1 No soy una persona que se *agite / tranquilice* fácilmente.
  2 Marina tiene a veces problemas *económicos / de salud.*
  3 El entrevistador pregunta por qué le interesa *trabajar / pintar.*
  4 El entrevistador habla de 'nosotros' refiriéndose a *la empresa / su familia.*
  5 *Marina / El entrevistador* conoce la experiencia satisfactoria de otros estudiantes.
  6 Marina tendrá que contar con cinco horas *de descanso / disponibles* al día.
  7 Marina *ya / jamás* ha trabajado en una tienda real.
  8 El entrevistador propone que empiece *de inmediato / ese fin de semana.*

3 a Presente de subjuntivo: verbos irregulares. Consulta el punto N13 en la sección de gramática. Escribe el presente de subjuntivo de los verbos indicados.

Ejemplo: 1 venga

  1 Necesitamos un empleado puntual para que (*venir*) .... pronto todos los días.
  2 Me alegro de que tú (*conseguir*) .... llegar a tiempo a las reuniones.
  3 Es importante que el candidato no (*oír*) .... ese comentario.
  4 Espero que mis jefes (*ser*) .... simpáticos.
  5 No quiere que sus compañeros (*decir*) .... que es el más joven.
  6 Es posible que alguna vez (*hacer*) .... algo mal, pero no os preocupéis.
  7 Nos conviene trabajar para que (*saber*) .... lo que es.
  8 Les preocupa que el jefe les (*poner*) .... más horas extra.

3 b Verbos con dos objetos. Consulta el punto M4 en la sección de gramática. Busca tres ejemplos de verbos con dos objetos en el texto del ejercicio 1 y traduce las frases en las que aparecen.

Ejemplo: Se lo contaremos

4 Elige dos de los anuncios del ejercicio 1, uno que te guste y otro que no. Da tus razones utilizando el subjuntivo.

Ejemplo: No me interesan las prácticas en el banco. Es importante que sepas tratar con los clientes y a mí eso no se me da bien.

5 Escribe en tu página de Facebook sobre un trabajo que has solicitado. Imagina que lo has conseguido. Menciona:
  ● qué es importante para ti respecto a ese trabajo
  ● qué es necesario para obtenerlo
  ● qué opinas del trabajo

Communication and Language at work

Despegue

D4.1 ¿Dígame?

★ **Comunicarse por teléfono en el trabajo**
★ **Números de teléfono e imperativo negativo (informal)**

1 Encuentra las cuatro palabras o expresiones que NO tienen relación con las comunicaciones telefónicas.

Al teléfono en el trabajo

Ejemplo: estudiar

colgar	quisiera hablar con…
la llamada	cantar en público
la guía telefónica	está comunicando
estudiar	la operadora
el número de teléfono	el año sabático
se ha equivocado	el contestador automático
dejar un mensaje	patinar
¿de parte de quién?	¿a qué número llama?

A	Academia de idiomas	353 76 89
B	Banco Central	845 09 12
C	Correos	296 57 30
D	Emergencias médicas	109 87 23
E	Fontanería	627 019 240
F	Papelería	913 47 29
G	Servicio de limpieza	428 93 10
H	Taller mecánico	554 082 903

2 Lee las siguientes frases. Escribe los servicios que se corresponden con cada frase.

Ejemplo: 1 H

1 Tenemos un problema con uno de nuestros vehículos. El acelerador no funciona.
2 Buenas tardes. ¿Cuánto cuesta enviar 25 cartas y siete paquetes a Italia?
3 Quisiera enviar 100 dólares a Ecuador.
4 Esa empresa es muy mala; no aprendas lenguas extranjeras ahí.
5 Este empleado no se encuentra bien. ¿A qué número tengo que llamar?
6 No utilices los baños todavía. Han llamado para que los reparen.
7 Hacen falta 100 paquetes de papel A4, pero no pidáis lápices.
8 Por favor, limpiad los cristales de toda la oficina.

3 Vas a oír dos conversaciones telefónicas. Lee las preguntas antes de escuchar. Contesta a las preguntas en español.

Ejemplo: 1 con el Sr. Benavente

Primera parte
1 ¿Con quién quiere hablar la persona que llama?
2 ¿Qué expresión utiliza la operadora para preguntar quién llama?
3 ¿Qué cree al principio la operadora?
4 ¿Cuál es el teléfono móvil del Sr. Benavente?

Segunda parte
1 ¿Qué le pide la madre a su hija Leonor?
2 ¿Por qué ha llamado Leonor?
3 ¿Cuál es el teléfono fijo de Gerardo?
4 ¿En qué se equivoca Leonor al anotar el teléfono?

4 a Imperativo informal (negativo). Consulta el punto N15 en la sección de gramática. Completa las frases con la forma correcta del imperativo negativo (informal) de los verbos.

Ejemplo: 1 No digáis

1 Siempre os llamo o escribo. .... que no me acuerdo de vosotros. (*decir*)
2 .... tan bajo. ¿No ves que la secretaria no te oye? (*hablar*)
3 Ramón, por favor, ... Aún tengo muchas cosas que contarte. (*colgar*)
4 Isa y Luis, ... todavía. Seguramente Paco está durmiendo la siesta. (*llamar*)
5 Lara, ... hablando. No queda espacio en el contestador. (*seguir*)
6 .... mensaje, Rafa. Arturo nunca los escucha. (*dejar*)
7 [A todos los empleados] .... el teléfono a partir de las seis de la tarde. (*contestar*)
8 Luisa, ... absolutamente todo lo que digo. (*repetir*)

4 b Ahora practica con tu compañero/a cómo leer números utilizando los teléfonos del ejercicio 1.

5 a Practica la siguiente conversación telefónica con un(a) compañero/a de clase. Elige el papel B (persona que recibe la llamada) o el papel A (persona que llama).

B
Suena el teléfono...
1 **(i)** Di el nombre de tu empresa y
   (ii) Contesta el teléfono.
2 Pregunta quién llama.
3 **(i)** Di que no ha llamado al número correcto y
   (ii) Pregunta a qué número quería llamar.
4 Pide que te lo repita.
   (i) Confirma que se ha equivocado y
   (ii) Di que este es el número 92 472 31 07.
5 **(i)** Di que no se preocupe y
   (ii) Despídete.

A y B
B: 1(i) + (ii)
A: <u>Buenos días</u>, quisiera hablar con el <u>Sr. Gurpegui</u>.
B: 2
A: Soy el <u>Sr. Cañada</u>.
B: 3(i) + (ii)
A: <u>Al 92 472 31 00</u>.
B: 4
A: <u>Al 92 472 31 00</u>.
B: 5(i) + (ii)
A: Ah, perdone. Gracias. Adiós.
B: 6(i) + (ii)

5 b Ahora cambiad de papel y practicad la conversación por segunda vez, cambiando las frases marcadas.

Vuelo

D4.2 ¿Quién habrá conseguido el puesto?

★ **Hacer una entrevista para un trabajo temporal**
★ **Futuro perfecto e imperativo negativo (formal)**

Como este verano tengo dos meses de vacaciones, he decidido trabajar para ganar algo de dinero. El otro día tuve mi primera entrevista. Es para trabajar en una tienda de recuerdos. ¡Estoy muy contento porque me han dado el trabajo!

Os cuento… Al principio, estuve esperando mucho rato para la entrevista y nadie aparecía. Me puse un poco nervioso. Finalmente entré y me hicieron muchas preguntas: por qué quería trabajar, si estaba disponible en verano, si estaba acostumbrado a tratar con turistas, cuándo podía empezar a trabajar y qué horario prefería… Vamos, preguntas normales.

Tienda de recuerdos

La verdad es que de camino a la entrevista me sentí algo inseguro y lleno de dudas: "¿Me habré vestido de forma adecuada?" "¿Se me habrá olvidado algo importante?" "¿Habré preparado bien la entrevista?"

Para mí la pregunta más difícil fue hablar de mis puntos fuertes y mis puntos débiles. Les dije que era trabajador, honesto y responsable, pero un poco desordenado. Si vais a una entrevista, yo creo que lo más importante es que tengáis mucha flexibilidad de horario y muchas ganas de trabajar. Me imagino que por eso me habrán dado el puesto.

Empiezo el lunes. Ya os escribiré la semana que viene para contaros cómo me ha ido mi primer día. ¡Deseadme suerte!

Feliz semana,

Basilio

1 a Lee el blog. Señala si las afirmaciones son verdaderas (V) o falsas (F). Si son falsas, escribe una frase en español para corregirlas. ¡Atención! Hay cuatro afirmaciones que son verdaderas y cuatro afirmaciones que son falsas.

Ejemplo: 1 F El otro día Basilio tuvo su primera entrevista.

    1 Basilio ya ha hecho más entrevistas.
    2 Basilio quiere trabajar en una tienda de comestibles.
    3 Basilio tiene claro que la entrevista fue bien.
    4 Basilio esperaba las preguntas que le hicieron.
    5 Basilio se preguntaba si la ropa que llevaba era apropiada.
    6 Basilio sabía que tenía todo lo que necesitaba.
    7 Hay una pregunta que le resultó especialmente complicada.
    8 Basilio aún no sabe si le darán el puesto.

1 b Haz una lista de vocabulario con las palabras útiles del texto. Tradúcelas a tu idioma y apréndelas. Añade más palabras útiles de la sección de vocabulario.

2 Vas a oír una entrevista de trabajo. Lee las siguientes frases y preguntas e indica quién dice qué: el entrevistador (E) o Almudena (A).

Ejemplo: 1 E

1 Pase por aquí y tome asiento.
2 Me gusta mucho trabajar de cara al público.
3 ¿Cuándo estaría disponible?
4 ¿Qué horario le convendría más?

5 De todas formas, me puedo adaptar.
6 ¿Y habla algún idioma?
7 He trabajado de voluntaria.
8 Llámeme el próximo viernes.

3 Haced un juego de rol siguiendo el modelo del ejercicio 2. Trabaja con tu compañero/a para hacer de entrevistador(a) o de entrevistado/a. Inventad el trabajo y la parte del/de la entrevistado/a.

Entrevistador

— Por favor, explíqueme por qué le interesa este puesto.
— Cuénteme el tipo de tareas que puede realizar, pero no mencione las que no son relevantes para este trabajo.
— Dígame cuándo está disponible.
— Hábleme de cuáles son sus puntos fuertes y sus puntos débiles.
— No se preocupe si no tiene experiencia. Lo importante son las ganas de trabajar.
— Necesitaremos 10 empleados. ¿Conoce otros estudiantes a los que les pueda interesar este tipo de puesto?

4 a Futuro perfecto. Consulta el punto N6 en la sección de gramática. Escribe el futuro perfecto de los verbos del recuadro para completar las frases.

| ir | comprar | gustar | *poner* |

Ejemplo: 1 habré puesto

1 No encuentro el documento que preparé esta mañana. ¿Dónde lo ....?
2 Yo creo que lleva un traje nuevo. ¿Lo .... para la entrevista?
3 ¿Tú crees que le .... nuestra oficina?
4 No sé adónde .... la secretaria con esta lluvia.

4 b Imperativo negativo (formal). Consulta el punto N15 en la sección de gramática. Escribe la forma correcta del imperativo negativo formal para completar las recomendaciones. Utiliza los verbos del recuadro.

| ir | preocuparse | alejarse | *sentarse* |

Ejemplo: 1 No se siente

1 .... en la primera silla que encuentre. (*usted*)
2 .... con ropa incómoda a una entrevista. (*ustedes*)
3 .... de la sala donde le esperan. (*usted*)
4 .... por lo que no es importante. (*ustedes*)

5 Imagínate que has ido a una entrevista de trabajo. Escribe una carta a un(a) amigo/a (130–140 palabras) explicándole cómo te ha ido. Lee de nuevo el blog del ejercicio 1 para encontrar ideas. Menciona:
- qué razones has dado para querer trabajar
- qué te preguntaron (Hábleme…, Dígame…, No mencione…)
- qué habrán pensado los entrevistadores de ti (ropa, personalidad, comportamiento, conocimientos…)

Despegue

E1.1 ¿Vamos en tren o en taxi?

> ★ **Viajar en tren y en taxi**
> ★ *Ser* y *estar* **(3)**

1 Mira la lista de vocabulario. Decide si cada elemento de la lista es un nombre común, un nombre propio o un verbo. Dibuja una tabla, complétala y comprueba el significado de cada elemento.

el andén	la clase turista	salir	el tren de cercanías
el AVE	la consigna	Sevilla	el tren de largo recorrido
el billete de ida y vuelta	el equipaje	el Talgo	tener prisa
el carrito	la estación	la taquilla	la vía
la clase preferente	llegar	tardar	

Nombre común (NC)	Nombre propio (NP)	Verbo (V)
Ejemplo: el andén		

2 Escucha lo que dicen estas personas que están haciendo viajes por España y escribe las palabras que faltan para completar estas frases.

Ejemplo: Sevilla

1 La persona quiere un billete para ....
2 La persona viaja a Santander en ....
3 Llega a Santander a las ....
4 Hasta Medina del Campo el tren tiene servicio de ....

5 La persona busca la ....
6 Está al lado de las ....
7 La señora tiene mucha ....
8 El taxi al aeropuerto va a tardar ....

¿Qué es la Renfe?

RENFE significa Red Nacional de Ferrocarriles Españoles. Esta compañía tiene sus orígenes en 1941, y sus oficinas principales están en Madrid.

Preguntas frecuentes

¿Cuántos kilómetros de vía hay?

La compañía tiene unos 15.000 kilómetros de vías y así la red se extiende por casi todo el país, incluso llega a unos pueblos muy aislados. Un hecho interesante es que la anchura de las vías es mayor que en otros países europeos.

¿Cuántos tipos de trenes hay?

Hay muchos. Hay trenes de cercanías que son para los viajes más cortos o viajes urbanos. Son los trenes más lentos. Los trenes de largo recorrido, como el Talgo o el AVE, sin embargo, son tan rápidos como cómodos.

¿Cuántas clases de billetes hay?

Hay varias opciones. Si prefieres hablar con nosotros, nuestras líneas están abiertas 24 horas, pero lo mejor es consultar la página web de la Renfe para ver todas las ofertas (Tarjeta Joven, Tarjeta Dorada, etcétera.) La más económica es la clase turista y la más cómoda la clase preferente, que además dispone de wifi gratuito. Como cliente nuestro estás en buenos manos.

3 Lee la información sobre la Renfe y contesta a las preguntas escribiendo la letra apropiada, A, B o C.

Ejemplo: 1 B

1 Renfe…
   A cerró en 1941.
   B tiene su base en Madrid.
   C tiene oficinas en Sevilla.
2 Con la Renfe puedes viajar…
   A solo a las ciudades grandes.
   B al extranjero.
   C por toda España.
3 Para un viaje a las afueras de Madrid buscas…
   A el Talgo.
   B un tren de cercanías.
   C las taquillas.

4 Los trenes de cercanías no son…
   A rápidos.
   B modernos.
   C frecuentes.
5 El AVE es un tren perfecto para…
   A viajar grandes distancias.
   B ahorrar dinero.
   C llegar rápido a tu trabajo.
6 En la clase preferente puedes…
   A llevar más equipaje.
   B usar tu ordenador.
   C leer un periódico gratuito.

4 *Ser* y *estar* (3). Consulta el punto N18 en la sección de gramática y completa las frases con la forma correcta de *ser* o *estar*, según el significado de la frase.

Ejemplo: 1 es

1 La casa *es / son / está / estáis* grande.
2 Este tren *es / eres / está / están* completo.
3 En Madrid los taxis *es / son / somos / están* blancos.
4 *Es / Son / Está / Estáis* más cómodo viajar en clase preferente.
5 ¿Dónde *es / eres / está / estamos* la parada de taxis?

5 a Trabaja con otra persona para realizar un juego de rol. Estás de vacaciones en España. Quieres viajar en tren desde Alicante hasta Málaga. Hablas con el/la empleado/a de Renfe. Debes elegir el papel A (el/la empleado/a de Renfe) o el papel B (el/la viajero/a).

B

1 (i) Saluda al/a la empleado/a y
  (ii) Dile el viaje que quieres hacer.
2 Escucha lo que te dice y dile exactamente qué tipo de billete quieres.
3 Dile a qué hora quieres <u>salir</u>.
4 Dile la razón de tu viaje.
5 (i) Dale las gracias y
  (ii) Pregunta algo más sobre el viaje (¿coste? ¿cuánto dura?).

A y B

A: Buenos días. ¿En qué puedo servirle?
B: 1(i) + (ii)
A: Muy bien. No hay problema. ¿Qué <u>tipo de billete</u> quiere?
B: 2
A Vale. Aquí tiene.
B: 3
A: No hay problema. Hay un tren cada <u>veinte minutos</u>. ¿Por qué va allí?
B: 4
A: Que lo pase bien.
B: 5(i) + (ii)
A: El viaje dura más o menos <u>tres horas</u>.

5 b Ahora cambiad de papel y realizad la conversación por segunda vez, sustituyendo las palabras y expresiones marcadas por las de la lista a continuación.

| llegar | día quiere viajar | hora | ¿Qué va a hacer allí? | dos horas y media |

vuelo

E1.2 ¡Viajamos y disfrutamos!

★ **Hablar de diferentes tipos de vacaciones y viajes**
★ *Si* **en las oraciones subordinadas**

Si quieres viajar, puedes...

... hacer un crucero en el extranjero

Si lo tuyo es el lujo, no hay nada mejor que uno de nuestros cruceros por las islas del Caribe. Viajarás primero en avión a Cuba, donde te embarcarás en un viaje inolvidable de unas siete noches visitando islas desiertas, tomando cócteles con el capitán, comiendo en nuestros restaurantes gastronómicos y disfrutando de espectáculos fantásticos cada noche.

... ser voluntario

Si prefieres pasar tus próximas vacaciones cambiando las vidas de gente menos afortunada, ¿por qué no participar en nuestro proyecto? Se buscan jóvenes voluntarios de entre 16 y 18 años para colaborar con nuestro organismo, que tiene como meta dar vacaciones a los jóvenes discapacitados. Ayudando un en uno de nuestros centros, podrás montar a caballo, nadar, hacer piragüismo, senderismo y mucho más.

... visitar Cullera

Si tienes ganas de sol y playa, pero te has cansado de Benidorm y Torremolinos, ven a Cullera. Nuestra pequeña ciudad tiene mucho que ofrecer para las familias. Estamos a menos de una hora del aeropuerto de Valencia. Desde allí tienes trenes directos cada media hora, así que puedes llegar sin problema. Una vez aquí, encontrarás unas playas magníficas para los más pequeños y una gastronomía variada y de buena calidad para los papás.

... viajar por Andalucía en autocar

Si piensas que los viajes en autocar son una cosa del pasado, piénsatelo dos veces. Si quieres conocer la auténtica Andalucía, este verano no hay mejor manera que en un autocar climatizado. Visitarás la Alhambra en Granada, la Mezquita de Córdoba y experimentarás todos los tesoros y el patrimonio de Sevilla. Hay también opción de excursiones a Ronda y Lanjarón.

1 a Lee el folleto sobre las diferentes opciones de vacaciones y completa las frases con uno de los subtítulos arriba. Escribe solo el subtítulo.

Ejemplo: 1 viajar por Andalucía en autocar

1 Si quieres ver lugares de interés histórico, debes ....
2 Si deseas salir de España este verano, puedes ....
3 Si te mola ayudar a los demás, una posibilidad será ....
4 Si te apetece un viaje de lujo, ¿por qué no..........?
5 Si buscas unas vacaciones muy activas, puedes ....
6 Si necesitas visitar un sitio ideal para niños, lo mejor será ....
7 Si te gusta el lujo, la buena comida y los lugares exóticos, se aconseja ....
8 Si te interesa ver muchas ciudades históricas, debes ....

1 b Traduce las frases del ejercicio 1a a tu propio idioma.

2 Ana pide consejos sobre qué hacer este verano. Escucha la conversación. En cada frase hay algo que no corresponde a lo que se dice en la entrevista. Escucha la entrevista y escribe la palabra correcta en español.

Ejemplo: 1 viajado
1 Paco ha ~~trabajado~~ mucho.
2 Gandía tiene una ~~catedral~~ magnífica.
3 Puedes llegar a Gandía fácilmente en ~~avión~~.
4 A Ana le interesa mucho ~~el deporte~~.
5 En Perú Ana podría hacer ~~deportes acuáticos~~.
6 Ana no tiene bastante ~~tiempo~~ para visitar Perú.
7 El proyecto de voluntariado tiene alojamiento ~~barato~~.
8 En el proyecto no ~~descansas~~ todo el tiempo.

3 a *Si* en las oraciones subordinadas. Consulta el punto N14 en la sección de gramática. Completa cada una de estas frases subordinadas con una frase principal.

Ejemplo: 1 puedes ir a Gandía.
1 Si te gusta el mar *(+ presente)* ....
2 Si te interesa el deporte *(+ presente)* ....
3 Si te no gusta la historia *(+ presente)* ....
4 Si deseas esquiar *(+ imperativo)* ....
5 Si quieres mejorar tu español *(+ futuro)* ....
6 Si no puedes trabajar de voluntario *(+ futuro)* ....
7 Si prefieres la naturaleza *(+ elige un tiempo)* ....
8 Si viajas a España *(+ elige un tiempo)* ....

3 b Ahora inventa cuatro frases tuyas empezando con *si* y siguiendo los modelos del ejercicio 3a.

4 Prepara contestaciones a estas preguntas. Practícalas con tu compañero/a.
- ¿Qué tipo de vacaciones quieres tener este verano?
- Si les gusta la historia, ¿qué hay para los turistas en tu país?
- Si quieres unas vacaciones un poco diferentes, ¿adónde vas?
- Si quieres trabajar de voluntario/a ¿adónde puedes ir?
- Si te apetece mejorar tu español, ¿a qué país vas y qué debes hacer?
- ¿Qué hay para los turistas en tu pueblo / ciudad?

5 a Escribe un folleto para los turistas con información sobre tu país. Debes escribir 130–140 palabras. Menciona:
- lugares que pueden interesar a distintos tipos de turistas, y por qué
- un evento especial el año que viene, que atraerá a muchos turistas (música, deporte, festival, cultura) y por qué será interesante
- algo que pasó en la historia (un rey, una batalla, un invento importante)

5 b Utiliza esta lista VISA para comprobar la calidad de tu español antes de entregar tu folleto.
V = Verbos ¿Son todos correctos? Mira cada verbo detenidamente.
I = Idioma ¿Es todo auténtico español? Traducir palabra por palabra no siempre funciona.
S = Sustantivos ¿Masculino o femenino? ¿Singular o plural? Mira cada sustantivo.
A = Adjetivos ¿La concordancia es correcta? Mira cada adjetivo.

Despegue

E2.1 ¿Qué tipo de vacaciones prefieres?

★ **Comparar las vacaciones en distintos lugares**
★ ***Lo* con adjetivo y la construcción comparativa *más de lo que***

1 Dibuja una tabla y pon cada palabra en la categoría más apropiada.

el esquí	el teleférico	el teatro	el puenting	hacer vela	la fiesta local
el sol	broncearse	la hamaca	la escalada	bucear	*ir de tiendas*
las montañas	bajar las pistas	el castillo de arena	el alpinismo	el chiringuito	
la sierra	el museo	nadar	el senderismo		

Sol y playa	Montañas y aventura	Ciudad y cultura
		Ejemplo: ir de tiendas

Fernando: ¿Qué hacemos este año para las vacaciones?

Noelia: Lo mejor es buscar en la red.

Es que no quiero gastar mucho dinero.

Pero ¿no tienes el dinero de tu trabajo a tiempo parcial?

Sí, pero menos de lo que piensas porque estoy ahorrando para comprar un ordenador nuevo. Lo malo es que son muy caros.

Es verdad. Bueno, ¿qué te gusta hacer de vacaciones?

Para mí lo ideal es algo activo. La escalada, el senderismo, el esquí. No sé.

A mí no me gustan nada las vacaciones de ese tipo. Para mí lo mejor es ir a la playa a broncearme.

Bueno, tenemos que llegar a un acuerdo. Una ciudad ¿quizás?

Buena idea. Tengo una tía en Santander. Allí hay playa para mí y tiendas bonitas.

Y yo ¿qué hago?

Más de lo que imaginas. Tienes las montañas muy cerca, así que no te aburrirás.

¿Piensas que tu tía nos daría una habitación en su casa?

Creo que sí. La llamo mañana.

Fenomenal, y así no gastamos tanto.

2 Lee el chat de texto entre Noelia y Fernando. Luego escribe las palabras para rellenar los huecos.

Ejemplo: 1 La red

1 .... es buena para buscar las vacaciones.
2 Fernando tiene un ....
3 Los ordenadores son ....

4 La escalada es un deporte ....
5 A Noelia le gustan .... en la playa.
6 Las .... de Santander son muy buenas.

 3 Vas a oír a unos jóvenes hablando de las vacaciones. En cada frase hay algo que no corresponde con lo que dicen. Escucha y escribe la palabra correcta.

Ejemplo: 1 la playa.

1 Ana: Me gustan las vacaciones en ~~la ciudad~~.
2 Ana: No me gusta nadar en ~~el mar~~.
3 Juan: Para mí lo ideal es alojarme en ~~un hotel~~.
4 Juan: Tengo que ~~gastar~~ dinero este año.
5 Inma: Voy a ~~trabajar~~ en mi ciudad durante el verano.

6 Inma: En mi opinión, viajar en ~~coche~~ no es lo más ecológico.
7 Santi: Quiero ir a ~~Italia~~ este verano.
8 Santi: Quiero pasar ~~dos semanas~~ de vacaciones este verano.

 4 a *Lo* con adjetivo. Consulta el punto B4 en la sección de gramática. En las frases siguientes, elige la palabra correcta. Traduce las frases a tu propio idioma.

Ejemplo: 1 = bueno

    1 Lo *bueno / fatal* de España son las playas.
    2 Lo *interesante / malo* de viajar en avión es que no es ecológico.
    3 Lo *caro / peor* de las ciudades es que hay demasiada gente.
    4 La historia es lo *barato / fascinante* de un viaje a Grecia.
    5 Los hoteles de lujo son lo *mejor / difícil* de las vacaciones en Florida.

4 b La construcción *más de lo que*. Consulta el punto D1 en la sección de gramática. Usando esta frase de ejemplo, escribe cuatro ejemplos tuyos:

Ejemplo: Las vacaciones en el campo son más divertidas de lo que piensas.

 5 Trabaja con otra persona para realizar un juego de rol. Llamas por teléfono a una agencia de viajes. Hablas con el/la agente. Debes elegir el papel A (el/la agente de viajes) o el papel B (la persona que llama por teléfono).

B

1 **(i)** Saluda al/a la agente y
   (ii) Dile que quieres unas vacaciones <u>en la playa</u>.
2 Escucha lo que te dice y dile <u>lo que te gusta hacer y no te gusta</u> durante las vacaciones.
3 Dile cuánto tiempo quieres pasar.
4 Explica por qué <u>no puedes gastar mucho dinero</u> este año.
5 **(i)** Dale las gracias y
   (ii) Pide más información (¿excursiones? ¿ofertas especiales?)

A y B

A: Buenos días. ¿En qué puedo servirle?
B: 1(i) y (ii)
A: Muy bien. No hay problema. ¿Qué te gusta hacer en las vacaciones?
B: 2
A: Vale. ¿Cuánto tiempo quieres pasar de vacaciones?
B: 3
A: Sin problema. Tenemos varias posibilidades. Depende de cuánto quieres gastar.
B: 4
A: Comprendo perfectamente.
B: 5(i) y (ii)
A: Lo mejor es mirar <u>nuestra página web</u>, que tiene mucha información útil.

vuelo

E2.2 A Guatemala, unas vacaciones fuera de lo ordinario

★ **Describir y comparar las diferentes vacaciones**
★ *Se* **en oraciones impersonales y el superlativo absoluto**

Guatemala, un país con una rica y diversa cultura

Si buscas un país con una rica y diversa cultura, recomendamos Guatemala, debido a su mezcla de elementos españoles con la herencia de los mayas, la civilización antigua de América Central.

Aquí tienes cinco lugares que no debes perderte:

1 **El Mirador.** Fue una ciudad principal de los mayas entre los siglos seis y nueve. Sus ruinas fueron redescubiertas en 1926 en lo más remoto de la selva tropical del norte del país. Y sigue siendo remotísima. Se llega al pueblo de Carmelita en coche y a partir de allí se debe andar unos cinco días por la selva. ¿Te apuntas?

2 **Livingston.** Este pueblo de la costa es donde mejor se come y mejor se baila. Mucha gente espera comida picantísima, debido a que Guatemala está al lado de México, pero lo que comerás en Guatemala tendrá más hierbas que especias. En Livingston ¿por qué no bailas la Punta —un baile emocionante y muy típico y aconsejado para la gente más extrovertida—?

3 **El Volcán Pacaya.** Si estás en forma, y tienes un día libre, se recomienda subir a este volcán activo para disfrutar de las vistas maravillosas desde lo alto. También la zona tiene muchísimas oportunidades para hacer senderismo.

4 **El Mercado de Chichicastenango.** A unas tres horas de la Ciudad de Guatemala se encuentra 'Chichi', seguramente el mejor y más vibrante mercado nativo de las Américas. Textiles, ropa, máscaras, cerámica, lo encontrarás todo.

Pirámide en Guatemala

5 **Tikal.** La foto te lo dice todo. Una pirámide que es una de las auténticas maravillas del mundo antiguo. Podemos traducir su nombre al español como 'lugar de las lenguas'

1 Lee este artículo e indica si las afirmaciones que siguen son verdaderas (V) o falsas (F). Si son falsas, escribe una frase en español para corregirlas. ¡Atención! Hay cuatro afirmaciones que son verdaderas y cuatro afirmaciones que son falsas.

Ejemplo: 1 V

1 En Guatemala las civilizaciones se mezclan.
2 La ciudad de Mirador se construyó en 1926.
3 Se puede llegar a Mirador en coche.
4 La comida no tiene influencias mexicanas.
5 Se tarda un día en subir al Volcán Pacaya.
6 El mercado Chichi está en la capital, Ciudad de Guatemala.
7 Chichi es único para las compras.
8 En español la palabra 'Tikal' significa "pirámide".

2 a Escucha la entrevista con un representante del turismo en Guatemala. Haz apuntes y luego escribe un resumen en español de lo que has oído. Hay categorías para ayudarte.

Ejemplo: Juan Díaz Moreno… es el encargado de un organismo de turismo en Guatemala.

- Juan Díaz Moreno…
- Los turistas en Guatemala pueden …
- La gente conoce México más que Guatemala …
- La ciudad de Antigua …

2 b Las siguientes palabras y expresiones son probablemente nuevas para ti. Inventa una frase con cada una.

e/la encargado/a	aprovechar	el terremoto
hemos promocionado	destruir	

3 a *Se* en oraciones impersonales y el superlativo absoluto. Consulta los puntos N16 y D4 en la sección de gramática, busca seis ejemplos en el texto del ejercicio 1 y tradúcelos a tu propio idioma.

3 b Utiliza la siguiente estructura para producir una frase que incluya todos los elementos. El modelo del ejemplo te da una idea, pero tú puedes decidir.

Ejemplo: 1 Se debe visitar Madrid, porque es interesantísimo.

1 se debe + visitar + interesante
2 se puede + viajar + rápido
3 se puede + llegar + difícil
4 se debe + dejar de… + peligroso
5 se dice que + ser… + fácil
6 se dice que + estar en forma + importante

4 Escribe un artículo sobre un país que conoces. Puede ser tu propio país u otro país que has visitado o investigado. Debes escribir 130–40 palabras. Menciona:
- información general sobre el país y qué tiene para los turistas
- información detallada sobre un aspecto de la historia del país y un lugar ideal para la gente activa y por qué
- recomendaciones para turistas jóvenes y turistas mayores

5 Utiliza lo que has escrito en la actividad 4 para preparar una presentación sobre lo que hay para los turistas en tu país.

E3 Weather

Despegue

E3.1 Se espera tiempo soleado en toda España

★ **Comparar el tiempo en varios posibles destinos vacacionales**
★ **La pasiva con *se***

1 Localiza las cuatro palabras o expresiones del recuadro que no están relacionadas con el tiempo. Apunta y traduce a tu idioma las otras seis palabras.

frío	despejado	salchicha	firma	semáforo
cariñoso	nublado	viento	nieve	tormenta

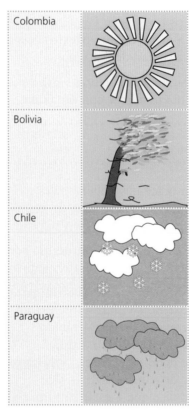

2 Lee las siguientes frases. Escribe a qué país corresponde el tiempo que se describe.

Ejemplo: 1 Perú

1 Se espera tiempo nuboso en el sur del país.
2 Como el tiempo está fresco y despejado, nos iremos de excursión.
3 Han pronosticado abundantes nieves en las montañas.
4 Se ha desarrollado un sistema para medir los vientos fuertes.
5 Hoy están cerradas las pistas de esquí a causa de la niebla.
6 ¡El domingo granizaba con tanta fuerza que hacía daño en la cara!
7 Se han anunciado tormentas para todo el fin de semana.
8 Durante las recientes lluvias, se han superado los 40 litros por metro cuadrado.

3 a Vas a oír a cuatro jóvenes hablar sobre el tiempo que hace en el lugar en que están. Lee las afirmaciones antes de escuchar. Señala las cuatro afirmaciones que son Verdad.

Ejemplo: Rafa B

Rafa

A Hace frío porque es invierno.

B Ahora hace muy buen tiempo en Nueva York.

C En verano, también hace frío.

Inés

D En Islandia siempre hace frío.

E Los veranos no son muy calurosos.

F Si el día empieza soleado, continúa así.

Jaime

G El tiempo en Patagonia es mejor de lo que se dice.

H Nunca hay días de sol y sin viento.

I A veces la temperatura cambia sin avisar.

Rocío

J Hace un clima templado en Kabul.

K Las temperaturas normalmente están por encima de cero.

L En diciembre y enero siempre nieva.

3 b Escucha la conversación otra vez. Escribe cinco palabras que no entiendes y busca lo que significan en un diccionario. Haz una lista de vocabulario con estas palabras y apréndelas.

4 a Pasiva con *se*. Consulta el punto N16 en la sección de gramática. Reescribe las frases utilizando *se*.

Ejemplo: 1 Se espera mucho calor en Madrid.

1 Esperan mucho calor en Madrid.

2 Puedes evitar las lluvias yendo hacia el este.

3 Ha sido anunciado un cambio muy grande de temperatura.

4 El tiempo desagradable ha sido señalado en el mapa.

5 Temen un incendio a causa del intenso calor.

6 Es posible ver glaciares en las zonas de alta montaña.

7 Las temperaturas muy bajas han sido anunciadas en la televisión.

8 ¿Es posible hacer un pronóstico del tiempo sin usar tecnología?

4 b Ahora busca los cuatro ejemplos de estructuras con *se* en cada una de las frases del ejercicio 2. Tradúcelas a tu idioma.

5 Observa de nuevo el mapa del ejercicio 2. Apunta todos los países en otro orden diferente y pregunta a tu compañero/a qué tiempo se prevé para cada lugar. Utiliza la pasiva con *se*.

Ejemplo: Se ha anunciado tiempo nuboso en Perú.

6 Empiezas ahora mismo tus vacaciones. Describe en tu blog qué tiempo se espera:

Ahora

Mañana

El fin de semana

vuelo

E3.2 La tormenta había durado toda la noche

★ Describir el tiempo (y sus efectos) en unas vacaciones pasadas
★ El pluscuamperfecto

Lluvias torrenciales

El verano pasado estuve de vacaciones en Ecuador con unos amigos. La verdad es que no tuvimos mucha suerte con el tiempo, porque no paró de llover…

Acabábamos de llegar al albergue donde nos íbamos a alojar. Según el pronóstico, iba a hacer sol toda la semana, así que estábamos entusiasmados. Sin embargo, al final de la tarde empezó a llover y llover. Tras una hora, el agua había cubierto casi toda la calle. Luego empezamos a oír unos ruidos dentro de la casa y nos dimos cuenta de que el agua había empezado a caer por el techo de la cocina.

Tuvimos que poner un cubo y quedarnos en el salón. Ese día nos quedamos en casa y decidimos no salir. Sin embargo, el agua y el viento habían causado tantos daños que el Ayuntamiento decidió suspender el transporte público y cerrar todas las atracciones turísticas. ¡No pudimos hacer nada en toda la semana!

Desde luego, el viento y la lluvia habían llegado por sorpresa. El viento sopló durante varios días y el agua cayó sin descanso. Sin embargo, también

es cierto que no íbamos muy bien preparados. Como no teníamos botas ni ropa adecuada para la lluvia, estuvimos casi todas las vacaciones en casa jugando a las cartas, cocinando y leyendo.

Os podéis imaginar que no hemos visto mucho de Ecuador. Lo bueno es que nos hicimos muy amigos de los vecinos y nos han invitado a su casa el verano que viene. A pesar de todo, ¡nos encantaría volver!

Inés de la Torre

1 a Lee el artículo. Contesta a las preguntas en español.

Ejemplo: 1 porque llovió mucho durante todas las vacaciones

   1 ¿Por qué dice Inés que ella y sus amigos no fueron muy afortunados?
   2 ¿Qué tiempo esperaban durante las vacaciones?
   3 ¿Por qué se oían ruidos en la cocina?
   4 ¿Qué hicieron tras ver lo que pasaba?
   5 ¿Por qué no había transporte público?
   6 ¿Por qué no iban bien preparados para la lluvia?
   7 ¿Qué hicieron durante las vacaciones?
   8 ¿Crees que van a volver a Ecuador?

1 b Haz una lista de vocabulario con las palabras útiles del texto. Tradúcelas a tu idioma y apréndelas. Añade más palabras útiles de la sección de vocabulario.

2 a Escucha la experiencia de cuatro personas durante sus vacaciones. Lee las siguientes frases y decide si tienen una opinión positiva (P), negativa (N) o ni positiva ni negativa (PN) sobre la experiencia y el tiempo que hizo.

Ejemplo: 1 N

1 Lourdes: sobre llover mucho
2 Lourdes: sobre ir a la playa
3 Álvaro: sobre nevar mucho
4 Álvaro: sobre hacer mucho sol
5 Ruth: sobre ir de excursión
6 Ruth: sobre hacer muchísimo calor
7 Valentín: sobre hacer mucho viento
8 Valentín: sobre irse a casa al atardecer

2 b Escucha de nuevo y justifica por qué has clasificado las afirmaciones como positivas (P), negativas (N), o ni positivas ni negativas (PN).

3 a El pluscuamperfecto. Consulta el punto N12 en la sección de gramática. Escribe el pretérito indefinido o el pluscuamperfecto de los verbos para completar las frases.

Ejemplo: 1 llegué

Ese día yo **1**.......... (*llegar*) tarde tras aterrizar en Santiago de Chile. Iba a la boda de mi mejor amiga. **2**.......... (*viajar*) durante muchas horas y me encontraba bastante cansada. Según el pronóstico, el tiempo iba a ser espléndido. Sin embargo, cuando **3**.......... (*salir*) del aeropuerto, había una tormenta impresionante. De repente, **4**.......... (*darse*) cuenta de que **5**.......... (*traer*) un vestido muy fresco para la boda. Tampoco **6**.......... (*meter*) en la maleta zapatos de invierno; tenía solamente unas sandalias. Al llegar al centro, **7**.......... (*preguntar*) dónde estaba la zona comercial más cercana. ¡Estaba muy contenta con mis compras, pero me **8**.......... (*gastar*) mucho más de lo que pensaba para ese viaje!

3 b Ahora busca cuatro ejemplos del pluscuamperfecto en el texto del ejercicio 1.

4 Debes escribir 130–140 palabras en español. Relata unas vacaciones reales o imaginarias en las que el tiempo no fue como esperabas. Menciona:
- dónde has ido y qué tiempo esperabas
- qué tiempo hizo durante tu estancia allí
- cómo influyó el tiempo en tus planes para las vacaciones
- si volverías allí y por qué (no)

5 Utiliza lo que has escrito en la actividad 4 para preparar una presentación sobre cómo influyó el tiempo en tus vacaciones. Puedes preparar unas tarjetas para ayudarte.

Places and customs

Despegue

E4.1 Una visita a una familia

★ **La vida familiar en otro país**
★ **Verbos en tercera persona del plural (*dicen que*, etc.) para expresar la voz pasiva**

1 Lee estas definiciones y deduce las palabras que definen.

Ejemplo: 1 consejo

1 opinión que alguien te da para ayudarte a decidir algo   c _ _ _ _ j _
2 ancho, espacioso; contrario de 'estrecho'   a _ p _ _ _
3 ropa que llevas para nadar en el mar o la piscina t_ _ _ _   _ _   b _ _ _
4 de otro país   e _ _ _ _ _ _ _ r _
5 sinónimo de 'establecer' o 'abrir' cuando se refiere a un negocio
    m _ n _ _ _
6 sensación que experimentas cuando necesitas comer   h _ _ b _ _
7 sinónimo de 'prestar', permitir a alguien usar algo tuyo d _ j _ _
8 actividades como el buceo o hacer vela   d _ _ _ _ _ _ _   a _ _ _ _ _ _ _ _

Hola Paul,

Decidí escribirte antes de tu <u>viaje</u> aquí para darte un poco de información sobre la <u>familia</u> y también unos consejos.

Pues la casa te va a gustar ya que tenemos un jardín muy amplio con piscina, así que debes traer tu traje de baño. Creen que somos millonarios, pero no es <u>verdad</u>. ¡Ja ja!

En mi familia somos seis personas: mis papás, mi hermano Raúl, mi hermana Silvia y mi tía Loli. Ella vive con nosotros porque mi tío se fue a trabajar en el extranjero.

Dicen que mi papá un día debe montar un <u>restaurante</u>. A mamá no le gusta cocinar, pero mi papá es todo un fenómeno en la cocina. Comemos a horas diferentes en Uruguay, así que si pasas hambre, dímelo y te preparo un bocadillo. ¡Verás que aquí saben que la comida es importante!

Otro plus es que por la zona tienes transporte público bastante <u>barato</u>, pero también tenemos una bici que te podemos dejar.

Los <u>domingos</u> vamos siempre con la familia a la <u>costa</u>. Allí hay muchas actividades que se pueden hacer, sobre todo si te gustan los deportes acuáticos.

Ana

---

2 a Lee el correo electrónico de Ana. Completa cada frase con una palabra de la lista. No necesitarás todas las palabras.

Ejemplo: 1 información

1 Ana ofrece .... y consejos.
2 En el jardín hay.......... .
3 En .... de Ana hay seis personas.

4 La .... de Ana se llama Loli.

5 Al padre de Ana le gusta mucho ....

6 En la zona de Ana .... no cuesta mucho.

7 Ana tiene .... que le puede dejar a Paul.

8 La familia pasa los domingos en.......... .

tía	comer	el transporte	hermana	una piscina	la cocina
la costa	una bicicleta	*información*	la familia	flores	un abrigo

2 b En el texto hay siete palabras subrayadas. Imagina que has olvidado estas palabras y escribe una frase para explicar su significado.

Ejemplo: viaje: acto de ir a otro lugar u otro país

3 Pablo ha llegado a la casa de Ana. Escucha estos fragmentos de conversaciones con Ana. Indica quién dice qué: Ana (A), Paul (P) o nadie (N).

Ejemplo: 1 A

1 En mi país cenamos tarde.

2 Necesito una ducha.

3 Los ingleses saben poco de Uruguay.

4 Hace más calor en enero.

5 Vamos a ir a la sierra.

6 Hay bastante polución en la ciudad.

7 Mi hermana vive en el extranjero.

8 Tengo mascota.

4 Verbos en tercera persona del plural para expresar la voz pasiva. Consulta el punto N16 en la sección de gramática. Ahora escribe la forma correcta del verbo y traduce cada frase a tu propio idioma.

Ejemplo: 1 = Cuentan

1 (*Contar*) .... que hay problemas sociales en las ciudades más pobres.

2 (*Creer*) .... que Mario es muy inteligente porque siempre saca buenas notas.

3 (*Decir*) .... que Pablo está saliendo con Ana.

4 (*Saber*) .... que la casa es antigua por su arquitectura.

5 (*Esperar*) .... cosas mejores en el futuro.

6 En Uruguay (*llamar*) .... a un grupo de amigos una 'barra'.

5 Trabaja con otra persona para realizar un juego de rol. Estás con una familia en Uruguay. Quieres más información sobre la vida familiar en su casa. Debes elegir o el papel A (tu amigo/a en Uruguay) o el papel B (la persona que visita Uruguay).

B

1 **(i)** Saluda a tu amigo/a y

  (ii) Dile que quieres algo para <u>tu habitación</u>.

2 Escucha lo que te dice y dile algo que te gusta <u>de su casa</u>.

3 Pregúntale la hora de <u>la cena</u>.

4 Dile algo que es <u>diferente</u> en tu país.

5 **(i)** Dale las gracias y

  (ii) Pide más información sobre los <u>miembros de la familia</u> (¿hermanos? ¿abuelos?)

A y B

A: Hola. ¿Necesitas saber alguna cosa?

B: 1(i) y (ii)

A: No hay problema. ¿Te gusta todo?

B: 2

A: Me alegro. Mi casa es tu casa.

B: 3.

A: Bueno, desayuno a las siete, luego comemos a las dos y la cena es a las nueve. ¿Hay muchas diferencias entre Uruguay y tu país?

A: 4.

B: Tu país parece muy interesante.

A: 5(i) y (ii)

B: Ya conocerás a todos esta noche.

Vuelo

E4.2 Mi casa es tu casa

★ **La vida en familia en el mundo hispánico**
★ **La voz pasiva (*ser* con un agente)**

Aquí Mario. Hoy hablaré de mis experiencias en Cuba. ¿Os gusta la foto? <u>Comparado con mi país, Cuba es muy diferente</u>. Ese edificio azul y tan bonito es donde me alojé durante mi estancia. Tengo que admitir que ha sido una experiencia formativa, y que <u>ha cambiado mi punto de vista sobre la vida</u>.

El edificio donde he vivido fue construido por los españoles hace más de un siglo, luego fue dividido por los cubanos en apartamentos cada vez más pequeños. En mi casa <u>en mi país estoy acostumbrado a tener mi propio dormitorio y mi espacio personal, pero en Cuba vivía toda la familia (nueve personas) en cuatro habitaciones</u> y el baño estaba compartido por tres familias.

Otra cosa es que, <u>en mi país, la gente suele ser un poco reservada, tímida incluso, pero en Cuba encontré un inesperado aspecto comunitario, nuevo para mí</u>.

La familia era muy acogedora y aprendí muchas cosas sobre la historia y la cultura de Cuba. ¿Sabíais que muchos aspectos importantes de la cultura fueron traídos por los esclavos de África? Otra cosa sorprendente es que <u>el deporte más popular no es el fútbol, como en mi país, sino el béisbol</u>. Fue introducido por los trabajadores estadounidenses en el siglo diecinueve.

Como yo soy muy aficionado a los coches, estaba en la gloria en La Habana. Todavía se conservan muchos coches de los años cincuenta, pero con el paso del tiempo, han sido pintados de colores cada vez más vibrantes por los habaneros. Para mí, algo muy distinto.

Claro, no es todo positivo. Los sueldos son bastante bajos y faltan muchas cosas; <u>me di cuenta de que en mi país a veces no apreciamos lo que tenemos lo suficiente</u>. Lo que más me llamó la atención, sin embargo, es que hay niveles de educación bastante superiores y los hospitales están más equipados por el gobierno.

¿Lo mejor? Sin duda el café.

---

1 a Traduce a tu propio idioma las frases subrayadas en el texto.

1 b Lee el texto entero. Comparando Cuba con su propio país, para Mario, ¿los siguientes aspectos de Cuba son mejores (M), peores (P) o solo diferentes (D)? Escribe la letra correcta para cada aspecto.

Ejemplo: 1 P

1 las casas	**5** los sueldos
2 la comunidad	**6** la educación
3 el deporte más popular	**7** los hospitales
4 los coches	**8** el café

2 a Vas a oír un *podcast* sobre las experiencias de un grupo de estudiantes que han hecho un intercambio familiar en Panamá. Escucha y contesta a las preguntas escribiendo la letra correcta (A, B, C o D). Habrá pausas durante el *podcast*.

Ejemplo: 1 A

1 Ana dice: Estoy acompañada de…
 A otro presentador.
 B un invitado.
 C un miembro del público.
 D mi amigo.
2 Anthony dice: Me ha sorprendido la variedad de…
 A comida.
 B ideas.
 C flores.
 D culturas.
3 Anthony dice: Para mí esto era algo muy…
 A diferente.
 B negativo.
 C aburrido.
 D confuso.

4 Emilia dice: Me alojé con una familia muy…
 A unida.
 B vieja.
 C diversa.
 D divertida.
5 Saúl dice: Al llegar a la fiesta…
 A no abrieron la puerta.
 B recibí un regalo.
 C estaba muy cansado.
 D tuve una sorpresa.
6 Saúl dice: Al principio no podía…
 A escuchar la música.
 B encontrar a su amigo.
 C decir nada.
 D bailar con su novia.

2 b Para cada frase de 2 a 6 inventa una nueva terminación para hacer una frase diferente sobre una estancia con una familia en otro país. Podrás reutilizar estas frases más adelante.

Ejemplo: 3 Me ha sorprendido la variedad de frutas diferentes.

3 a La voz pasiva (*ser* con un agente). Consulta los puntos N16 y N18 en la sección de gramática. En frases 1 a 4 cambia el verbo a la voz activa. En frases 5 a 8 cambia el verbo a la voz pasiva.

Ejemplo: Su familia panameña recogió a Ana en el aeropuerto.
 1 Ana fue recogida en el aeropuerto por su familia panameña.
 2 Fui llevado a una fiesta por mi amigo.
 3 La casa fue construida por su padre.
 4 El dormitorio fue pintado de azul por mi amigo.
 5 La abuela de mi amiga preparó todas las comidas.
 6 Los abuelos de la familia invitaron a Paco a cenar.
 7 Mi padre cerró la puerta.
 8 La mujer abrió el paraguas.

3 b Busca los cinco ejemplos de la voz pasiva con *ser* en el texto del ejercicio 1. Apúntalas y tradúcelas a tu propio idioma.

Ejemplo: fue construido por los españoles

4 Escribe un reportaje sobre una estancia que has hecho con otra familia, idealmente en otro país. Debes escribir 130–140 palabras. Menciona:
 ● detalles sobre la familia y la casa
 ● lo que hiciste con la familia
 ● información sobre lo diferente y lo similar en comparación con el sitio donde tú vives
 ● tus reflexiones sobre lo que aprendiste de la experiencia

E7 Issues

Despegue

E7.1 ¡Cuidemos el planeta!

★ **Problemas del medio ambiente**
★ **El subjuntivo en oraciones condicionales que expresan un deseo**

1 ¿Qué se puede hacer en casa? ¿Cómo se puede proteger la naturaleza? Decide a cuál de las dos preguntas cada una de las siguientes frases es una contestación. Dibuja una tabla y escribe la información en la columna apropiada.

apagar las luces	usar un ventilador en vez de aire acondicionado
reciclar la basura	prohibir la contaminación aérea
dejar de cortar las selvas tropicales	controlar el humo de las fábricas
ducharse en vez de tomar un baño	evitar la polución de los mares
plantar más árboles	bajar la calefacción

Ejemplo: *apagar las luces*

Muy señores míos,

Soy una residente de Valencia. Quiero mucho a mi ciudad y pienso que la debemos <u>cuidar</u> mejor. Con unos pequeños cambios en nuestros hábitos podríamos tener una ciudad más limpia y más <u>sana</u>. Si pusiéramos más <u>papeleras</u>, habría menos <u>basura</u> en las calles; si hiciéramos más <u>zonas peatonales</u>, habría menos <u>contaminación aérea</u> y si prohibiéramos las discotecas en las zonas residenciales, habría menos <u>ruido</u> por la noche.

Esta clase de cambios no son difíciles de efectuar y no cuestan demasiado dinero. Si yo fuera la alcaldesa, daría más dinero para <u>mejorar el medio ambiente</u> para los ciudadanos.

Mucha gente piensa que cuidar <u>el planeta</u> significa tan solo cuidar <u>las selvas tropicales</u>, <u>reducir las emisiones</u> de las fábricas para no <u>destrozar la capa de ozono</u>, o cuidar <u>las especies en vías de</u> <u>extinción</u>. Todo eso sí, claro, pero si tuviera que dar un solo consejo, sería que tenemos que pensar en lo que hacemos en nuestra vida diaria. También se pueden <u>apagar las luces</u> en casa, <u>ducharse</u> en vez de tomar un baño, <u>bajar el termostato</u> un grado o dos y <u>reciclar</u> las botellas y <u>los envases</u>.

Atentamente,

Noemí Catalá

2 a Lee la carta y completa cada frase con una palabra de la lista. No necesitarás todas las palabras.

| tráfico | basura | ruido | árboles | especies |
| dinero | fábricas | *grandes* | temperatura | cambio |

Ejemplo: 1 grandes

1 Según Noemí los cambios no tienen que ser ....

2 En las calles la .... es un problema.

3 Sería buena idea tener zonas sin ....

4 La vida nocturna puede causar mucho ....

5 El ayuntamiento debe dar más ....

6 Es importante reducir las emisiones de las ....

7 Algunas .... están en vías de extinción.

8 En casa se puede bajar un poco la ....

2 b Traduce a tu propio idioma todas las palabras subrayadas en el texto y apúntalas.

3 Escucha lo que dicen Alicia (A), Patricio (P), Merche (M) y Santi (S) sobre el medio ambiente. Lee las siguientes opiniones e indica quién dice qué.

Ejemplo: 1 P

1 Vivo en una zona ruidosa.
2 Intento usar menos energía en casa.
3 Me preocupa la contaminación aérea.
4 Quisiera tener calles más limpias en mi zona.
5 Pienso que el ayuntamiento debe ser más estricto.
6 Creo que la gente debe ser más responsable si tiene artículos grandes para tirar.
7 Pienso que todos podemos hacer pequeñas cosas para mejorar la situación.
8 Creo que debemos controlar más el tráfico.

4 a El imperfecto de subjuntivo en oraciones condicionales que expresan un deseo. Consulta el punto N14 en la sección de gramática. Completa las frases siguientes con la palabra correcta de la lista y traduce las frases a tu propio idioma.

| *daría* | habría | prohibiría | reciclaría | tendríamos |

Ejemplo: 1 daría

1 Si fuera alcalde .... más dinero para proteger el medio ambiente.
2 Si pusiéramos más papeleras en las calles .... menos basura.
3 Si hiciéramos más zonas peatonales .... menos problemas de contaminación aérea.
4 Si pudiera cambiar una cosa en mi zona, ... la circulación de coches por el centro.
5 Si tuviera más tiempo, ... mejor mi basura.

4 b Completa estas frases con ideas tuyas.

1 Si yo fuera alcalde/esa…
2 Si yo pudiera cambiar una cosa…
3 Si yo tuviera más…

5 El medio ambiente de tu zona te preocupa. Escribes una carta al alcalde/a la alcadesa. Debes escribir 80–90 palabras en español. Menciona:
- los dos problemas que más te preocupan y por qué
- las posibles soluciones a estos problemas
- lo que haces tú personalmente para ayudar al medio ambiente
- lo que harías si fueras el/la alcalde/esa

6 Prepara una presentación sobre el medio ambiente utilizando lo que has leído en el texto del ejercicio 2 y lo que has escrito en la actividad 5.

Vuelo

E7.2 Protegiendo Asturias

★ **El impacto de las medidas medioambientales**
★ **El condicional perfecto**

Mundo Sostenible – parque temático educativo

1 Hace tan solo dos meses se abrieron las puertas de Mundo Sostenible, el nuevo parque temático en las afueras de Oviedo. Este proyecto no habría sido posible sin los valientes esfuerzos de nuestro equipo, en colaboración con el gobierno local. Tampoco se habría terminado a tiempo sin la dedicación de los trabajadores, que han dado el 100% al proyecto.

2 Nuestro parque tiene como objetivo enseñar a los jóvenes y escolares lo que significa la sostenibilidad y por qué importa para las generaciones del futuro.

3 Si no nos has visitado todavía, tienes que comprender que lo nuestro es toda una visión del mundo de 2050, pero creemos que es una visión realizable. Se podrá ver, por ejemplo, la casa del futuro, con su techo de paneles solares, sus paredes y ventanas súper aisladas y construida solo de materiales reciclados. Esta casa no solo no utiliza energía, sino que además genera electricidad para la red. Además, hay talleres para gente de todas las edades para aprender más sobre la sostenibilidad.

4 Pero quizás lo más destacado de nuestro proyecto es que mucha gente habría dicho que no es posible hacer una atracción turística, construir edificios y crear empleos para la gente sin tener un impacto negativo sobre el medio ambiente. Hemos demostrado que sí se puede hacer.

5 ¿Cómo? Pues eligiendo unos edificios ya abandonados y reformándolos, en un lugar con buen acceso por transporte público y haciendo una cooperativa laboral para la plantilla, de manera que todos los empleados comparten su éxito.

1 Lee el texto. En cada frase hay dos errores. Escribe la frase correcta según el texto.

Ejemplo: 1 Mundo Sostenible se encuentra en las afueras de Oviedo y los trabajadores han estado muy dedicados.

1 Mundo Sostenible se encuentra en el centro de Oviedo y los trabajadores han estado muy perezosos.

2 El objetivo es hacer dinero y el parque atrae a muchos jubilados.

3 Las casas del futuro se construirán con madera y habrá hierba en los techos.

4 La lección del proyecto es que siempre hay un impacto medioambiental de la industria.

5 Andando se llega allí fácilmente y la plantilla son todos voluntarios.

Un pueblo de Asturias en el norte de España.

2 Vas a oír una entrevista de la radio con Manuel, que hablará sobre el medio ambiente. Escúchala con atención y contesta a las preguntas en español. Habrá dos pausas durante la entrevista.

Ejemplo: 1 la voz del medio ambiente

  1 ¿Cómo se conoce a Manuel?
  2 ¿Dónde vive Manuel?
  3 ¿Qué decidieron construir?
  4 ¿A qué clase de animales afectaría esta construcción?
  5 ¿Cómo cambiaría el pueblo?
  6 ¿Cómo era la personalidad de Manual antes de los cambios medioambientales?
  7 Menciona dos cosas que hicieron para protestar.
  8 ¿Qué hace Manuel ahora?

3 El condicional perfecto. Consulta el punto N11 en la sección de gramática y di lo que tú habrías hecho en el lugar de las siguientes personas.

Ejemplo: Yo habría hecho mis deberes.

  1 Paco recibió un castigo por no hacer sus deberes.
  2 Estaba lloviendo, pero Ana salió sin paraguas.
  3 Patricio no llegó a tiempo a la fiesta.
  4 Mariana perdió la carrera por no estar en forma.
  5 Luz suspendió su examen por no estudiar.
  6 Josefa dejó todas las luces encendidas.
  7 Cuando tenía calor Santi usaba siempre el aire acondicionado.
  8 Mariluz siempre echaba las botellas de plástico a la basura normal.

4 Practica estas preguntas con tu compañero/a y luego os turnáis. Intenta añadir más información, utilizando diferentes tiempos verbales y variando la lengua. Expresad opiniones siempre que podáis.

  1 ¿Qué se puede hacer en casa para proteger al medio ambiente?
  2 ¿Qué has hecho tú recientemente en casa para ayudar el medio ambiente? ¿Por qué es importante eso?
  3 ¿Qué se debe hacer en los institutos para proteger el medio ambiente?
  4 ¿Cómo se puede proteger la naturaleza?
  5 Imagina que decides hacer tres cosas para mejorar el medio ambiente. ¿Qué harás?

5 Escribe un reportaje sobre un aspecto de la protección del medio ambiente que te interesa. Menciona:
  ● una explicación de los hechos
  ● tu opinión sobre lo que se debe hacer
  ● dos cosas que tú has hecho recientemente para cuidar el planeta
  ● algo que ha hecho mal el gobierno y lo que habrías hecho tú

Vocabulario

D1.1 Me gustaría ser artista

el año libre/sabático	la entrevista	manejar dinero
el/la banquero/a	estar dispuesto/a (a)	saber idiomas
el/la cajero/a	el estrés	ser bueno/a para los negocios
conducir	la fábrica	tratar con los clientes
conseguir experiencia	la habilidad	usar el ordenador
diseñar	hablar en público	
el/la enfermero/a	hacer contactos	

D1.2 Cuando termine la carrera...

abrir mi propio negocio	descubrir	proteger
el aire libre	el/la electricista	el puesto
la biología	hacer la carrera	saludar
la carrera	el/la jardinero/a	el sueldo
cocinar	el/la mecánico/a	el taller
el/la dependiente/a	el medio ambiente	
descansar	el periodismo	

D2.1 Cómo entrar en el mercado laboral

el/la abogado/a	el/la cajero/a	lamentar
la actriz	darse bien/mal	el/la marinero/a
el/la árbitro/a	dedicar	el/la peluquero/a
el/la atleta	el/la director(a)	e/la periodista
el/la bailarín/ina	el diseño gráfico	el/la portero/a
el/la basurero/a	jubilado/a	el sueño

D2.2 Yo no podría estudiar medicina...

apoyar	equivocarse	ponerse al día
asistir a clase	estar listo/a	el premio
el consejo	hacer prácticas	la psicología
convencer	la imprenta	sacar buenas/malas notas
el drama	el/la orientador(a)	la tinta
dudar	el/la pintor(a)	valer (la pena)

D3.1 ¡Voy a coger un año sabático!

el anuncio	el dinero de bolsillo	el/la profesor(a)
un año libre/sabático	el/la dueño/a	el puesto
el/la cartero/a	estar bien/mal pagado/a	el respeto
cogerse/tomarse	ganar	el sueldo
decidir	el/la guía turístico	tener ganas (de)
el/la dependiente/a	el horario	trabajar de/como

D3.2 Te piden que sepas tres idiomas

la arquitectura	durar	molestar
la buena/mala presencia	hacer prácticas	la oportunidad
el/la cliente	honesto/a	puntual
conseguir	la informática	el sentido del humor
cubrir	el/la jefe/a	tener experiencia
disponible	manejar dinero	trabajador(a)

D4.1 ¿Dígame?

la agenda	¿De parte de quien?	la llamada
¿A qué número llama?	¿Dígame?	el número de teléfono
el buzón (de voz)	¿Disculpe?	*el/la operador(a)*
colgar	equivocarse	Quisiera hablar con…
el contestador automático	estar comunicando	el teléfono fijo
dejar un mensaje	la guía telefónica	el teléfono móvil

D4.2 ¿Quién habrá conseguido el puesto?

el/la candidato/a	la entrevista	el sentido del humor
conseguir	el horario	la tienda de recuerdos
decidir	inseguro/a	trabajador(a)
desordenado/a	nervioso/a	*el traje*
la disponibilidad	prepararse	el/la turista
el documento	*la recomendación*	vestirse

E1.1 ¿Vamos en tren o en taxi?

el andén	hasta	*preferente*
buscar	el hecho	el refresco
el carrito	incluir	salir
cómodo/a	largo/a	la taquilla
la consigna	llegar	la tarjeta
corto/a	mayor	tardar
durar	menor	la vía
el equipaje	la plaza	

E1.2 ¡Viajamos y disfrutamos!

afortunado/a	gratis	la naturaleza
el albergue juvenil	gratuito/a	*el organismo*
el autocar	hacer turismo	el piragüismo
el consejo	el interés	el proyecto
discapacitado/a	la isla	el senderismo
disfrutar	el lugar	la tarea
el espectáculo	*la meta*	el/la voluntario/a
esquiar	montar a caballo	

E2.1 ¿Qué tipo de vacaciones prefieres?

ahorrar	gastar	peor
el albergue juvenil	la isla	la piscina
aprovechar	lujo	quedarse
broncearse	mejor	tener ganas
el campo	el mes	tomar el sol
ecológico/a	el museo	el/la turista
la escalada	la nieve	el verano
fatal	peligroso/a	

E2.2 A Guatemala, unas vacaciones fuera de lo ordinario

a causa de	*la especia*	la selva
el ambiente	la hierba	significar
antiguo/a	el lugar	*el terremoto*
aprender	mezclar	típico/a
a través de	el mundo	traducir
construir	la naturaleza	único/a
disfrutar	olvidar	
emocionante	precioso/a	

E3.1 Se espera tiempo soleado en toda España

bajo cero	hay niebla / nubes	nublado/a
caluroso/a	húmedo/a	*prever*
despejado/a	*impredecible*	el pronóstico
espléndido/a	lluvioso/a	soleado/a
granizo	nevar	templado/a
hace frío / calor / viento	la niebla	la tormenta

E3.2 La tormenta había durado toda la noche

asustado/a	el cubo	meter
el bañador	el daño	*qué fastidio*
el bocadillo	durar	*la sandalia*
caer	fresco/a	soplar
la carretera	impresionante	el techo
cortar	la insolación	traer

E4.1 Una visita a una familia

amplio	el extranjero	prestar
el consejo	el final	tener hambre
la contaminación	la guerra	la toalla
dejar	*la maravilla*	el traje de baño
ducharse	olvidar	la zona

E4.2 Mi casa es tu casa

acogedor(a)	construir	recoger
acostumbrarse	faltar	el siglo
aficionado/a	*familiar*	sorprender
alojarse	hace	el sueldo
el comercio	el intercambio	unido/a
compartir	el nivel	el valor

E7.1 ¡Cuidemos el planeta!

el aire	deber	pensar
apagar	ducharse	prohibir
bajar	*el envase*	reciclar
la basura	la fábrica	el ruido
el cambio	el grado	sano
la circulación	limpio	tirar
la contaminación	el medio ambiente	*la vergüenza*
cuidar	la papelera	

E7.2 Protegiendo Asturias

aprender	el éxito	el taller
compartir	el gobierno	el techo
construir	el lugar	vacío/a
darse cuenta	el pájaro	la ventana
el diputado	la pared	la voz
el edificio	*la plantilla*	
elegir	el proyecto	
enseñar	la red	
el esfuerzo	significar	

Ficha de información

¿Qué sabes de Madrid?

General

Madrid es la capital de España y es parte de la
Comunidad de Madrid. Está situada prácticamente en
el centro de la península, a 655 metros de altura. La
población es de 3,2 millones de habitantes. Entre 1940
y 1970 vinieron muchas personas de otras provincias
españolas. En los años 90 llegaron muchas personas
de varios países latinoamericanos, del este de Europa
y del norte de África. Ahora su población es, por tanto,

El oso y el madroño

muy diversa. Es difícil encontrar a un madrileño "de verdad", cuyos padres y abuelos sean
de Madrid.

Clima

"Nueve meses de invierno y tres de infierno". El tiempo en otoño y primavera es generalmente
templado y variable. Los inviernos a veces son muy fríos, especialmente cerca de la Sierra de
Guadarrama. Allí se puede esquiar en invierno, algo sorprendente para algunos extranjeros,
que piensan que en España hace sol todo el año. En verano, el calor es muy intenso y
desagradable, pero... ¡es la ciudad de Europa con más días con cielos azules al año!

Un secreto de Madrid

Y esto no se lo digas a nadie... Si vienes aquí y quieres ver unas vistas espectaculares
de la ciudad, ve a Vallecas, al Cerro del Tío Pío. Desde allí podrás ver los edificios más
característicos de Madrid con las montañas detrás. Llévate un bocadillo, una cámara y un buen
amigo para ver juntos el atardecer. Será una tarde inolvidable.

Curiosidades

A los madrileños se les llama 'gatos', nombre que viene de la invasión de Madrid en el siglo XI.
Parece que el rey Alfonso VI se encontró con unas inmensas murallas (paredes muy altas) que
eran muy difíciles de traspasar. Había un joven muy interesado en luchar contra los moros que
subió la muralla con mucha facilidad. Este joven tiró una cuerda al ejército cristiano y les ayudó
a conquistar la ciudad de Madrid. El rey le preguntó su nombre: "Me llaman gato." Desde
entonces, se usa la palabra "gato" para todos los madrileños.

1 Lee la ficha. Contesta a las preguntas en español.

1 ¿Dónde se encuentra la capital de España?

2 ¿Qué ocurrió entre 1940 y 1970?

3 ¿Qué características hay que tener para ser un madrileño auténtico?

4 ¿Qué es sorprendente para algunos extranjeros?

5 ¿Por qué Madrid es especial comparada con otras ciudades europeas?

6 ¿Dónde está el Cerro del Tío Pío?

7 ¿Qué problema encontró Alfonso VI al llegar a Madrid?

8 ¿Quién ayudó a los cristianos a conquistar Madrid?

Juego del 'Encuentrapueblos'

A ¿Quieres conocer la casa donde nació el autor de El Quijote hace unos 500 años? Si te apetece, después puedes ir a tomar unas tapas por la Calle Mayor y visitar el bar más antiguo del centro.

B Es un pueblo pintoresco, con historia y cerca de Madrid. Tiene un castillo muy bonito junto al río y también hay una piscina con vistas. Además, hay siempre muchas actividades como teatro en las calles, conciertos de música y talleres.

C Este monumento fortificado ofrece en verano conciertos, exposiciones, espectáculos de luz y sonido, y un mercado. El embalse de Santillana está prácticamente a sus pies.

D El tren llega aquí directo desde Madrid y luego sigue a Segovia. Hay un parque temático donde puedes ir de aventura por los árboles, y también varias piscinas naturales.

E Este pueblo norteño aparece con otro nombre en la película 'Bienvenido Míster Marshall'. La llegada de los americanos agitó a toda la localidad.

Buitrago de Lozoya

2 Lee las cinco pistas (A–E) y empáréjalas con su pueblo correspondiente (1–5).

1 Castillo de Manzanares: arquitectura militar (alojamiento y defensa)

2 Guadalix de la Sierra: población que saltó a la fama

3 Alcalá de Henares: Miguel de Cervantes (1547-1616)

4 Buitrago de Lozoya: lugar con encanto próximo a la capital

5 Cercedilla: pueblo situado entre dos provincias de España

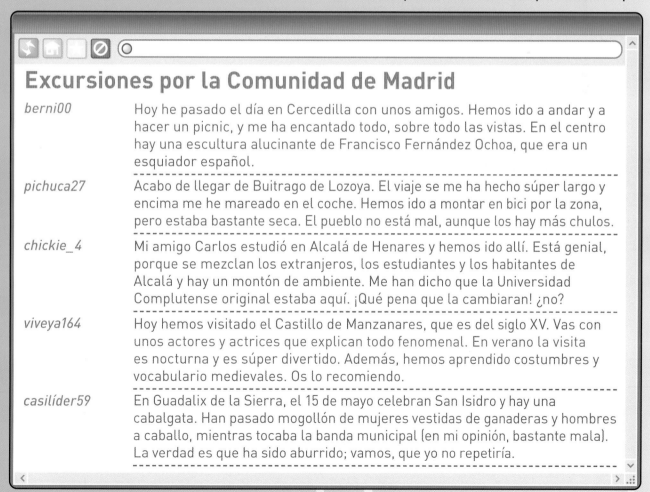

Excursiones por la Comunidad de Madrid

berni00	Hoy he pasado el día en Cercedilla con unos amigos. Hemos ido a andar y a hacer un picnic, y me ha encantado todo, sobre todo las vistas. En el centro hay una escultura alucinante de Francisco Fernández Ochoa, que era un esquiador español.
pichuca27	Acabo de llegar de Buitrago de Lozoya. El viaje se me ha hecho súper largo y encima me he mareado en el coche. Hemos ido a montar en bici por la zona, pero estaba bastante seca. El pueblo no está mal, aunque los hay más chulos.
chickie_4	Mi amigo Carlos estudió en Alcalá de Henares y hemos ido allí. Está genial, porque se mezclan los extranjeros, los estudiantes y los habitantes de Alcalá y hay un montón de ambiente. Me han dicho que la Universidad Complutense original estaba aquí. ¡Qué pena que la cambiaran! ¿no?
viveya164	Hoy hemos visitado el Castillo de Manzanares, que es del siglo XV. Vas con unos actores y actrices que explican todo fenomenal. En verano la visita es nocturna y es súper divertido. Además, hemos aprendido costumbres y vocabulario medievales. Os lo recomiendo.
casilíder59	En Guadalix de la Sierra, el 15 de mayo celebran San Isidro y hay una cabalgata. Han pasado mogollón de mujeres vestidas de ganaderas y hombres a caballo, mientras tocaba la banda municipal (en mi opinión, bastante mala). La verdad es que ha sido aburrido; vamos, que yo no repetiría.

Ficha de información

Teleférico de La Paz

Cerro Rico (Potosí)

¿Qué sabes de Bolivia?

General

Bolivia, cuya capital es La Paz, está situada en el centro-oeste de América Latina. Al noreste está Brasil, al sur Paraguay y Argentina, y al oeste Chile y Perú. Tiene aproximadamente 10.500.000 habitantes. Su moneda es el boliviano. Hay tres idiomas oficiales: español, aymará y quechua. No existe una religión oficial, pero 95% de los bolivianos se declaran católicos. Bolivia ofrece unos paisajes espectaculares.

Clima

Es muy variable e impredecible. La altura puede ser muy diferente dentro del país, por eso las condiciones van del clima tropical en los llanos al polar en el Altiplano. La altitud, el fenómeno del Niño o la proximidad al trópico influyen en el tiempo de este país. Las lluvias se producen entre noviembre y marzo. Hay poca diferencia entre las cuatro estaciones.

Un secreto de Bolivia

¡El teleférico de La Paz! ¿Sabías que las ciudades de La Paz y El Alto están comunicadas por un moderno teleférico a más de 4.000 metros de altura? Sus cabinas cuentan con unas vistas absolutamente extraordinarias y hay varias líneas, como si fuera una especie de metro por el aire. El viaje dura diez minutos y es muy económico. Es el teleférico urbano más alto del mundo.

Curiosidades

Potosí es hoy casi un pueblo olvidado… Sin embargo, en el siglo XVII representó una gran riqueza mineral para los colonizadores españoles. Posiblemente la cantidad de plata extraída de Cerro Rico (principal montaña de la zona) fue enorme. Hasta se podría haber construido un puente entre Potosí y Madrid… De esa riqueza natural viene la expresión 'Vale un potosí.'.

1 Lee la ficha. Indica si las siguientes afirmaciones son verdaderas (V) o falsas (F).

1 La moneda y los habitantes de Bolivia se llaman igual.

2 Aunque hay otras, el catolicismo es la religión principal en Bolivia.

3 Las vistas en Bolivia no suelen ser muy bonitas.

4 El clima en Bolivia es muy variable, en parte debido a las grandes diferencias de altitud.

5 Existe una red de teleférico en la ciudad de Sucre.

6 El teleférico más elevado del mundo está en Antofagasta.

7 La ciudad de Potosí ha perdido gran relevancia en los últimos cuatro siglos.

8 La expresión 'Vale un potosí' quiere decir que algo o alguien tiene muchísimo valor.

Silpancho cochabambino... ¡Ordena la receta!

Silpancho

A Ahora que tienes todo, pon una taza de arroz sobre el plato, coloca el bistec, y añade el huevo frito. Coloca los trozos de cebolla y tomate a un lado y acompáñalo con tres o cuatro círculos de patata. Para decorar, añade un poco de perejil por encima. ¡Que aproveche!

B Qué vas a necesitar:
2 tazas de arroz cocido
1 patata grande
2 bistecs de carne blanda
Media taza de aceite y aceite en spray
Media taza de pan rallado
1 cebolla mediana
1 taza de tomates envasados
1 cucharada de perejil picado
2 huevos

C Cuando ya estén cocinados, colócalos en una servilleta de papel para que absorba la grasa. No dejes que se enfríen demasiado. Luego pon una taza de la lata de tomates. Corta la cebolla en trozos pequeños.

D Mientras se enfría, hierve el arroz. Asegúrate de que obtienes dos tazas, una vez cocinado. Si quieres, lo puedes preparar el día anterior.

E Al tiempo que fríes las patatas, puedes preparar los huevos, echando aceite en spray en una sartén. Añade sal y pimienta al gusto.

F Una vez lista la carne, saca la patata de la nevera y córtala en círculos. Pon un cuarto de la taza de aceite en una sartén y fríelas por ambos lados durante dos minutos, hasta que estén doradas. Colócalas en una servilleta de papel para que absorba el exceso de aceite.

G Cuando el arroz esté listo, pon en un plato el pan rallado. Coloca ahí los bistecs y presiona por ambos lados. Fríelos en un cuarto de la taza de aceite, teniendo cuidado de que no se doren demasiado.

H Pela la patata y hiérvela durante 20 minutos con un poco de sal. No la cuezas demasiado. Mientras preparas lo demás, deja que se enfríe y métela en la nevera.

2 ¿Puedes poner en orden los pasos de la receta del 'silpancho'?

3 ¿Cuánto sabes de Bolivia? ¡Haz esta prueba! Mira abajo para ver las respuestas. Hay palabras que no necesitas.

La carretera más peligrosa

1 Entre La Paz y Los Yungas está la carretera más peligrosa del mundo, denominada la carretera de la ....

2 En el departamento de Beni existe el delfín ...., una especie única en el mundo.

3 Al .... de Bolivia se establecieron en el siglo XVII numerosas misiones jesuitas.

4 El Lago Titicaca es el lago .... más alto del mundo.

5 La Laguna Colorada es uno de los secretos de Bolivia y está habitada por miles de ....

6 El ingeniero de la Terminal de Autobuses de .... es el mismo que diseñó la Torre Eiffel.

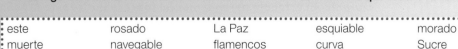

este	rosado	La Paz	esquiable	morado
muerte	navegable	flamencos	curva	Sucre

vuelo

Rincón del examen 4.1

Cómo mejorar tu español escrito

Consejos para planear lo que escribes

> **Estrategias**
> → Hay siempre tres opciones. Pueden ser: una carta, un correo electrónico, un artículo, un ensayo o la continuación de una historia.
> → Selecciona **la pregunta donde más sabes** (vocabulario, contenido, gramática); no será necesariamente la que te interesa más.
> → También planea dónde vas a incluir opiniones y puntos de vista.
> → Escribe **entre 130 y 140 palabras.** Divide lo que escribes igualmente entre los tres o cuatro puntos de la pregunta. Calcula con cuidado.
> → Piensa especialmente qué tiempos verbales utilizarás para cada punto. El tiempo verbal del punto te da una pista. Si pone *hiciste,* sabes que es pasado, si pone *habrá*, sabes que es futuro.
> → Planea incluir un mínimo de **18 formas verbales** usando distintas **personas** y **tiempos**, por ejemplo presente, pasado, futuro, condicional, gerundio, infinitivo.

Ejemplos para estudiar y analizar

1 Lee las dos contestaciones a esta pregunta y trabaja con otra persona para identificar las diferencias.

Debes escribir 130–140 palabras en español.

Pasaste el verano haciendo un trabajo en España. Escribe un artículo para la revista de tu instituto. Menciona:

- el tipo de trabajo y qué hiciste
- una persona que conociste allí
- tu opinión sobre los trabajos de verano en el extranjero
- lo que aprendiste durante tu estancia.

Contestación básica

En el verano fui a España. En España trabajé en un hotel. En el hotel limpiaba las habitaciones, trabajaba en el restaurante y lavaba los platos en la cocina. El trabajo no era muy interesante.

Un día conocí a un chico. Se llamaba Paco. Era alto y tenía los ojos azules. Trabajaba en el hotel también. Era camarero en el restaurante. Era muy simpático y gracioso. Tenía el pelo moreno y los ojos azules. Era bastante alto.

Pienso que los trabajos de verano son una cosa muy buena porque España es muy interesante y hay mucho para ver y hacer. También puedes ganar dinero y conocer a gente interesante. Me gustaría volver el año que viene.

Durante mi estancia aprendí mucho sobre la cultura de España, por ejemplo la comida, las fiestas, las tiendas, la historia y la música. También aprendí muchas palabras nuevas en español que son buenas para mi examen.

Contestación más sofisticada

<u>Voy a escribir</u> sobre mis experiencias este verano.

<u>Pasé</u> este verano <u>trabajando</u> de camarero en un hotel que se encontraba en un pequeño pueblo de la costa. Las horas eran bastante largas porque servía <u>no solo</u> las cenas <u>sino</u> también los desayunos.

Hice muchos amigos, y entre ellos un amigo especial, Paco. Teníamos la misma edad, los mismos intereses y, <u>lo más importante,</u> el mismo sentido de humor. ¡Cómo nos reíamos!

<u>Al principio</u> tenía miedo, pero no era necesario. <u>Para mí</u> este verano ha sido una experiencia inolvidable. <u>No obstante</u>, lo mejor fue la gente tan acogedora que conocí.

Pienso que algo muy importante es que he aprendido tantas cosas nuevas. Sin duda mi español ha mejorado <u>muchísimo</u>, <u>tanto</u> mi vocabulario <u>como</u> mi gramática.

Si tuviera que dar algún consejo a los jóvenes, recomendaría un verano trabajando en España o en otro país extranjero.

---

2 a   Produce 'una caja de herramientas' para mejorar lo que escribes con palabras o frases que podrías reciclar en otras ocasiones.

2 b   Estudia las herramientas y apréndelas. Traduce a tu propio idioma las frases de la contestación sofisticada que contienen una herramienta.

Consejos mientras escribes

Estrategias

→ Sigue los puntos de la pregunta en orden, así no olvidarás nada.
→ Recuerda los 18 verbos. ¡Muy importante!
→ Evita usar listas para llenar el espacio.
→ Justifica tus opiniones y puntos de vista.
→ Haz comparaciones.

Consejos al final para comprobar si es todo correcto (estrategia VISA)

Estrategias

→ **V** = Verbos ¿Son todos correctos? Mira cada verbo detenidamente.
→ **I** = Idioma ¿Es todo español auténtico? Traducir palabra por palabra no siempre funciona.
→ **S** = Sustantivos ¿Masculino o femenino? ¿Singular o plural? Mira cada sustantivo. Atención a las terminaciones como *-ción, -dad...* siempre femeninas.
→ **A** = Adjetivos ¿La concordancia es correcta? Mira cada adjetivo para estar seguro.

vuelo

Rincón del examen 4.2

¡Sube el nivel!

Ahora practica las técnicas

1 a Lee esta pregunta:

Debes escribir 130–140 palabras en español.

Has formado un grupo ecologista en tu instituto con tus amigos. Escribe una carta a tu amigo/a español(a) hablándole del grupo. Debes:

- decir por qué decidisteis formar el grupo
- dar tu opinión sobre las medidas necesarias para proteger el medio ambiente
- describir una actividad que habéis hecho recientemente.

1 b Lee esta contestación básica.

Hola Paco,

Ya sabes que me interesa el medio ambiente. Con mis amigos formé un grupo ecologista en el instituto porque pienso que el medio ambiente es importante. También pienso que es importante cuidar el planeta. En nuestro instituto hay mucha basura en el patio y los alumnos no siempre apagan las luces cuando salen de las aulas. ¿Cómo está la situación tu instituto?

Pienso que debemos tomar duchas en vez de tomar un baño, no dejar basura en las calles, controlar las emisiones de las fábricas y prohibir los coches del centro de la ciudad porque causan mucha contaminación. También pienso que debemos plantar más árboles.

Recientemente con el grupo fuimos al parque para recoger la basura. Había mucha basura en el parque. Recogimos la basura y al final el parque estaba limpio otra vez.

Un saludo,

Alan

Unas ideas para subir el nivel

Estrategias

→ Hay otras maneras de decir 'pienso': por ejemplo 'creo que', 'me parece que', 'desde mi punto de vista', 'a mi juicio'.

→ Hay otras maneras de decir 'también': por ejemplo 'además', 'adicionalmente', 'otro aspecto importante es'.

→ Conecta las frases para hacer frases subordinadas: por ejemplo, utilizando 'sin embargo', 'no obstante', 'por otra parte', 'en cambio'.

→ Busca entre las 'herramientas' de tu caja. ¿Cuáles puedes utilizar para este trabajo?

1 c Utiliza tu caja de herramientas y escribe la carta otra vez para subir el nivel a una contestación sofisticada. Mira otra vez las ideas en las páginas 222–23 para planear, escribir y comprobar.

Trabaja primero individualmente y luego intercambia lo que has escrito con otra persona. Comentad lo que habéis escrito para tener más ideas.

2 a Lee esta pregunta:

Debes escribir 130–140 palabras en español.

El miércoles pasado tuviste un accidente. Escribe un reportaje. Explica:

- lo que pasó exactamente
- cómo te sentiste después
- lo que harás para evitar accidentes similares en el futuro.

2 b Lee esta contestación básica.

> El miércoles pasado tuve un accidente. Estaba viajando a mi instituto en mi bicicleta y un coche blanco salió de una calle a la derecha. El conductor no vio mi bicicleta y tuve un accidente. Mi bicicleta estaba rota y yo me caí al suelo y me rompí el brazo.
>
> Después tenía mucho dolor y tuve que ir al hospital. Estaba muy enfadado porque el coche no paró. También tengo que comprar una bicicleta nueva, lo que es muy molesto y muy caro. Pienso que el conductor no era responsable.
>
> En el futuro, para evitar accidentes similares, voy a llevar un chaleco amarillo y un casco cuando monte en mi bicicleta. También voy a montar siempre con mucho cuidado y prestar atención a los coches. No podré montar en bicicleta durante dos meses a causa de mi brazo.

Más ideas para subir el nivel

Estrategias

➜ Evita utilizar frases enteras de la pregunta : no recibirás puntos y estarás utilizando demasiadas palabras.

➜ Intenta crear una historia lógica: aquí el chaleco y el casco no tienen una relación obvia con el accidente.

➜ Hay más maneras de decir 'porque': por ejemplo 'ya que', 'puesto que', 'a causa de lo cual'.

➜ Utiliza sinónimos para evitar repetir la misma palabra: por ejemplo 'montar' aparece varias veces. ¿Cómo lo podrías decir de otra manera?

2 c Utiliza tu caja de herramientas y escribe el reportaje otra vez para subir el nivel a una contestación sofisticada. Comenta lo que has escrito con otra persona.

Otros consejos

Estrategias

➜ Asegura que el registro de lo que escribes es correcto (artículo, carta, correo electrónico, etc.).

➜ Controla bien el tiempo en el examen. Necesitarás unos minutos para pensar y preparar, tiempo para escribir y unos minutos para comprobar si es todo correcto.

➜ Incluye una variedad de tiempos verbales (presente, pasado, futuro, condicional, etc.) y construcciones verbales (*tener que, después de, en vez de, al* + infinitivo, *si* + imperfecto de subjuntivo, subjuntivo después de opinión negativa, p. ej. *no creo que sea*, etc.

Gramática

The following grammar summary includes all of the grammar and structure points required for the Cambridge IGCSE® and International Level 1/Level 2 Certificate Spanish.

A

Absolute superlative, ending in -*ísimo* (*El superlativo absoluto*) D4
Adjectives (*Los adjetivos*) C
Adjectives of nationality (*Los adjetivos de nacionalidad*) C2
Adverbs (*Los adverbios*) K
Affirmative commands (*El imperativo afirmativo*) N15
Age (*La edad*) N19
Approximate numbers (*Los números aproximados*) S3
Articles (*Los artículos*) B
Article with jobs/professions (*El artículo delante de profesiones*) B2
Augmentatives (*Los aumentativos*) R2

B

Basic adverbs (*Adverbios básicos*) K2

C

Cardinal numbers (*Los números cardinales*) S1
Cardinal points of the compass (*Los puntos cardinales*) T5
Clock time (*La hora*) T1
Comparison (*La comparación*) D
Conditional perfect tense (*El condicional perfecto*) N11
Conditional sentences (*Las oraciones condicionales*) N14
Conditional tense (*El condicional*) N8
Conjunctions (*Las conjunciones*) Q
Contracted forms of definite articles (*Las formas contractas del artículo definido*) B1

D

Dates (*Las fechas*) T2
Definite article (*El artículo definido*) B1
Demonstrative adjectives (*Los adjetivos demostrativos*) E1
Demonstrative pronouns (*Los pronombres demostrativos*) E2
Diminutives (*Los diminutivos*) R1
Direct object pronouns (*Los pronombres de objeto directo*) M2
Disjunctive pronouns (*Los pronombres preposicionales*) M5
Distances (*Las distancias*) S7
Doler-type verbs (*Verbos como* doler) N20

E

Exclamatory pronouns and adjectives (*Los pronombres y adjetivos exclamativos*) I1

F

Formation of adverbs with -*mente* (*La formación de los adverbios con* -mente) K1
Forms of adjectives (*Las formas de los adjetivos*) C1
Fractions (*Las fracciones*) S5
Future perfect tense (*El futuro perfecto*) N10
Future tense (*El futuro*) N6

G

Gender of nouns (*El género de los sustantivos*) A1
Gerund (El gerundio) N17
Gustar-type verbs (*Verbos como* gustar) N20

I

Immediate future (*El futuro próximo*) N7
Imperative (*El imperativo*) N15
Imperfect continuous tense (*El pasado continuo*) N5
Imperfect subjunctive (*El imperfecto de subjuntivo*) N13
Imperfect tense (*El imperfecto*) N4
Impersonal verbs (*Los verbos impersonales*) N21
Indefinite adjectives (*Los adjetivos indefinidos*) F1
Indefinite article (*El artículo indefinido*) B2
Indefinite pronouns (*Los pronombres indefinidos*) F2
Indirect object pronouns (*Los pronombres de objeto indirecto*) M3
Infinitive (*El infinitivo*) N23
Interjections (*Las interjecciones*) I2
Interrogative adjectives (*Los adjetivos interrogativos*) H1
Interrogative pronouns (*Los pronombres interrogativos*) H2
Irregular adjectives of comparison (*Los adjetivos de comparación irregulares*) D2
Irregular adverbs of comparison (*Los adverbios de comparación irregulares*) D3

L

Lo + adjective (Lo + *adjetivo*) B4

M

Masculine article with feminine nouns (*Los sustantivos femeninos con artículo masculino*) B3
más/menos de D1
Mathematical expressions (*Las expresiones matemáticas*) S4
Measurements (*Las medidas*) S7

N

Negatives (*Los negativos*) O
Negative commands (*El imperativo negativo*) N15
Nouns (*Los sustantivos*) A
Numbers (*Los números*) S

O

Order of object pronouns (*El orden de los pronombres de objeto*) M4
Ordinal numbers (*Los números ordinales*) S2

P

Passive (*La voz pasiva*) N16
Passive with *se* (*La pasiva con* se) N16
Passive with *ser* (*La pasiva con* ser) N16
Passive using a third-person plural verb (*La pasiva con verbos en tercera persona del plural*) N16
Percentages (*Los porcentajes*) S6
Personal *a* (*La preposición* a personal) P2
Personal pronouns (*Los pronombres personales*) M
Pluperfect tense (*El pluscuamperfecto*) N12

A Nouns (*Los sustantivos*)

A1 Gender of nouns (*El género de los sustantivos*)

As a general rule, nouns ending in -*o* are masculine and nouns ending in -*a* are feminine. However, there are some important exceptions:

el día	day
la mano	hand
el mapa	map
la modelo	(fashion) model
la moto	motorbike
el poema	poem
el problema	problem
el programa	programme
la radio	radio
el sistema	system
el tema	topic

The following groups of nouns are usually masculine:

- nouns ending in -*aje* or -*or*

el garaje	garage
el color	colour

- rivers, seas, mountains, fruit trees, colours, cars, days of the week and points of the compass

el Manzanares	the (river) Manzanares
el Mediterráneo	the Mediterranean
los Alpes	the Alps
el manzano	apple tree
el verde	green
el BMW	BMW
el domingo	Sunday
el norte	north

The following groups of nouns are usually feminine:

- nouns endings in -*ión*, -*dad*, -*tad*, -*triz*, -*tud*, -*umbre*, -*anza*, -*cia*, -*ie*

la región	region
la ciudad	town
la dificultad	difficulty
la actriz	actress
la inquietud	concern
la muchedumbre	crowd
la esperanza	hope
la diferencia	difference
la serie	series

- letters of the alphabet

la eñe	the letter *ñ*

- islands and roads

227

las (islas) Canarias   the Canary Islands

la M50   the M50

Nouns ending in *-ista* have no separate masculine or feminine form:

el/la artista   artist

el/la periodista   journalist

A2 Plural of nouns (*El plural de los sustantivos*)

Spanish nouns form their plurals in different ways:

- by adding *-s*, if the noun ends in a vowel, whether stressed or unstressed

el piso — los pisos   flat/s

la mano — las manos hand/s

el café — los cafés   coffee/s

- by adding *-es*, if the noun ends in a consonant

el color — los colores colour/s

la red — las redes   net/s, network/s

- nouns ending in *-z* change the ending to *-ces*

la voz — las voces   voice/s

- nouns that have an accent on the last syllable lose the accent in the plural

la región — las regiones   region/s

el inglés — los ingleses   English person/people

Exception:

el país — los países   country/countries

- days of the week, except *sábado* and *domingo*, have the same form for singular and plural

el lunes — los lunes Monday/s

el sábado — los sábados   Saturday/s

- nouns ending in *-en* which are stressed on the penultimate syllable add an accent in the plural

el examen — los exámenes examination/s

la imagen — las imágenes image/s

B Articles (*Los artículos*)

B1 Definite article (*El artículo definido*)

The definite articles ('the') are *el/los* for the masculine and *la/las* for the feminine:

	Singular	Plural
Masculine	*el día*	*los días*
Feminine	*la chica*	*las chicas*

When the masculine singular definite article is preceded by *a* or *de*, the preposition combines with it to make one word (called a contracted article):

*Vamos **al** parque.*
Let's go to the park. (*a + el = al*)

*Salieron **del** cine.*
They came out of the cinema. (*de + el = del*)

The other forms of the definite article, *la*, *los* and *las*, are unchanged after *a* and *de*.

The definite article is used in Spanish, but not in English, for:

- nouns used in a general sense

No me gusta el chocolate.
I don't like chocolate.

- languages, colours, days of the week (preceded by 'on' in English), the time, percentages, sports teams

El español es una lengua muy hermosa.
Spanish is a beautiful language.

Me gusta más el rojo que el amarillo.
I like red better than yellow.

El miércoles vamos a la piscina.
On Wednesday we are going to the swimming pool.

a las dos
at 2 o'clock

El 50% de los chicos tiene el pelo rubio.
50% of the children have blond hair.

el Real Madrid
Real Madrid

- abstract nouns

Todos buscamos la felicidad.
We are all looking for happiness.

The definite article is omitted in Spanish, but used in English, for:

- the names of monarchs and popes with Roman numerals (when speaking)

Alfonso XIII (Alfonso trece)
Alfonso XIII (Alfonso the thirteenth)

- nouns that are in apposition

Rodríguez Zapatero, antiguo presidente de España,…
Rodríguez Zapatero, the former prime minister of Spain,…

B2 Indefinite article (*El artículo indefinido*)

The indefinite articles ('a', 'an') are *un/unos* for the masculine and *una/unas* for the feminine:

	Singular (a/an)	Plural (some)
Masculine	*un piso*	*unos pisos*
Feminine	*una chica*	*unas chicas*

The indefinite article is omitted in Spanish where it is used in English:

- with occupations after *ser*

Mi padre es enfermero.
My father is a nurse.

- when the noun is in apposition

Llegó Juan, amigo de mi padre.
Juan, a friend of my father, arrived.

- with a number of common words, especially *otro*, *qué* and *mil*

El gamberrismo es otro problema.
Hooliganism is another problem.

¡Qué milagro!
What a miracle!

Te lo he dicho mil veces.
I've told you a thousand times.

B3 Masculine article with feminine nouns (*Los sustantivos femeninos con artículo masculino*)

The masculine definite and indefinite articles *el* and *un* replace the feminine forms *la* and *una* before feminine nouns in the singular that begin with stressed *a* or *ha*. These nouns remain feminine in gender:

Singular	Plural
el/un agua	*las/unas aguas*
el/un hambre	*las/unas hambres*

B4 *Lo* + adjective (Lo + *adjetivo*)

Lo is used as a neuter article and can act as a noun when followed by an adjective, e.g. *bueno*, *importante*:

Los exámenes han terminado y eso es lo bueno.
The exams are over and that's the good thing.

Lo importante es no perder el tren.
The important thing is not to miss the train.

C Adjectives (*Los adjetivos*)

C1 Forms of adjectives (*Las formas de los adjetivos*)

Adjectives that end in *-o* (masculine) or *-a* (feminine) add *-s* for the plural:

	Singular	Plural
Masculine	*limpio*	*limpios*
Feminine	*limpia*	*limpias*

Most adjectives that end in a vowel other than *-o/-a* or a consonant have the same form for masculine and feminine in the singular and plural. In the plural, *-s* is added to those ending in a vowel and *-es* to those ending in a consonant.

	Singular	Plural
Masculine	*triste*	*tristes*
Feminine	*triste*	*tristes*

	Singular	Plural
Masculine	*azul*	*azules*
Feminine	*azul*	*azules*

Adjectives ending in *-z* change the *z* to *c* in the plural:

	Singular	Plural
Masculine	*feliz*	*felices*
Feminine	*feliz*	*felices*

Adjectives ending in *-or* add *-a* for the feminine singular, *-es* for the masculine plural and *-as* for the feminine plural:

	Singular	Plural
Masculine	*encantador*	*encantadores*
Feminine	*encantadora*	*encantadoras*

Note: comparative adjectives ending in *-or* do not have a separate feminine form:

	Singular	Plural
Masculine	*mejor*	*mejores*
Feminine	*mejor*	*mejores*

When two nouns of different gender stand together, the adjective that qualifies them is masculine plural:

Eva y Jorge están contentos.
Eva and Jorge are happy.

C2 Adjectives of nationality (*Los adjetivos de nacionalidad*)

Adjectives that denote a country or a region and finish in a consonant normally have a feminine form ending in -*a*. Adjectives ending in -*és* lose the accent in the other three forms.

Masculine singular	Feminine singular	Masculine plural	Feminine plural
inglés	*inglesa*	*ingleses*	*inglesas*
español	*española*	*españoles*	*españolas*
catalán	*catalana*	*catalanes*	*catalanas*

C3 Position of adjectives (*Posición de los adjetivos*)

Adjectives are normally placed after nouns:

una lengua difícil   a difficult language

Some common adjectives are usually placed before the noun: *buen(o)/a, mal(o)/a, pequeño/a* and *gran(de)*:

¡Que tengas un buen día!   Have a good day!

¡Buena suerte!   Good luck!

Cardinal and ordinal numbers and *último* are placed before the noun:

cien pasajeros   a hundred passengers

el quinto piso   the fifth floor

su última novela   his/her/your (formal) last/latest novel

C4 Shortening of adjectives (*Los adjetivos apocopados*)

Several common adjectives lose the final -*o* when they come before a masculine singular noun. This is called 'apocopation':

alguno/a — algún	any	*malo/a — mal*	bad
primero/a — primer	first	*uno/a — un*	one, a
bueno/a — buen	good	*ninguno/a — ningún*	no
tercero/a — tercer	third		

Volveré algún día.
I'll come back some day.

Hace mal tiempo hoy.
The weather is bad today.

el primer hijo de la familia
the first son of the family

Grande shortens to *gran* before masculine and feminine singular nouns:

mi gran amiga, Paula
my great friend, Paula

....

D Comparison (*La comparación*)

D1 Types of comparison (*Tipos de comparación*)

There are three basic types of comparison:

- of superiority (more…than) — *más…que*
- of inferiority (less…than) — *menos…que*
- of equality (as…as) — *tan(to)…como*

Hace más frío en Escocia que en España.
It's colder in Scotland than in Spain.

Hace menos frío en España que en Escocia.
It's less cold in Spain than in Scotland.

Hace tanto calor en Madrid como en Caracas.
It's as hot in Madrid as in Caracas.

Comparatives can be adjectives or adverbs.

Notes:

- When a number comes after *más,* it must be followed by *de* and not *que.*

Hay más de treinta alumnos en la clase.
There are more than 30 pupils in the class.

- When comparing quantities, if *más* or *menos* is followed by a clause containing a verb, *más / menos del que / de la que / de lo que* etc. must be used.

*Tenemos **menos** dinero **del que** pensábamos.*
We've got less money than we thought.

*Estudia **más de lo que** imaginas.*
He studies more than you imagine.

- After *bastante, para* or *como para* is used.

No soy bastante rico (como) para comprar un piso en el centro.
I'm not wealthy enough to buy a flat in the centre.

D2 Irregular adjectives of comparison (*Adjetivos de comparación irregulares*)

Certain common adjectives have special comparative forms:

Adjective	Comparative
bueno (good)	*mejor* (better)
malo (bad)	*peor* (worse)
mucho (much)	*más* (more)
poco (few)	*menos* (fewer, less)
grande (big, great)	*mayor* (bigger, greater)
pequeño (little, small)	*menor* (smaller)

Pedro tiene mejor apetito que Enrique.
Pedro has a better appetite than Enrique.

D3 Irregular adverbs of comparison (*Adverbios de comparación irregulares*)

Certain common adverbs have special comparative forms, which are invariable:

Adverb	Comparative
bien (well)	*mejor* (better)
mal (bad)	*peor* (worse)
mucho (a lot)	*más* (more)
poco (not much)	*menos* (less)

Mi hermano cocina mejor que mi hermana.
My brother cooks better than my sister.

D4 Superlatives (*Los superlativos*)

The way to express the idea of 'most' in Spanish is by placing the definite article before the noun being described and the comparative adjective after the noun:

La montaña más alta de España está en Canarias.
The highest mountain in Spain is in the Canaries.

Chile es el país más largo de América Latina.
Chile is the longest country in Latin America.

Note that 'in' after a superlative is expressed by *de*.

Absolute superlative, ending in -*ísimo*
To express the idea of a quality possessed to an extreme degree, you can add -*ísimo* to the adjective:

Salamanca es una ciudad hermosísima.
Salamanca is a very beautiful city.

Chile es un país larguísimo.
Chile is an extremely long country.

Note that some -*ísimo* endings, as with the adjective *largo* in the example, require a spelling change to the last consonant of the adjective:

largo — larguísimo	long — extremely long
rico — riquísimo	rich — very rich
feliz — felicísimo	happy — extremely happy

E Demonstrative adjectives and pronouns (*Los adjetivos y pronombres demostrativos*)

E1 Demonstrative adjectives (*Los adjetivos demostrativos*)

There are three forms of demonstrative adjective in Spanish:

- *este, esta, estos, estas*, meaning 'this'
- *ese, esa, esos, esas*, meaning 'that' (near the listener)
- *aquel, aquella, aquellos, aquellas*, meaning 'that' (distant from both the speaker and the listener)

Masculine singular	Feminine singular	Masculine plural	Feminine plural
este chico (this boy)	*esta chica* (this girl)	*estos chicos* (these boys)	*estas chicas* (these girls)
ese chico (that boy)	*esa chica* (that girl)	*esos chicos* (those boys)	*esas chicas* (those girls)
aquel chico (that boy over there)	*aquella chica* (that girl over there)	*aquellos chicos* (those boys over there)	*aquellas chicas* (those girls over there)

E2 Demonstrative pronouns (*Los pronombres demostrativos*)

Demonstratives pronouns are the equivalent of 'this one' and 'that one'. They agree in gender and number with the noun they stand for:

Masculine singular	Feminine singular	Masculine plural	Feminine plural
este (this (one))	*esta* (this (one))	*estos* (these (ones))	*estas* (these (ones))
ese (that (one))	*esa* (that (one))	*esos* (those (ones))	*esas* (those (ones))
aquel (that (one))	*aquella* (that (one))	*aquellos* (those (ones))	*aquellas* (those (ones))

Quiero comprar una camisa.
I want to buy a shirt.

¿Le gusta esta?

Do you like this one?

No, prefiero esa/aquella.
No, I prefer that one.

Note: demonstrative pronouns are sometimes found with an accent on the first e (*éste, aquél* etc), in order to distinguish them from demonstrative adjectives.

The neuter forms of the demonstrative pronouns are:

esto	this	*eso*	that	*aquello*	that

The neuter form refers to an indeterminate idea and not necessarily to a specific object:

¿Por qué no te gusta eso?
Why don't you like that?

F Indefinite adjectives and pronouns (*Los adjetivos y pronombres indefinidos*)

Indefinites are words which refer to persons or things that are not specific. They can be adjectives or pronouns. Many indefinites, such as *otro* and *mucho* can act as either adjective or pronoun, depending on their function in the sentence.

F1 Indefinite adjectives (*Los adjetivos indefinidos*)

The following words are common indefinite adjectives:

alguno/a/os/as	some, any
bastante/s	enough
cada	each, every
cualquiera/cualesquiera	any
demasiado/a/os/as	too much, too many
mucho/a/os/as	much, many, a lot of
otro/a/os/as	(an)other
poco/a/os/as	few, little
todo/a/os/as	all, any, every
uno/a/unos/unas	one
varios/as	several

Algún día visitaré Argentina.
Some day I'll visit Argentina.

Me llamaba cada dos horas.
He used to ring me every two hours.

No hay otra posibilidad.
There isn't another possibility.

F2 Indefinite pronouns (*Los pronombres indefinidos*)

The following words are common indefinite pronouns:

algo	something, anything
alguien	someone, anyone
alguno/a/os/as	some, any
cada uno/a	each one
cualquiera	anyone
mucho/a/os/as	much, many, a lot
otro/a/os/as	(an)other (one)
todo/a/os/as	all, every, everything
uno/a, unos/unas	one, some
un poco	a little
varios/as	several

Alguien llamó a la puerta.
Somebody knocked at the door.

¿Has perdido algo?
Have you lost something?

Lo sabes todo.
You know everything.

G Possessive adjectives and pronouns (*Los adjetivos y pronombres posesivos*)

G1 Possessive adjectives (*Los adjetivos posesivos*)

Singular	Plural
mi (my)	*mis* (my)
tu (your)	*tus* (your)
su (his, her, its, your (formal))	*sus* (his, her, its, your (formal))
nuestro/a (our)	*nuestros/as* (our)
vuestro/a (your)	*vuestros/as* (your)
su (their, your (formal))	*sus* (their, your (formal))

The possessive adjective agrees in number and gender with the noun that follows it:

Raúl nunca va al colegio con su hermana.
Raúl never goes to school with his sister.

Has dejado tus zapatillas en mi casa.
You've left your trainers at my house.

The possessive adjective *su(s)* can mean 'his'/'her'/'its'/'their' or 'your' (formal):

Deme su pasaporte, señor.
Give me your passport, sir. (formal 'your')

Sabe que su pasaporte está caducado.
He/She knows that his/her passport is out of date.

Tu(s), vuestro/a/os/as or *su(s)* can all mean 'your', depending on whether the relationship with the person(s) addressed is familiar or formal:

Tus amigos han llegado, papá.
Your friends have arrived, dad.

Vuestro desayuno está listo, hijos.
Your breakfast is ready, children.

Por favor, abra su maleta, señora.
Open your suitcase, please, madam.

G2 Possessive pronouns (*Los pronombres posesivos*)

Singular	Plural
(el/la) mío/a (mine)	*(los/las) míos/as* (mine)
(el/la) tuyo/a (yours)	*(los/las) tuyos/as* (yours)
(el/la) suyo/a (his, hers, yours (formal))	*(los/las) suyos/as* (his, hers, yours (formal))
(el/la) nuestro/a (ours)	*(los/las) nuestros/as* (ours)
(el/la) vuestro/a (yours)	*(los/las) vuestros/as* (yours)
(el/la) suyo/a (theirs, yours (formal))	*(los/las) suyos/as* (theirs, yours (formal))

Possessive pronouns are used to replace nouns in order to avoid repetition. They agree in number and gender with the object possessed:

Ese boli, ¿es tuyo o mío?
Is that biro yours or mine?

Su coche nuevo no va tan rápido como el nuestro.
Their/your new car doesn't go as fast as ours.

Note: the definite article is usually omitted after the verb *ser* (to be).

H Interrogative adjectives and pronouns (*Los adjetivos y pronombres interrogativos*)

H1 Interrogative adjectives (*Los adjetivos interrogativos*)

The interrogative adjectives are:

● *¿qué?*   what?

¿De qué parte de España eres?
What part of Spain are you from?

● *¿cuánto/a/os/as?*   how much/many?

¿Cuántos kilos de patatas quieres?
How many kilos of potatoes do you want?

H2 Interrogative pronouns (*Los pronombres interrogativos*)

The interrogative pronouns are:

● *¿qué?*   what?

¿Qué te gustaría hacer esta noche?
What would you like to do tonight?

¿En qué trabajas?
What are you working on?

● *¿cuál? ¿cuáles?*   which? what? (often for choosing between alternatives)

¿Cuál de los vestidos prefieres, el azul o el rojo?
Which dress do you prefer, the blue one or the red one?

● *¿quién/quiénes?*   who?

¿Con quién sales esta noche?
Who are you going out with tonight?

● *¿(de) quién/quiénes?* whose?

¿De quién es esta bici?
Whose bike is this?

● *¿cómo?*   how? what? why?

¿Cómo estás?
How are you?

● *¿(a)dónde?*   where?

¿Adónde vamos este fin de semana?
Where shall we go this weekend?

● *¿por qué?*   why?

¿Por qué no quieres salir con nosotros?
Why don't you want to come out with us?

● *¿cuándo?*   when?

¿Cuándo nació tu hermano?
When was your brother born?

● *¿cuánto?*   how much?

¿Cuánto vale?
How much is it/How much does it cost?

Notes:

● Interrogative adjectives and pronouns always have a written accent.

● Direct questions in Spanish are preceded by an inverted question mark.

I Exclamations

I1 Exclamatory adjectives and pronouns (*Los adjetivos y pronombres exclamativos*)

Some of the pronouns and adjectives used for questions are also used for exclamations:

- *¡cuánto(a/os/as)!*   how (much, many)!

¡Cuánto calor hace!
How hot it is!

- *¡qué!*   what a...! how...!

¡Qué lástima!
What a shame!

- *¡cómo!*   how! what!

¡Cómo me duele la cabeza!
How my head aches!

I2 Interjections (Las interjecciones)

Interjections are exclamatory words and phrases use to express strong feelings, e.g. approval, surprise, a wish.

Annoyance:	*¡Ay! ¡Caramba! ¡Caray!*	Good grief!
Approval:	*¡Qué bien!*	Great! Well done!
Surprise:	*¡Anda! ¡Caramba! ¡Vaya!*	Come on! Good heavens! Wow!
Enthusiasm:	*¡Estupendo!*	Great!
Warning:	*¡Cuidado!*	Look out!
Wish:	*¡Ojalá!*	If only (I could etc.)!

Note that an exclamation mark is placed *before* and *after* exclamatory words and phrases.

J Relative pronouns (*Los pronombres relativos*)

Relatives are words like *que* and *cuyo*, which link two parts, or 'clauses', of a sentence:

- *que* (who, which, that) can be used as subject or object pronoun.

El chico que está hablando con tu amigo es mi hermano.
The boy who is speaking to your friend is my brother.

La chica que ves en la plaza es mi hermana.
The girl (that) you can see in the square is my sister.

- *el/la/los/las que* (who, which, that) is used mostly after prepositions.

La casa en la que vivíamos está en las afueras de la ciudad.
The house that we used to live in is on the outskirts of the town.

- *el cual, la cual, los cuales, las cuales* are also used mostly after prepositions. They are more formal than *el que* etc.

El supermercado delante del cual hay una estatua...
The supermarket in front of which there is a statue...

- *lo que* (what) refers to an idea or an action rather than a specific noun.

Haz lo que quieras.
Do what you like.

- *quien(es)* (who, whom) is used only for people and is often used after a preposition. It is usually used in 'non-restrictive' clauses, preceded by a comma, where it may be replaced by *que*.

La chica con quien trabajo se marchó ayer.
The girl (that) I work with left yesterday.

Mi amigo Jorge, quien/que habla portugués, está en Lisboa.
My friend Jorge, who speaks Portuguese, is in Lisbon.

- *cuyo/a/os/as* (whose) is an adjective that agrees in number and gender with the noun it qualifies.

La chica cuya madre está en el hospital...
The girl whose mother is in hospital...

K Adverbs (*Los adverbios*)

Adverbs tell you *when* something is done (time), *how* it is done (manner) and *where* it is done (place).

K1 Formation with *-mente* (*La formación con* -mente)

Many adverbs are formed from the feminine of an adjective, by adding the suffix *–mente*:

Masculine adjective	Feminine adjective	Adverb
claro	*clara*	*claramente*
fácil	*fácil*	*fácilmente*
feliz	*feliz*	*felizmente*

Note: when two *-mente* adverbs come together and are joined by *y*, the first one loses the *-mente* ending:

Trabajamos rápida y eficazmente.
We worked quickly and effectively.

K2 Basic adverbs (*Adverbios básicos*)

Other common adverbs and adverbial phrases are:

● time

ahora	now
a menudo	frequently
antes	before
a veces	sometimes
después	later, afterwards
enseguida, en seguida	at once, immediately
entonces	then, at that time
luego	then, later, soon
pronto	soon
siempre	always
tarde	late
temprano	early
todavía	still
ya	already, now

● manner

así	like this, thus
bien	well
de la misma manera	in the same way
de repente	suddenly
despacio, lentamente	slowly
mal	badly

● place

abajo	down, below
adelante	forward(s)
allí, allá	there
aquí, acá	here
arriba	above
atrás	back(wards)
cerca	near(by)
debajo	underneath
delante	in front
(a)dentro	inside
detrás	behind
encima	above, on top
en todas partes	everywhere
(a)fuera	outside
lejos	far

K3 Position of adverbs (*Posición de los adverbios*)

In general, adverbs are placed just after the verb that they modify:

Jorge está arriba, en su dormitorio.
Jorge is upstairs in his bedroom.

Salió mal.
It turned out badly.

Me acosté temprano.
I went to bed early.

Adverbs must not be placed between an auxiliary verb and a participle:

Siempre he trabajado bien con ella.
I've always worked well with her.

*No he tenido **nunca** motivo para quejarme.*
I've never had any reason to complain.

In certain common adverbial expressions the word order is the opposite of the English equivalent:

ahora mismo	right now
todavía no	not yet
ya no	no longer
aquí dentro	in here

L Quantifiers (*Los cuantificadores*)

A number of adverbs, known as quantifiers, refer to the degree or amount to which something is (done). The most common quantifiers are:

● *bastante*   enough, quite

La película fue bastante buena.
The film was quite good.

● *demasiado*   too

¡Eres demasiado bueno!
You are too good!

● *mucho*   (very) much

Va a hacer mucho más calor.
It's going to get much hotter.

● *muy*   very

El partido fue muy emocionante.
The match was very exciting.

● *(un) poco*   (a) little

Ese político es poco conocido.
That politician is little known.

M Personal pronouns (*Los pronombres personales*)

M1 Subject pronouns (*Los pronombres de sujeto*)

The subject pronouns are:

Singular	Plural
yo (I)	*nosotros/as* (we)
tú (you)	*vosotros/as* (you)
él (he, it)	*ellos* (they)
ella (she, it)	*ellas* (they)
usted (you (formal))	*ustedes* (you (formal))

Subject pronouns are used far less than in English. Usually the verb on its own is sufficient to express the meaning: *Habla español* means 'He/She speaks Spanish', without needing a subject pronoun to express 'he/she'.

You might include the subject pronoun, however, if you want to emphasise for some reason who it is who speaks Spanish:

Ella habla español, pero él no.
She speaks Spanish, but *he* doesn't.

Subject pronouns are also used standing on their own:

¿Hablas francés?   *Yo no. ¿Y tú?*
Do you speak French?   No, I don't. Do you?

There are two forms of the subject pronoun for 'you':

- *tú* and *vosotros/as* for the familiar mode of address. This mode of address is for informal situations, for family, friends and pets, and when talking to children.

- *usted* and *ustedes* for the formal mode of address. This mode of address is used to address strangers, people in authority and those you want to show respect to.

Notes:

- The second-person plural *vosotros/as* is used only in Spain. In Spanish America *vosotros/as* is replaced by *ustedes*.

- *usted* and *ustedes* are always used with the third person form of the verb.

¿Conoce usted a mi profesor de español?
Do you know my Spanish teacher?

In the *tú* form this question would be:

¿Conoces a mi profesor de español?

M2 Direct object pronouns (Los pronombres de objeto directo)

The direct object pronouns are:

Singular	Plural
me (me)	*nos* (us)
te (you)	*os* (you)
lo/le (him, it, you (formal masc.))	*los/les* (them (masc.), you (formal masc.))
la (her, it, you (formal fem.))	*las* (them (fem.), you (formal fem.))

Notes:

- The familiar second–person plural pronoun *os* is used only in Spain.

- The third-person direct object pronouns *lo/le*, *la* ('him', 'her') and *los/les/las* ('them') are also used for 'you' (formal).

Lo/los and *le/les* are interchangeable:

Lo/le conozco bien.
I know him/it/you well.

La vi en Madrid.
I saw her/it/you in Madrid.

Los/les/las vi en Londres.
I saw them/you in London.

Direct object pronouns are usually placed before the verb:

Me vio ayer en la calle.
He saw me yesterday in the street.

They are always added to the end of the affirmative imperative:

¡Míralo!
Look at it!

They can be added to the end of an infinitive:

Quiero verlos enseguida.
I want to see them at once.

However, it is also possible to say:

Los quiero ver enseguida.

They are normally added to the end of a gerund:

Está escribiéndola.
He's writing it (e.g. a letter).

(Note that escribiendo has to have an accent to preserve the stress.)

However, it is also possible to say:

La está escribiendo.

M3 Indirect object pronouns (*Los pronombres de objeto indirecto*)

Singular	Plural
me (to me)	*nos* (to us)
te (to you)	*os* (to you)
le (to him, her, it, you (formal))	*les* (to them, you (formal))

- **Note:** the familiar second-person plural pronoun *os* is used only in Spain.

The indirect object pronouns receive the action of the verb *indirectly* (whereas the direct object pronouns receive it *directly*). In the sentence, 'We gave the ball to him', 'the ball' is the direct object and 'to him' is the indirect object: **Le** dimos *el balón*.

Me vas a decir la verdad.
You are going to tell me the truth.

No te puedo recomendar aquel hotel.
I can't recommend that hotel to you.

Like direct object pronouns, indirect object pronouns are always added to the end of the affirmative imperative:

Tráigame la cuenta.
Bring me the bill / the bill to me.

They can be added to the end of an infinitive:

Voy a decirle lo que pienso.
I'm going to tell him what I think.

However, it is also possible to say:

Le voy a decir lo que pienso.

They are normally added to the end of a gerund:

Está escribiéndoles.

He's writing to them. (Note that escribiendo has to have an accent to preserve the stress.)

However, it is also possible to say:

Les está escribiendo.

M4 Order of object pronouns (*El orden de los pronombres de objeto*)

In sentences that contain both a direct and an indirect object pronoun, the indirect one is always placed first:

Te lo daré mañana.
I'll give it to you tomorrow.

In the above sentence, *te* is the indirect object and *lo* the direct object pronoun.

The indirect object pronoun *le/les* changes to *se* before a third person direct object pronoun:

Se lo di.
I gave it to him/her/you/them.

A él, a ella, a usted, a ellos, a ellas, a ustedes may be added for clarity:

Se lo di a ella.
I gave it to her.

M5 Disjunctive pronouns (*Los pronombres preposicionales*)

Disjunctive pronouns are pronouns that are used after prepositions:

Singular	Plural
mí (me)	*nosotros/as* (us)
ti (you)	*vosotros/as* (you)
él (him, it)	*ellos* (them)
ella (her, it)	*ellas* (them)
usted (you (formal))	*ustedes* (you (formal))
sí (himself, herself, yourself (formal))	*sí* (themselves, yourselves (formal))

Vamos a visitar el Prado con ellas.
We are going to visit the Prado with them.

Jorge no ha venido. ¿Salimos sin él?
Jorge hasn't come. Shall we go out without him?

A mí no me gusta nada el fútbol.
I don't like football at all.

Mí, ti and *sí* combine with the preposition *con* to make *conmigo* (with me), *contigo* (with you) and *consigo* (with him/her(self) etc.):

¿Por qué no le deja ir conmigo?
Why don't you let him go with me?

Saldré contigo si me dejas conducir.
I'll go out with you if you let me drive.

M6 Reflexive pronouns (*Los pronombres reflexivos*)

Reflexive pronouns refer back to the subject of the sentence. They are the equivalent of 'myself' 'yourself' etc. in English.

Singular	Plural
me (myself)	nos (ourselves)
te (yourself)	os (yourselves)
se (himself, herself, yourself (formal))	*se* (themselves, yourselves (formal))

The reflexive pronoun normally precedes the verb but, like the object pronouns, it is added to the end of affirmative imperatives, gerunds and infinitives:

Se fue a Venezuela ayer.
He went to Venezuela yesterday.

¡Levántate!
Get up!

Está divirtiéndose.
She's enjoying herself.

Fueron a Las Vegas para casarse.
They went to Las Vegas to get married.

N Verbs (*Los verbos*)

N1 Present tense (*El presente*)

The present tense is formed by adding the highlighted endings to the stem of the infinitive:

	hablar	*comer*	*vivir*
	(to speak)	(to eat)	(to live)
yo	habl**o**	com**o**	viv**o**
tú	habl**as**	com**es**	viv**es**
él/ella/usted	habl**a**	com**e**	viv**e**
nosotros/as	habl**amos**	com**emos**	viv**imos**
vosotros/as	habl**áis**	com**éis**	viv**ís**
ellos/ellas/ustedes	habl**an**	com**en**	viv**en**

The present tense is used for:

● something that exists at the time of speaking

Hace frío en Soria.
It's cold in Soria.

● describing a habit

Nos reunimos en la discoteca todos los viernes.
We meet at the disco every Friday.

● general statements of fact

Los Pirineos están en el norte de España.
The Pyrenees are in the north of Spain.

● future intention

¿Vas a ver el partido?
Are you going to see the match?

Note: some irregular verbs have a special form in the first person singular:

conocer	to know	cono**zco**, conoces, conoce...
construir	to build	constru**yo**, construyes, construye...
dar	to give	d**oy**, das, da...
decir	to say	di**go**, dices, dice...
estar	to be	est**oy**, estás, está...
hacer	to do/make	ha**go**, haces, hace...
ir	to go	v**oy**, vas, va...
oír	to hear	oi**go**, oyes, oye...
poner	to put	pon**go**, pones, pone...
salir	to leave	sal**go**, sales, sale...
ser	to be	s**oy**, eres, es...
tener	to have	ten**go**, tienes, tiene...
traer	to bring	trai**go**, traes, trae...

venir	to come	ven**go**, vienes, viene...

Note: some of these verbs have other irregularities.

Some verbs change the vowel of the stem in the first three persons of the singular and the third person plural (see also radical-changing verbs, N24):

pensar   to think
p**ie**nso, p**ie**nsas, p**ie**nsa, pensamos, pensáis, p**ie**nsan

encontrar   to find
enc**ue**ntro, enc**ue**ntras, enc**ue**ntra, encontramos, encontráis, enc**ue**ntran

pedir   to ask for
p**id**o, p**id**es, p**id**e, pedimos, pedís, p**id**en

N2 Present continuous tense (*El presente continuo*)

The present continuous tense is formed by the present tense of verb *estar* plus the gerund. The gerund is the form of the verb that ends in *-ando* (*-ar* verbs) or *-iendo* (*-er* and *-ir* verbs):

This form of the present tense describes actions that are happening *now*:

Está hablando con Alex en su móvil.
She's talking to Alex on her mobile.

Estamos comiendo nuestro desayuno.
We're eating our breakfast.

N3 Preterite tense (*El pretérito indefinido*)

The preterite tense is formed by adding the highlighted endings to the stem of the infinitive:

	-ar verbs	*-er* verbs	*-ir* verbs
yo	habl**é**	com**í**	viv**í**
tú	habl**aste**	com**iste**	viv**iste**
él/ella/usted	habl**ó**	com**ió**	viv**ió**
nosotros/as	habl**amos**	com**imos**	viv**imos**
vosotros/as	habl**asteis**	com**isteis**	viv**isteis**
ellos/ellas/ustedes	habl**aron**	com**ieron**	viv**ieron**

There are many irregular preterites, the most common being:

andar — anduve, anduviste, anduvo, anduvimos, anduvisteis, anduvieron

conducir — conduje, condujiste, condujo, condujimos, condujisteis, condujeron

dar — di, diste, dio, dimos, disteis, dieron

decir — dije, dijiste, dijo, dijimos, dijisteis, dijeron

estar — estuve, estuviste, estuvo, estuvimos, estuvisteis, estuvieron *hacer — hice, hiciste, hizo, hicimos, hicisteis, hicieron*

ir — fui, fuiste, fue, fuimos, fuisteis, fueron

poder — pude, pudiste, pudo, pudimos, pudisteis, pudieron

poner — puse, pusiste, puso, pusimos, pusisteis, pusieron

querer — quise, quisiste, quiso, quisimos, quisisteis, quisieron

saber — supe, supiste, supo, supimos, supisteis, supieron

ser — fui, fuiste, fue, fuimos, fuisteis, fueron

tener — tuve, tuviste, tuvo, tuvimos, tuvisteis, tuvieron

traer — traje, trajiste, trajo, trajimos, trajisteis, trajeron

venir — vine, viniste, vino, vinimos, vinisteis, vinieron

ver — vi, viste, vio, vimos, visteis, vieron

Notes on the form of the preterite

- In *-ar* and *–ir* regular verbs, the first person plural has the same form in the preterite as in the present tense.

- The verbs *ir* and *ser* have exactly the same form in the preterite for all persons: *fui, fuiste, fue, fuimos, fuisteis, fueron*.

The irregular preterite forms should be learned (see also the verb tables on pp. 253–56).

The preterite tense is used to express a *completed* action in the past that happened at a specific time:

El Rey de España fue a Argentina en mayo.
The King of Spain went to Argentina in May.

These actions are often a series of events that took place within a specific period of time.

Ayer fui con Rosa al bar de Manolo. Ella tomó una coca-cola y yo una cerveza. Hablamos de las vacaciones. Ella dijo que odiaba Benidorm y que no quería ir allí otra vez. ¡No nos pusimos de acuerdo! Luego llegó Roberto. Le pregunté qué pensaba. Él respondió que no sabía. ¡Qué lata!
Yesterday I went to Manolo's bar with Rosa. She had a coke and I had a beer. We spoke about the holidays. She said she hated Benidorm and didn't want to go there again. We didn't agree! Then Roberto arrived. I asked him what he thought. He said he didn't know. What a pain!

Note: students of Spanish who are also studying French often use the Spanish perfect tense (*he hablado*) when they should use the preterite (*hablé*). This is because they don't realise that the French perfect tense (*j'ai parlé* etc.) is similar in its use to the Spanish preterite tense (*hablé* etc.). Thus, 'I spoke to her' in Spanish would normally be '*Hablé con ella*', and not '*He hablado con ella*'.

N4 Imperfect tense (*El imperfecto*)

The imperfect tense is formed by adding the highlighted endings to the stem of the infinitive:

	-ar verbs	*-er* verbs	*-ir* verbs
yo	habl**aba**	com**ía**	viv**ía**
tú	habl**abas**	com**ías**	viv**ías**
él/ella/usted	habl**aba**	com**ía**	viv**ía**
nosotros/as	habl**ábamos**	com**íamos**	viv**íamos**
vosotros/as	habl**abais**	com**íais**	viv**íais**
ellos/ellas/ ustedes	habl**aban**	com**ían**	viv**ían**

Three verbs are irregular in the imperfect tense:

ir — iba, ibas, iba, íbamos, ibais, iban

ser — era, eras, era, éramos, eráis, eran

ver — veía, veías, veía, veíamos, veíais, veían

The imperfect tense is used for:

- actions/situations that happened regularly in the past, i.e. what we *used to* do

Mi abuela siempre estaba sentada al lado del fuego.
My grandma always sat by the fire.

Íbamos a la playa todos los días.
We went/used to go to the beach every day.

- descriptions in the past

José Carlos era un hombre alto.
José Carlos was a tall man.

Su amiga llevaba un vestido azul.
Her friend wore a blue dress.

N5 Imperfect continuous tense (*El pasado continuo*)

The imperfect continuous tense is formed by the imperfect tense of the verb *estar* plus the gerund. The gerund is the form of the verb that ends in *-ando* (*-ar* verbs) or *-iendo* (*-er* and *-ir* verbs).

This form of the imperfect tense describes actions that were happening at that time:

Estaba hablando con Alex en su móvil.
He was talking to Alex on his mobile.

Estábamos andando en la playa.
We were walking on the beach.

N6 Future tense (*El futuro*)

The future tense is formed by adding the highlighted endings to the infinitive of the verb:

	-ar verbs	*-er* verbs	*-ir* verbs
yo	hablar**é**	comer**é**	vivir**é**
tú	hablar**ás**	comer**ás**	vivir**ás**
él/ella/usted	hablar**á**	comer**á**	vivir**á**
nosotros/as	hablar**emos**	comer**emos**	vivir**emos**
vosotros/as	hablar**éis**	comer**éis**	vivir**éis**
ellos/ellas/ustedes	hablar**án**	comer**án**	vivir**án**

A number of common verbs have an irregular future stem. The most important of these are:

decir — diré, etc. hacer — haré, etc. poder — podré, etc. poner — pondré, etc. querer — querré, etc. saber — sabré, etc. salir — saldré, etc. tener — tendré, etc. venir — vendré, etc.

The future tense expresses future plans and intentions:

Volverán de Segovia a las dos.
They'll return from Segovia at 2 o'clock.

Hablaré con ella mañana.
I'll speak to her tomorrow.

N7 Immediate future (*El futuro próximo*)

The immediate future is formed using *ir a* plus the infinitive of the verb. It is often used to express future intention, especially in colloquial Spanish. This form is often interchangeable with the future (see the section above).

¿Vas a verla?
Are you going to see her?

Voy a buscar pan.
I'm going to get some bread.

N8 Conditional tense (*El condicional*)

The conditional tense is formed by adding the highlighted endings to the infinitive of the verb:

	-*ar* verbs	-*er* verbs	-*ir* verbs
yo	hablar**ía**	comer**ía**	vivir**ía**
tú	hablar**ías**	comer**ías**	vivir**ías**
él/ella/usted	hablar**ía**	comer**ía**	vivir**ía**
nosotros/as	hablar**íamos**	comer**íamos**	vivir**íamos**
vosotros/as	hablar**íais**	comer**íais**	vivir**íais**
ellos/ellas/ ustedes	hablar**ían**	comer**ían**	vivir**ían**

A number of common verbs have an irregular form in the conditional. These are the same verbs as those that have an irregular future, i.e. *decir* (*diría*, etc.), *hacer* (*haría*, etc.), *poder* (*podría*) etc. (See the section above on the future tense.)

The conditional tense expresses what would happen, and is often used in 'if' clauses:

¿Te gustaría pasar el día en el campo?
Would you like to spend the day in the country?

¿Qué preferirías hacer, ir al cine o a la discoteca?
What would you prefer to do, go to the cinema or the disco?

Si ganaras la lotería, ¿qué harías con el dinero?
If you won the lottery, what would you do with the money?

The conditional is also used to make polite requests:

Por favor, ¿podría darme un folleto?
Could you please give me a leaflet?

N9 Present perfect tense (*El pretérito perfecto*)

The present tense of the perfect tense is a compound tense, formed from the auxiliary verb *haber* plus the past participle of the verb (*hablado, comido, escrito* etc.).

	-*ar* verbs	-*er* verbs	-*ir* verbs
yo	he hablado	he comido	he vivido
tú	has hablado	has comido	has vivido
él/ella/usted	ha hablado	ha comido	ha vivido
nosotros/as	hemos hablado	hemos comido	hemos vivido
vosotros/as	habéis hablado	habéis comido	habéis vivido
ellos/ellas/ ustedes	han hablado	han comido	han vivido

The perfect tense is used to connect past time with present time. It describes actions that have begun in the past and are continuing and/or have an effect now:

He empezado a estudiar italiano.
I've started to study Italian (and I am continuing to study Italian now).

The perfect tense is also used to express the very recent past, especially events that happened today:

Esta mañana me he levantado a las 7.30.
I got up this morning at 7.30.

Note: there are a number of irregular past participles of common verbs, which should be learned. These are the most common:

abrir	to open	muerto	died
abierto	opened		
		poner	to put
decir	to say	puesto	put
dicho	said		
		romper	to break
escribir	to write	roto	broken
escrito	written		
		ver	to see
hacer	to do/make	visto	seen
hecho	done/made		
		volver	to return
morir	to die	vuelto	returned

When used as part of the perfect tense, the past participle **never** agrees in number or gender with the subject of the sentence:

Hemos tenido buena suerte.
We've been lucky. (i.e. We've had good luck.)

Tu hermana ha ganado el concurso, ¿no?
Your sister has won the competition, hasn't she?

N10 Future perfect tense (*El futuro perfecto*)

The future perfect tense is formed from the future tense of the auxiliary verb *haber* plus the past participle of the verb.

	-ar verbs	-er verbs	-ir verbs
yo	habré hablado	habré comido	habré vivido
tú	habrás hablado	habrás comido	habrás vivido
él/ella/usted	habrá hablado	habrá comido	habrá vivido
nosotros/as	habremos hablado	habremos comido	habremos vivido
vosotros/as	habréis hablado	habréis comido	habréis vivido
ellos/ellas/ ustedes	habrán hablado	habrán comido	habrán vivido

The future perfect indicates a future action which will have happened.

*Cuando llegues a la estación el tren ya **habrá salido**.*
When you get to the station the train will have already departed.

N11 Conditional perfect tense (*El condicional perfecto*)

The conditional perfect tense is formed from the conditional tense of the auxiliary verb *haber* plus the past participle of the verb.

	-ar verbs	-er verbs	-ir verbs
yo	habría hablado	habría comido	habría vivido
tú	habrías hablado	habrías comido	habrías vivido
él/ella/usted	habría hablado	habría comido	habría vivido
nosotros/as	habríamos hablado	habríamos comido	habríamos vivido
vosotros/as	habríais hablado	habríais comido	habríais vivido
ellos/ellas/ ustedes	habrían hablado	habrían comido	habrían vivido

The conditional perfect indicates a past action which would have happened.

*Si no me hubieras dado las entradas no **habría ido** al partido.*
If you hadn't given me the tickets I wouldn't have gone to the match.

N12 Pluperfect tense (*El pluscuamperfecto*)

The pluperfect tense is formed from the imperfect tense of *haber* and the past participle of the verb (*hablado, comido, escrito*).

	-ar verbs	-er verbs	-ir verbs
yo	había hablado	había comido	había vivido
tú	habías hablado	habías comido	habías vivido
él/ella/usted	había hablado	había comido	había vivido
nosotros/as	habíamos hablado	habíamos comido	habíamos vivido
vosotros/as	habíais hablado	habíais comido	habíais vivido
ellos/ellas/ ustedes	habían hablado	habían comido	habían vivido

This tense expresses what had happened before another action in the past:

*La fiesta ya **había comenzado** cuando llegó Jaime.*
The party had already started when Jaime arrived.

N13 Subjunctive (*El subjuntivo*)

The subjunctive is one of three moods of the verb (the others being the indicative and the imperative). The subjunctive is used in four tenses: the present, the imperfect, the perfect and the pluperfect. All four tenses of the subjunctive are widely used.

Present subjunctive

The present subjunctive is formed by adding the highlighted endings to the stem of the infinitive:

	-ar verbs	-er verbs	-ir verbs
yo	habl**e**	com**a**	viv**a**
tú	habl**es**	com**as**	viv**as**
él/ella/usted	habl**e**	com**a**	viv**a**
nosotros/as	habl**emos**	com**amos**	viv**amos**
vosotros/as	habl**éis**	com**áis**	viv**áis**
ellos/ellas/ ustedes	habl**en**	com**an**	viv**an**

The endings of -ar verbs are the same as the present indicative endings of -er verbs, and those of -er and -ir verbs are the same as the present indicative endings of -ar verbs, with the exception of the first person singular.

The present subjunctive of most irregular verbs is formed by removing the final -o from the end of the first person singular of the present indicative and adding the endings listed above. Most irregular verbs keep the final consonant of the first person singular for all persons. For example:

hacer (to do, make) — ha**g**a, ha**g**as, ha**g**a, ha**g**amos, ha**g**áis, ha**g**an.

See verb tables on pp. 253–56 for more irregular subjunctives.

Imperfect subjunctive

The imperfect subjunctive is formed by removing the ending of the third person plural of the preterite tense and adding the highlighted endings:

	-ar verbs	-er verbs	-ir verbs
yo	habl**ara/ase**	comi**era/ese**	vivi**era/ese**
tú	habl**aras/ses**	comi**eras/eses**	vivi**eras/eses**
él/ella/usted	habl**ara/ase**	comi**era/ese**	vivi**era/ese**
nosotros/as	habl**áramos/ ásemos**	comi**éramos/ ésemos**	vivi**éramos/ ésemos**
vosotros/as	habl**arais/ aseis**	comi**erais/ eseis**	vivi**erais/eseis**
ellos/ellas/ ustedes	habl**aran/asen**	comi**eran/ esen**	vivi**eran/esen**

The *–ara / -ase* and *–iera / -iese* endings are interchangeable.

Perfect subjunctive

The perfect subjunctive is formed from the present subjunctive of *haber* plus the past participle.

	-ar verbs	*-er* verbs	*-ir* verbs
yo	haya hablado	haya comido	haya vivido
tú	hayas hablado	hayas comido	hayas vivido
él/ella/usted	haya hablado	haya comido	haya vivido
nosotros/as	hayamos hablado	hayamos comido	hayamos vivido
vosotros/as	hayáis hablado	hayáis comido	hayáis vivido
ellos/ellas/ ustedes	hayan hablado	hayan comido	hayan vivido

Pluperfect subjunctive

The pluperfect subjunctive is formed from the imperfect subjunctive of *haber* plus the past participle.

	-ar verbs	*-er* verbs	*-ir* verbs
yo	hubiera hablado	hubiera comido	hubiera vivido
tú	hubieras hablado	hubieras comido	hubieras vivido
él/ella/usted	hubiera hablado	hubiera comido	hubiera vivido
nosotros/as	hubiéramos hablado	hubiéramos comido	hubiéramos vivido
vosotros/as	hubierais hablado	hubierais comido	hubierais vivido
ellos/ellas/ ustedes	hubieran hablado	hubieran comido	hubieran vivido

Uses of the subjunctive

The subjunctive is used in two main areas: subordinate clauses and main clauses.

In subordinate clauses, important uses of the subjunctive are:

● after conjunctions of time, such as *cuando, hasta que, antes de que, en cuanto* and *mientras*, when expressing the future

*Cuando **tenga** 18 años voy a dar una fiesta enorme.*
When I'm 18 I'm going to have a huge party.

*Hugo tendrá que buscar trabajo temporal mientras **viaje** por Latinoamérica.*
Hugo will have to look for temporary work while he travels round Latin America.

● after verbs of wishing, command, request and emotion

*Laura quiere que la **acompañes** al cine.*
Laura wants you to go with her to the cinema.

*Espero que me **escribas** pronto.*
I hope you will write to me soon.

*Te digo que no **salgas** esta noche.*
I'm telling you not to go out tonight.

*Pídele que me **compre** las entradas.*
Ask him to buy me the tickets.

● to express purpose, after *para que, a fin de que*

*Te daré la llave para que **puedas** entrar en el piso.*
I'll give you the key so that you can get into the flat.

● to express possibility, probability and necessity

*Es posible que la selección española **gane** la copa.*
It's possible that the Spanish team will win the cup.

*No es necesario que ellos **vayan** a la estación con nosotros.*
It's not necessary for them to go to the station with us.

● to express permission and prohibition

*¡Dejale que **venga**!*
Let him come!

● after verbs of saying and thinking used in the negative

*No creo que los estudiantes **encuentren** fácil el trabajo.*
I don't think the students will find the work easy.

● to express the formal imperative and the negative form of the familiar imperative (for the imperative see N15)

The subjunctive is found in main clauses after words and expressions which denote uncertainty or strong wishes:

● Words meaning 'perhaps', e.g. *quizá(s)*

Quizás venga mañana.
Perhaps he'll come tomorrow.

● *Que...* used for a command or strong wish

¡Que tengas suerte!
Good luck!

● *Ojalá* (I hope, I wish) used to express a strong wish or hope

¡Ojalá vuelva ella pronto!
I do hope she comes back soon!

N14 Conditional sentences (*Las oraciones condicionales*)

There are three main types of conditional sentences:

● Open conditions, for statements which may or may not happen.

For this type, the *si* clause is in the present indicative. In the main clause either the present indicative, the future indicative or the imperative, is used.

*Si **voy** a Barcelona, **me reuniré** con mi primo.*
If I go to Barcelona, I'll meet my cousin.

*Si no te **gusta** el postre, **déjalo**.*
If you don't like the dessert, leave it.

● Unlikely or impossible conditions, which express a wish rather than a real possibility.

The imperfect subjunctive is used in the *si* clause and the conditional in the main clause.

*Si **tuviera** mil euros, los **daría** a una organización que ayude a migrantes.*
If I had a thousand euros, I'd give them to an organisation that helps migrants.

- Conditions which are contrary to fact, indicating an unfulfilled wish.

The pluperfect subjunctive is used in the *si* clause and the conditional perfect in the main clause.

*Si **hubiera conseguido** el empleo **habría viajado** a Estados Unidos con frecuencia.*
If I had got the job, I would have travelled frequently to the United States.

N15 Imperative (*El imperativo*)

The imperative mood is for instructions and commands.

Affirmative commands

For regular verbs, the informal *tú* imperative is formed by removing the last letter, *-s*, from the second person singular of the present indicative:

hablas — habla   comes — come   escribes — escribe

There are nine irregular forms, which have to be learned:

Verb	*Tú* imperative
decir (to say)	*di*
hacer (to do)	*haz*
ir (to go)	*ve*
oír (to hear)	*oye*
poner (to put)	*pon*
salir (to go out)	*sal*
ser (to be)	*sé*
tener (to have)	*ten*
venir (to come)	*ven*

Escríbeme pronto.
Write to me soon.

Pon el libro en la mesa.
Put the book on the table.

The *vosotros* imperative is formed by replacing the final *-r* of the infinitive with *-d*. Note that the final *-d* is omitted from reflexive forms:

Volved conmigo, amigos.
Come back with me, friends.

¡Levantaos!
Get up!

In the formal *usted/ustedes* form, both the singular and the plural are the same as the third person (*usted/ustedes*) of the present subjunctive.

Por favor, firme aquí.
Sign here please.

Dígame lo que ocurre.
Tell me what is happening.

Perdonen, señoras.
Excuse me, ladies.

Negative commands

Negative familiar commands use the second person (*tú/vosotros*) of the present subjunctive:

¡No hables así!
Don't speak like that!

¡No salgas!
Don't go out!

No me lo digáis.
Don't tell me.

Negative *usted/ustedes* commands, like the affirmative ones, use the third person of the present subjunctive:

¡No me diga!
You don't say!

No se molesten.
Don't get upset / Don't worry about it.

Note: *que* + the subjunctive may be used for wishes and commands. *Que* is sometimes omitted:

Que vayan todos.
Let them all go.

¡(Que) viva el Rey!
Long live the King!

N16 The passive (*La voz pasiva*)

A passive sentence has the same meaning as an active one, but the parts of the sentence are in a different order. For example, 'My handbag was stolen by a thief' is a passive sentence, which can also be expressed actively as 'A thief stole my handbag'.

- In a passive sentence, there is normally an agent, usually preceded by the preposition *por*. However, the agent may be 'implied' and omitted from the sentence, as in:

La carta fue escrita ayer.
The letter was written yesterday (i.e. by someone).

The passive is formed from *ser* plus the past participle, which agrees in number and gender with the subject of the sentence:

El acuerdo fue firmado por el presidente.
The agreement was signed by the president.

La novela será publicada mañana.
The novel will be published tomorrow.

- *se* is used to express the passive without an agent. The verb will always be in the third person, either singular or plural.

Se destruyó el castillo en el siglo XV.
The castle was destroyed in the 15th century.

Se venden pisos aquí.
Flats (are) sold here.

Note that with modal verbs (*poder, saber, querer, tener que* etc.) in this construction, agreement with plural nouns is required.

Se pueden ver glaciares en las altas montañas.
Glaciers can be seen in the high mountains.

● the passive can also be expressed by using the third-person plural of an active verb.

Dicen que esta tradición empezó en el siglo XVIII.
It is said/They say that this tradition began in the eighteenth century.

N17 The gerund (*El gerundio*)

The gerund expresses the idea of the *duration* of the action of the verb. It is sometimes referred to as the present participle.

To form the gerund, add *-ando* to the stem of *-ar* verbs and *-iendo* to the stem of *-er* and *-ir* verbs. The gerund is invariable in form.

hablar — hablando   comer — comiendo   vivir — viviendo

The gerund is used for actions that take place at the same time as the main verb:

Van corriendo por la calle.
They go running along the street.

It is used for the continuous form of the verb:

Estaban mirando el cielo para ver si iba a llover.
They were looking at the sky to see if it was going to rain.

Continuar, seguir and *llevar* are followed by the gerund to emphasise the duration of the action of the of verb:

Por favor, sigue hablando.
Carry on talking, please.

Llevamos tres años viviendo en Barcelona.
We've been living in Barcelona for three years.

Note: The English *-ing* form after a preposition is translated by an infinitive:

Después de terminar mis deberes, me acosté.
After finishing my homework, I went to bed.

N18 *Ser* and *estar* (Ser y estar)

These two verbs both mean 'to be', but they are used in different circumstances.

Ser refers to characteristics that are 'inherent' to a person, thing or idea, such as identity, permanent features, occupation, time:

Soy gallego.
I'm Galician.

Madrid es la capital de España.
Madrid is the capital of Spain.

Es policía.
He's a policeman.

Son las nueve y media.
It's half past nine.

Estar refers to a temporary state or to *where* a person or thing is, whether temporarily or permanently:

Estamos contentos.
We're happy (but this is a momentary feeling).

Málaga está en el sur de España.
Malaga is in the south of Spain.

Ser and *estar* with adjectives
Some adjectives are always used with *ser*, others always with *estar*:

Ser		Estar	
(in)justo/a	(un)fair	bien/mal/fatal	good/bad/terrible
(in)necesario/a	(un)necessary	de buen/mal humor	in a good/mad mood
(in)conveniente	(in)appropriate	enfadado/a	angry
importante	important	enfermo/a	ill
inteligente	intelligent	ocupado/a	busy

Certain adjectives can be used with either *ser* or *estar*, but their meaning is different. *Ser* meanings always reflect permanent characteristics; *estar* meanings refer to temporary states. The most common of these adjectives are:

Adjective	Used with *ser*	Used with *estar*
aburrido/a	boring	bored
listo/a	clever	ready
malo/a	bad, evil	ill
nervioso/a	nervous (disposition)	nervous (temporarily)
triste	sad (disposition)	sad (temporarily)

N19 Expressions using *tener* (*Expresiones con* tener)

Tener is frequently followed by a noun in the sense of the English 'to be'. For example:

tener ....años	to be ...years old
tener calor/frío	to be hot/cold
tener éxito	to be successful
tener fiebre	to have a temperature
tener ganas (de)	to be keen (to)
tener hambre/apetito	to be hungry
tener miedo a (algo)	to be afraid of (something)
tener prisa	to be in a hurry
tener razón	to be right

tener sed	to be thirsty
tener sueño	to be sleepy
tener suerte	to be lucky

El Universo tiene 14 millones de años.
The Universe is 14 million years old.

Vamos a acostarnos porque tenemos sueño.
We're going to bed because we're sleepy.

— Tienes hambre? — No, pero tengo mucha sed.
'Are you hungry?' 'No, but I'm very thirsty.'

N20 Verbs like *gustar* (*Verbos como gustar*)

Verbs such as *gustar, encantar, costar, doler, faltar, hacer falta, interesar* and *molestar* are used with a special construction that is the reverse of the English one.

The sentence:

Me gusta la dieta mediterránea.
I like the Mediterranean diet.

can be broken down literally in English as follows:

Indirect object	Third person verb	Subject
Me	*gusta*	*la dieta mediterránea*
To me	is pleasing	the Mediterranean diet

If the subject is plural, the verb must also be plural, as in:

Le gustan los tomates.
He likes tomatoes. (Literally 'To him are pleasing tomatoes.')

Frequently, the person concerned is emphasised by adding *a* plus a personal pronoun:

A mí me gustan los tomates.
I like tomatoes.

The same construction can be seen in the following examples:

¿Te duele la cabeza?
Have you got a headache?

Les encanta la playa.
They love the beach.

Me costó un dineral.
It cost me a fortune.

¿A ti te molesta que venga Julio?
Are you bothered that Julio's coming?

N21 Impersonal verbs (*Los verbos impersonales*)

Impersonal verbs are verbs whose subject has no identity (usually 'it' in English). There are three main types:

● verbs denoting the weather or the time of day

amanecer	to dawn
anochecer	to get dark
hacer buen/mal tiempo	to be good/bad weather
hacer sol	to be sunny
hacer calor/frío	to be hot/cold
llover	to rain
nevar	to snow

¿Llueve mucho en Galicia?
Does it rain a lot en Galicia?

Aquí nevó mucho en invierno.
It snowed a lot here in winter.

Hace calor. Me voy a nadar.
It's hot. I'm going for a swim.

Anochece.
It's getting dark.

● *hay* (there is, there are); *hay que* (it is necessary)

No hay nadie en casa.
There's no one at home.

Hay que abrir la tienda a las 8.30 en punto.
The shop must be opened at 8.30 sharp.

● *se* can be used impersonally with a number of common verbs, e.g. *decir, saber, poder.*

Se dice que el 20% de la población europea es pobre.
It is said that 20% of the population of Europe is poor.

N22 Reflexive verbs (*Los verbos reflexivos*)

In Spanish, reflexive verbs are always accompanied by a reflexive pronoun ('myself, 'yourself' etc. in English), which changes according to the subject of the verb. For example:

levantarse	**to get up**
me levanto	I get up
te levantas	you get up
se levanta	he/she/it/you (formal) gets up
nos levantamos	we get up
os levantáis	you get up
se levantan	they/you (formal) get up

Reflexive verbs often do not have a reflexive pronoun when translated into English, for example: *acostarse* to go to bed; *afeitarse* to shave; *casarse* to get married.

N23 The infinitive (*El infinitivo*)

Many common verbs are followed by a preposition, usually either *a, de, en, con, para* or *por*, before an infinitive. Some of the most common of these verbs are given below.

Verb + *a* + infinitive

acercarse a	to get near to
aprender a	to learn to
ayudar a	to help to
comenzar a	to begin to
decidirse a	to decide to
empezar a	to begin to
enseñar a	to teach to
invitar a	to invite to
ir a	to go to
volver a	to (do) again

Por favor, ayúdame a preparar la cena.
Help me to get dinner, please.

Comenzaron a entrar a las 9.00.
They started to go in at 9.00.

Verb + *de* + infinitive

acabar de	to finish (doing); to have just
acordarse de	to remember to
alegrarse de	to be pleased about
olvidarse de	to forget to
terminar de	to stop (doing)
tratar de	to try to

Me alegro de saber eso.
I'm pleased to know that.

¡Trata de hacerlo!
Try to do it!

Verb + *en* + infinitive

dudar en	to hesitate to
insistir en	to insist on (doing)
interesarse en	to be interested in (doing)
tardar en	to take time in (doing)

El tren tardaba mucho en salir.
The train was very late departing.

Verb + *con* + infinitive

amenazar con	to threaten to
contentarse con	to be happy to
soñar con	to dream of (doing)

Sueña con ser piloto.
He dreams of being a pilot.

Verb + *para* + infinitive

prepararse para	to prepare oneself to
faltar [tiempo / distancia] para	to have time/distance to go

Se está preparando para hacer el examen.
He's preparing to take the exam.

Falta poco para llegar a Zaragoza.
It's not far to Zaragoza.

Verb + *por* + infinitive

comenzar por	to begin by (doing)
empezar por	to begin by (doing)
luchar por	to fight/struggle to

Se debe luchar por terminar con la pobreza.
We must fight to put an end to poverty.

Three special constructions with the infinitive

● *Al* + the infinitive is used with the meaning 'when…', referring to an action that happens at the same time as that of the main verb:

Al llegar a la estación vio que el tren había salido.
When he got to the station he saw that the train had left.

● *Volver* followed by *a* + the infinitive means 'to do something again':

No he vuelto a verle.
I haven't seen him again.

● *Acabar* followed by *de* + the infinitive means 'to have just (done something)':

Acaban de volver.
They have just come back.

N24 Radical-changing verbs (*Los verbos que cambian la raíz*)

Radical-changing verbs are so called because they make changes to the 'root' or stem of the verb. Many Spanish verbs are of this type. For example, in the verb *pensar* (to think) the stem is *pens-* (i.e. the infinitive without the -ar ending). In this verb, the -e of the stem changes to -ie: 'I think' is *pienso*.

Radical changes affect -ar, -er and -ir verbs. It is not easy to predict whether a given verb will have a stem change or not, so the radical-changing verbs have to be learned.

Conjugation of radical-changing verbs
In the present indicative tense of -ar and -er verbs, the main vowel of the stem splits into two when it is stressed. The vowel changes from e to ie and o to ue in the first, second and third persons singular and the third person plural:

cerrar (to close)	*encontrar* (to find)	*perder* (to lose)	*volver* (to return)
c**ie**rro	enc**ue**ntro	p**ie**rdo	v**ue**lvo
c**ie**rras	enc**ue**ntras	p**ie**rdes	v**ue**lves
c**ie**rra	enc**ue**ntra	p**ie**rde	v**ue**lve
cerramos	encontramos	perdemos	volvemos
cerráis	encontráis	perdéis	volvéis
c**ie**rran	enc**ue**ntran	p**ie**rden	v**ue**lven

The stem also changes in the *tú* (familiar) form of the imperative:

cierra   encuentra   pierde   vuelve

Other common -*ar* and -*er* verbs that follow the same pattern are:

● *e → ie*

-*ar* verbs	-*er* verbs
calentar (to heat)	defender (to defend)
comenzar (to begin)	encender (to switch on, to light)
despertar (to wake)	entender (to understand)
empezar (to begin)	querer (to wish, to want)
nevar* (to snow)	
pensar (to think)	
recomendar (to recommend)	
sentarse (to sit down)	

* *nevar* is used only in the third person singular

● *o → ue*

-*ar* verbs	-*er* verbs
acordarse de (to remember)	doler (to hurt)
acostarse (to go to bed)	llover* (to rain)
contar (to count, to tell)	mover (to move)
costar (to cost)	poder (to be able)
probar (to prove, taste, try (on))	soler (to do habitually)
recordar (to remember)	torcer (to turn, twist)
soñar (to dream)	
volar (to fly)	

* *llover* is used only in the third person singular

Note: *jugar* (to play), with stem vowel *u*, follows the same pattern as verbs with stem vowel *o*: *juego, juegas, juega, jugamos, jugáis, juegan.*

There are three types of radical-changing -*ir* verbs:

● those that change the stem vowel in the present tense from *e* to *i*, such as *pedir* (to ask for):

● those that change the stem vowel in the present tense from *e* to *ie*, such as *sentir* (to feel, to be sorry)

● those that change the stem vowel in the present tense from *o* to *ue*, such as *dormir* (to sleep)

In the present indicative, the changes take place in the first, second and third persons singular and the third person plural, when the stress falls on the stem:

e → i	*e → ie*	*o → ue*
pedir (to ask for)	**sentir** (to feel)	**dormir** (to sleep)
pido	siento	duermo
pides	sientes	duermes
pide	siente	duerme
pedimos	sentimos	dormimos
pedís	sentís	dormís
piden	sienten	duermen

In the stem of the preterite, in the third persons singular and plural, *e* changes to *i* and *o* changes to *u*:

pedí	sentí	dormí
pediste	sentiste	dormiste
pidió	sintió	durmió
pedimos	sentimos	dormimos
pedisteis	sentisteis	dormisteis
pidieron	sintieron	durmieron

The stem also changes in the *tú* (familiar) form of the imperative, following the pattern of the present indicative:

pide   siente   duerme

In the gerund, the stem changes from *e → i* or *o → u*:

pidiendo   sintiendo   durmiendo

Other common verbs which follow the *e → i* pattern are:

conseguir	to succeed
corregir	to correct
despedir	to dismiss, say goodbye to
elegir	to choose
impedir	to prevent
medir	to measure
reír	to laugh (río, ríes, ríe…)
reñir	to quarrel
repetir	to repeat
seguir	to follow
sonreír	to smile (sonrío, sonríes, sonríe…)
vestir	to dress

Other common verbs that follow the *e → ie* pattern are:

convertir	to convert
divertir	to entertain
herir	to wound
mentir	to lie
preferir	to prefer
referir	to refer

The only verbs to follow the *o → ue* pattern are:

| dormir | to sleep |
| morir | to die |

N25 Spelling changes in verbs (*Los verbos con cambios ortográficos*)

Some Spanish verbs make spelling changes in order to comply with the rules of Spanish pronunciation. These changes are of two types and affect:

- the consonant immediately before the verb ending, which changes in order to keep the correct sound
- the use of the accent, which is needed in order to keep the required stress on a vowel

Changes to the spelling of the final consonant

For -ar verbs, these changes occur before the vowel -e:

- c → qu   buscar   to look for

present subjunctive: bus**qu**e, bus**qu**es, bus**qu**e etc.
preterite: bus**qu**é, buscaste etc.

- g → gu   llegar   to arrive

present subjunctive: lle**gu**e, lle**gu**es, lle**gu**e etc.
preterite: lle**gu**é, llegaste etc.

- z → c   empezar   to begin

present subjunctive: empie**c**e, empie**c**es, empie**c**e etc.
preterite: empe**c**é, empezaste etc.

For -er and -ir verbs, these changes occur before the vowel -o in the first person singular of the present indicative and before -a in the present subjunctive:

- c → z   vencer   to conquer

present indicative: ven**z**o, vences etc.
present subjunctive: ven**z**a, ven**z**as, ven**z**a etc.

- g → j   coger   to take, catch

present indicative: co**j**o, coges etc.
present subjunctive: co**j**a, co**j**as etc.

- gu → g   seguir   to follow

present indicative: si**g**o, sigues etc.
present subjunctive: si**g**a, si**g**as, si**g**a etc.

Addition of an accent in order to keep the correct stress

Verbs ending in -uar and -iar do not have an accent in their infinitive form but they add an accent in the first, second and third persons singular and in the third person plural of the present indicative, the present subjunctive and in the *tú* form of the imperative:

continuar (to continue)		
Present indicative	Present subjunctive	Imperative
continúo	continúe	
continúas	continúes	continúa
continúa	continúe	
continuamos	continuemos	
continuáis	continuéis	
continúan	continúen	

enviar (to send)		
Present indicative	Present subjunctive	Imperative
envío	envíe	
envías	envíes	envía
envía	envíe	
enviamos	enviemos	
enviáis	enviéis	
envían	envíen	

O Negatives (*Los negativos*)

It is usual in Spanish for the negative to be expressed by two words, with the exception of *no* meaning 'not'. All the negatives below can, however, be expressed either:

- as two words, with *no* before the verb and the negative word after it, or
- as one word placed before the verb, eliminating the need for *no*

For example, 'They say that it never snows in Malaga' can be translated as:

Dicen que no nieva nunca en Málaga.

Dicen que nunca nieva en Málaga.

The most common negative words in Spanish are:

no	not, no
nunca	never, not ever
jamás	never, not ever [more emphatic than *nunca*]
nada	nothing, not anything
nadie	nobody, not anybody
ninguno/a	no, not any, none, no one
ni (siquiera)	nor, not even
ni...ni...	neither...nor...
tampoco	neither, nor, not either
apenas	scarcely

Negative	Example
no	*No viene.* (He isn't coming.)
nunca	*No llueve nunca.* (It never rains.)
jamás	*No voy a volver jamás.* (I'm never going to come back.)
tampoco	*Tampoco lo sabían ellos.* (They didn't know either.)
ni...ni...	*Ayer no vinieron ni Carlos ni Pepe.* (Neither Carlos nor Pepe came yesterday.)
nada	*No sabe nada.* (He doesn't know anything.)
nadie	*No hay nadie aquí.* (There is nobody here.)
ninguno/a	*No hay ninguna persona en la calle.* (There is no one in the street.)

P Prepositions (*Las preposiciones*)

Prepositions are words that link a noun, noun phrase or pronoun to the rest of the sentence.

P1 Prepositions followed by verbs

When a preposition is followed by a verb in Spanish, the verb must be in the infinitive:

Antes de salir *me voy a despedir de la abuela.*
Before going out I'm going to say goodbye to grandma.

*Aprobó el examen **sin trabajar** demasiado.*
He passed the exam without working too hard.

P2 Specific prepositions

a

a translates the English word 'at' when it refers to a precise time or rate:

a la una
at one o'clock

Están viajando a solo 20 kilómetros por hora.
They are only travelling at 20 kph.

Personal *a* precedes the direct object when the object is human or an animal referred to affectionately:

Conocí a tu hermana el año pasado en Buenos Aires.
I met your sister last year in Buenos Aires.

Queremos mucho a nuestro perro.
We love our dog.

Note: personal *a* is not normally used after *tener*:

Tengo tres hermanos.
I have three brothers.

de

de means 'of', indicating possession, and 'from', indicating origin. It can also mean 'by', 'about' and 'in':

Están hablando de ti.
They are talking about you.

Vienen de Almagro.
They are coming from Almagro.

en

en means 'in' and 'at' of location:

en casa
at home

Estaba esperando en la estación.
He was waiting at the station.

enfrente de and *frente a*

These two prepositional phrases mean 'opposite':

La oficina de turismo está enfrente de/frente a la catedral.
The tourist office is opposite the cathedral.

para

para means 'for' and '(in order) to' in the sense of destination or purpose:

Llevamos una botella de agua fría para el viaje.
We're taking a bottle of cold water for the journey.

Voy a utilizar mi tarjeta de crédito para pagar el hotel.
I'm going to use my credit card to pay for the hotel.

por

por is used for cause and origin. The English equivalents of *por* are 'by', 'through', 'on behalf of' and 'because of':

Lo compré por Internet.
I bought it on the internet.

Hablaremos por teléfono.
We'll speak by phone.

Salió por la puerta principal.
He went out by the main door.

Contesté por él.
I answered on his behalf.

por is also used to introduce the agent in passive sentences:

Ese poema fue escrito por García Lorca.
That poem was written by García Lorca.

sobre

sobre means 'on (top of)', 'above' or 'over':

El avión voló sobre mi casa.
The plane flew over my house.

Tus postales están sobre la mesa.
Your postcards are on the table.

sobre is also used to indicate an approximate time or number:

Llegarán sobre las nueve.
They'll arrive around 9 o'clock.

Q Conjunctions (*Las conjunciones*)

Conjunctions are words that link words, phrases and sentences. Examples of conjunctions are:

y	*o*
and	or
pero	*cuando*
but	when
porque	
because	

Quiero ir al cine pero mi madre no me deja salir.
I want to go to the cinema but my mother won't let me go out.

Ha venido porque quiere hablar con el profesor.
He's come because he wants to speak to the teacher.

Note: *y* becomes *e* before 'i' and 'hi':

Pedro es serio e inteligente.
Pedro is serious and intelligent.

o becomes *u* before 'o' and 'ho':

siete u ocho
seven or eight

R Diminutives and augmentatives (*Los diminutivos y aumentativos*)

Diminutives suffixes, alluding to small size, and augmentative suffixes, alluding to large size, are used widely in Spanish. As well as indicating size, they may be used with emotional associations: for example, the use of a diminutive might indicate the warmth that is felt towards a person. Sometimes a spelling change to the word is necessary when the suffix is added.

R1 Diminutives (*Los diminutivos*)

The most common diminutive suffixes are *-(c)ito/a* and *-(c)illo/a*.

la abuela	grandmother
la abuelita	grandma
la chica	girl
la chiquita	little girl [c changes to *qu* in the diminutive]
el pan	bread
el panecillo	roll [-ec- is inserted before *-illo*]

R2 Augmentatives (*Los aumentativos*)

The most common augmentative suffixes are *-ón/ona* and *-azo/a*.

el golpe	blow
el golpetazo	hard blow [-t- is inserted before *-azo*]
mujer	woman
mujerona	big woman
la silla	chair
el sillón	armchair (note change of gender)

S Numbers (*Los números*)

S1 Cardinal numbers (*Los números cardinales*)

The numbers that are used for counting are called cardinal numbers:

1	*uno/una*	11	*once*
2	*dos*	12	*doce*
3	*tres*	13	*trece*
4	*cuatro*	14	*catorce*
5	*cinco*	15	*quince*
6	*seis*	16	*dieciséis*
7	*siete*	17	*diecisiete*
8	*ocho*	18	*dieciocho*
9	*nueve*	19	*diecinueve*
10	*diez*	20	*veinte*

21	*veintiuno/una*	50	*cincuenta*
22	*veintidós*	60	*sesenta*
23	*veintitrés*	70	*setenta*
24	*veinticuatro*	80	*ochenta*
25	*veinticinco*	90	*noventa*
26	*veintiséis*	100	*cien(to)*
27	*veintisiete*	101	*ciento uno/una*
28	*veintiocho*	102	*ciento dos*
29	*veintinueve*	153	*ciento cincuenta y tres*
30	*treinta*	200	*doscientos/as*
31	*treinta y uno*	300	*trescientos/as*
32	*treinta y dos*	400	*cuatrocientos/as*
40	*cuarenta*	500	*quinientos/as*

600	*seiscientos/as*	4.005	*cuatro mil cinco*
700	*setecientos/as*	7.238	*siete mil doscientos treinta y ocho*
800	*ochocientos/as*		
900	*novecientos/as*	1.000.000	*un millón*
1000	*mil*	9.000.000	*nueve millones*
1001	*mil uno/una*		

Notes:

● Numbers up to 30 are written as one word.

● *uno* becomes *un* before a masculine singular noun:

un billete   one ticket

cuarenta y un años   forty-one years

● Cardinal numbers containing *un(o)* and multiples of *ciento* have a masculine and a feminine form; other numbers do not:

trescientas libras   three hundred pounds

● *Ciento* is shortened to *cien* before a noun or an adjective but not before another number, except *mil*:

cien kilómetros   a hundred kilometres

ciento veinte litros   a hundred and twenty litres

cien mil habitantes   a hundred thousand inhabitants

● There is no indefinite article before *cien* and *mil*, unlike the English 'a hundred' and 'a thousand':

mil euros   a thousand euros

● *Un millón* (a million) is preceded by the indefinite article, as in English, and is followed by *de*:

un millón de habitantes   a million inhabitants

● Numbers over a thousand are frequently written with a dot after the figure for a thousand:

20.301   20,301

S2 Ordinal numbers (*Los números ordinales*)

Ordinal numbers indicate the order or sequence of things (1st, 2nd, 3rd, 4th etc.):

1st	*1°/1ª primero/a*
2nd	*2°/2ª segundo/a*
3rd	*3°/3ª tercero/a*
4th	*4°/4ª cuarto/a*
5th	*5°/5ª quinto/a*
6th	*6°/6ª sexto/a*
7th	*7°/7ª séptimo/a*
8th	*8°/8ª octavo/a*
9th	*9°/9ª noveno/a*
10th	*10°/10ª décimo/a*

Ordinal numbers agree with the noun in number and gender:

las primeras horas de la mañana
the first hours of the morning

Primero and *tercero* drop the final *-o* before a masculine singular noun:

el primer día de la primavera
the first day of spring

el tercer piso
the third floor

Ordinal numbers are normally used up to 10, after which cardinal numbers are used:

Carlos V (read 'quinto')
Charles V (the fifth)

but

el siglo XXI (read 'veintiuno')
the twenty-first century

S3 Approximate numbers (*Los números aproximados*)

unos/as (pocos/as), algunos/as	a few
una docena (de)	a dozen
una veintena	about 20, a score

Unos pocos amigos llegaron para celebrar su cumpleaños.
A few friends arrived to celebrate his birthday.

una docena de huevos	a dozen eggs

S4 Mathematical expressions (*Las expresiones matemáticas*)

tres y cuatro son siete	three and four make seven
dos por cuatro son ocho	two times four equals eight
doce dividido por dos son seis	twelve divided by two is six
diez menos cinco son cinco	ten minus five equals five

S5 Fractions (*Las fracciones*)

It is common for the ordinal number + *parte* to be used to express fractions.

la tercera parte de la población a third of the population

There are specific words for the following:

la mitad*	half
un tercio	a third
un cuarto	a quarter
tres cuartos	three quarters

Haremos la mitad del trabajo hoy.
We'll do half the work today.

tres cuartos de hora
three-quarters of an hour

*medio also means 'half', but it is used only as an adjective or adverb in this meaning. *Mitad* is a noun.

S6 Percentages (*Los porcentajes*)

Por ciento is preceded by either *el* or *un* and followed by a verb in the singular:

El 65% (sesenta y cinco por ciento) de la población participó en el referéndum.
65% of the population took part in the referendum.

Las ventas online han crecido en un diez por ciento este año.
Online sales have increased ten per cent this year.

Note: in Spanish a comma is used for the decimal point:

35,5 por ciento   35.5 percent

S7 Measurements and distances (*Las medidas y las distancias*)

For measurements, the construction *tener...de largo/ancho/alto* is used:

Este armario tiene dos metros de alto y un metro de ancho.
This cupboard is two metres high and one metre wide.

For asking about distances, *¿Cómo de lejos?* or *¿Qué tan lejos...?* are used:

¿Cómo de lejos está tu casa?
How far is it to your house?

In reply, the construction is *estar + a* + distance is used:

Está a un kilómetro y medio.
It's a kilometre and a half (away).

T Time, dates and years (*El tiempo, las fechas y los años*)

T1 Clock time (*La hora*)

Cardinal numbers are used to tell the time. With *la una*, the singular of *ser* is used; the plural is used with all other times:

¿Qué hora es?
What time is it?

Es la una y media.
It's half past one.

Son las ocho y media.
It's half-past eight.

Note that the 24-hour clock is used for timetables:

El tren salió a las 20.45.
The train left at 8.45 p.m.

The phrases *'de la mañana'* (a.m.) and *'de la tarde/noche'* (p.m.) are often placed after the number:

las seis de la mañana
6 a.m.

las diez y cuarto de la noche
10.15 p.m.

T2 Dates (*Las fechas*)

For dates, cardinal numbers are used except for the first of the month, where sometimes the ordinal number is used:

el 4 de julio
4th July

el uno/primero de enero
1st January

Note that when writing the date it is usual to insert *de* before the month and year:

el 3 de marzo de 2015
3rd March 2015

T3 Years (*Los años*)

Years are expressed by listing thousands, hundreds, tens and units.

mil novecientos cincuenta y nueve
nineteen hundred and fifty-nine

dos mil dieciocho
two thousand and eighteen

T4 Time expressions (*Las expresiones temporales*)

The idea of 'for' with a period of time can be expressed by using *desde hace* plus the time expression:

Vivimos en México desde hace tres años.
We've lived in Mexico for three years.

or *llevar* followed by the gerund:

Llevamos tres años viviendo en México.

Note that this construction involves a change of tense from the English perfect to the Spanish present. Similarly, the pluperfect tense in English is translated by the imperfect tense in Spanish:

Vivíamos en México desde hacía tres años   or

Llevábamos tres años viviendo en México.
We had lived in Mexico for three years.

T5 Cardinal points of the compass (*Los puntos cardinales*)

norte north   *sur* south   *este* east   *oeste* west

For points in between, note that *norte* shortens to *nor-*:

noreste	northeast
noroeste	northwest
sureste (or *sudeste*)	southeast
suroeste (or *sudoeste*)	southwest

Modelos de conjugación verbal

Verbos regulares

hablar

Imperativo familiar	Presente de indicativo	Pretérito imperfecto	Pretérito indefinido	Futuro simple	Condicional	Presente de subjuntivo	Imperfecto de subjuntivo
habla	hablo	hablaba	hablé	hablaré	hablaría	hable	hablara/ase
hablad	hablas	hablabas	hablaste	hablarás	hablarías	hables	hablaras/ases
	habla	hablaba	habló	hablará	hablaría	hable	hablara/ase
	hablamos	hablábamos	hablamos	hablaremos	hablaríamos	hablemos	habláramos/ásemos
	habláis	hablabais	hablasteis	hablaréis	hablaríais	habléis	hablarais/aseis
	hablan	hablaban	hablaron	hablarán	hablarían	hablen	hablaran/asen

Gerundio: *hablando* **Participio pasado:** *hablado*

comer

Imperativo familiar	Presente de indicativo	Pretérito imperfecto	Pretérito indefinido	Futuro simple	Condicional	Presente de subjuntivo	Imperfecto de subjuntivo
come	como	comía	comí	comeré	comería	coma	comiera/ese
comed	comes	comías	comiste	comerás	comerías	comas	comieras/eses
	come	comía	comió	comerá	comería	coma	comiera/ese
	comemos	comíamos	comimos	comeremos	comeríamos	comamos	comiéramos/ésemos
	coméis	comíais	comisteis	comeréis	comeríais	comáis	comierais/eseis
	comen	comían	comieron	comerán	comerían	coman	comieran/esen

Gerundio: *comiendo* **Participio pasado:** *comido*

escribir

Imperativo familiar	Presente de indicativo	Pretérito imperfecto	Pretérito indefinido	Futuro simple	Condicional	Presente de subjuntivo	Imperfecto de subjuntivo
escribe	escribo	escribía	escribí	escribiré	escribiría	escriba	escribiera/ese
escribid	escribes	escribías	escribiste	escribirás	escribirías	escribas	escribieras/eses
	escribe	escribía	escribió	escribirá	escribiría	escriba	escribiera/ese
	escribimos	escribíamos	escribimos	escribiremos	escribiríamos	escribamos	escribiéramos/ésemos
	escribís	escribíais	escribisteis	escribiréis	escribiríais	escribáis	escribierais/eseis
	escriben	escribían	escribieron	escribirán	escribirían	escriban	escribieran/esen

Gerundio: *escribiendo* **Participio pasado:** *escrito*

Verbos irregulares frecuentes

conocer

Imperativo familiar	Presente de indicativo	Pretérito imperfecto	Pretérito indefinido	Futuro simple	Condicional	Presente de subjuntivo	Imperfecto de subjuntivo
conoce	conozco	conocía	conocí	conoceré	conocería	conozca	conociera/ese
conoced	conoces	conocías	conociste	conocerás	conocerías	conozcas	conocieras/eses
	conoce	conocía	conoció	conocerá	conocería	conozca	conociera/ese
	conocemos	conocíamos	conocimos	conoceremos	conoceríamos	conozcamos	conociéramos/ésemos
	conocéis	conocíais	conocisteis	conoceréis	conoceríais	conozcáis	conocierais/eseis
	conocen	conocían	conocieron	conocerán	conocerían	conozcan	conocieran/esen

Gerundio: *conociendo* **Participio pasado:** *conocido*

dar

Imperativo familiar	Presente de indicativo	Pretérito imperfecto	Pretérito indefinido	Futuro simple	Condicional	Presente de subjuntivo	Imperfecto de subjuntivo
da	doy	daba	di	daré	daría	dé	diera/ese
dad	das	dabas	diste	darás	darías	des	dieras/eses
	da	daba	dio	dará	daría	dé	diera/ese
	damos	dábamos	dimos	daremos	daríamos	demos	diéramos/ésemos
	dais	dabais	disteis	daréis	daríais	deis	dierais/eseis
	dan	daban	dieron	darán	darían	den	dieran/esen

Gerundio: *dando* **Participio pasado:** *dado*

decir

Imperativo familiar	Presente de indicativo	Pretérito imperfecto	Pretérito indefinido	Futuro simple	Condicional	Presente de subjuntivo	Imperfecto de subjuntivo
di	digo	decía	dije	diré	diría	diga	dijera/ese
decid	dices	decías	dijiste	dirás	dirías	digas	dijeras/eses
	dice	decía	dijo	dirá	diría	diga	dijera/ese
	decimos	decíamos	dijimos	diremos	diríamos	digamos	dijéramos/ésemos
	decís	decíais	dijisteis	diréis	diríais	digáis	dijerais/eseis
	dicen	decían	dijeron	dirán	dirían	digan	dijeran/esen

Gerundio: *diciendo* **Participio pasado:** *dicho*

estar

Imperativo familiar	Presente de indicativo	Pretérito imperfecto	Pretérito indefinido	Futuro simple	Condicional	Presente de subjuntivo	Imperfecto de subjuntivo
está	estoy	estaba	estuve	estaré	estaría	esté	estuviera/ese
estad	estás	estabas	estuviste	estarás	estarías	estés	estuvieras/eses
	está	estaba	estuvo	estará	estaría	esté	estuviera/ese
	estamos	estábamos	estuvimos	estaremos	estaríamos	estemos	estuviéramos/ésemos
	estáis	estabais	estuvisteis	estaréis	estaríais	estéis	estuvierais/eseis
	están	estaban	estuvieron	estarán	estarían	estén	estuvieran/esen

Gerundio: *estando* — Participio pasado: *estado*

haber (*verbo auxiliar*)

Imperativo familiar	Presente de indicativo	Pretérito imperfecto	Pretérito indefinido	Futuro simple	Condicional	Presente de subjuntivo	Imperfecto de subjuntivo
—	he	había	hube	habré	habría	haya	hubiera/ese
	has	habías	hubiste	habrás	habrías	hayas	hubieras/eses
	ha	había	hubo	habrá	habría	haya	hubiera/ese
	hemos	habíamos	hubimos	habremos	habríamos	hayamos	hubiéramos/ésemos
	habéis	habíais	hubisteis	habréis	habríais	hayáis	hubierais/eseis
	han	habían	hubieron	habrán	habrían	hayan	hubieran/esen

Gerundio: *habiendo* — Participio pasado: *habido*

hacer

Imperativo familiar	Presente de indicativo	Pretérito imperfecto	Pretérito indefinido	Futuro simple	Condicional	Presente de subjuntivo	Imperfecto de subjuntivo
haz	hago	hacía	hice	haré	haría	haga	hiciera/ese
haced	haces	hacías	hiciste	harás	harías	hagas	hicieras/eses
	hace	hacía	hizo	hará	haría	haga	hiciera/ese
	hacemos	hacíamos	hicimos	haremos	haríamos	hagamos	hiciéramos/ésemos
	hacéis	hacíais	hicisteis	haréis	haríais	hagáis	hicierais/eseis
	hacen	hacían	hicieron	harán	harían	hagan	hicieran/esen

Gerundio: *haciendo* — Participio pasado: *hecho*

ir

Imperativo familiar	Presente de indicativo	Pretérito imperfecto	Pretérito indefinido	Futuro simple	Condicional	Presente de subjuntivo	Imperfecto de subjuntivo
ve	voy	iba	fui	iré	iría	vaya	fuera/ese
id	vas	ibas	fuiste	irás	irías	vayas	fueras/eses
	va	iba	fue	irá	iría	vaya	fuera/ese
	vamos	íbamos	fuimos	iremos	iríamos	vayamos	fuéramos/ésemos
	vais	ibais	fuisteis	iréis	iríais	vayáis	fuerais/eseis
	van	iban	fueron	irán	irían	vayan	fueran/esen

Gerundio: *yendo* — Participio pasado: *ido*

leer

Imperativo familiar	Presente de indicativo	Pretérito imperfecto	Pretérito indefinido	Futuro simple	Condicional	Presente de subjuntivo	Imperfecto de subjuntivo
lee	leo	leía	leí	leeré	leería	lea	leyera/ese
leed	lees	leías	leíste	leerás	leerías	leas	leyeras/eses
	lee	leía	leyó	leerá	leería	lea	leyera/ese
	leemos	leíamos	leímos	leeremos	leeríamos	leamos	leyéramos/ésemos
	leéis	leíais	leísteis	leeréis	leeríais	leáis	leyerais/eseis
	leen	leían	leyeron	leerán	leerían	lean	leyeran/esen

Gerundio: *leyendo* — Participio pasado: *leído*

oír

Imperativo familiar	Presente de indicativo	Pretérito imperfecto	Pretérito indefinido	Futuro simple	Condicional	Presente de subjuntivo	Imperfecto de subjuntivo
oye	oigo	oía	oí	oiré	oiría	oiga	oyera/ese
oíd	oyes	oías	oíste	oirás	oirías	oigas	oyeras/eses
	oye	oía	oyó	oirá	oiría	oiga	oyera/ese
	oímos	oíamos	oímos	oiremos	oiríamos	oigamos	oyéramos/ésemos
	oís	oíais	oísteis	oiréis	oiríais	oigáis	oyerais/eseis
	oyen	oían	oyeron	oirán	oirían	oigan	oyeran/esen

Gerundio: *oyendo* — Participio pasado: *oído*

Imperativo familiar	Presente de indicativo	Pretérito imperfecto	Pretérito indefinido	Futuro simple	Condicional	Presente de subjuntivo	Imperfecto de subjuntivo
pedir							**Participio pasado:** *pedido*
pide	pido	pedía	pedí	pediré	pediría	pida	pidiera/ese
pedid	pides	pedías	pediste	pedirás	pedirías	pidas	pidieras/eses
	pide	pedía	pidió	pedirá	pediría	pida	pidiera/ese
	pedimos	pedíamos	pedimos	pediremos	pediríamos	pidamos	pidiéramos/ésemos
	pedís	pedíais	pedisteis	pediréis	pediríais	pidáis	pidierais/eseis
	piden	pedían	pidieron	pedirán	pedirían	pidan	pidieran/esen
					Gerundio: *pidiendo*		
poder							**Participio pasado:** *podido*
—	puedo	podía	pude	podré	podría	pueda	pudiera/ese
	puedes	podías	pudiste	podrás	podrías	puedas	pudieras/eses
	puede	podía	pudo	podrá	podría	pueda	pudiera/ese
	podemos	podíamos	pudimos	podremos	podríamos	podamos	pudiéramos/ésemos
	podéis	podíais	pudisteis	podréis	podríais	podáis	pudierais/eseis
	pueden	podían	pudieron	podrán	podrían	puedan	pudieran/esen
					Gerundio: *pudiendo*		
poner							**Participio pasado:** *puesto*
pon	pongo	ponía	puse	pondré	pondría	ponga	pusiera/ese
poned	pones	ponías	pusiste	pondrás	pondrías	pongas	pusieras/eses
	pone	ponía	puso	pondrá	pondría	ponga	pusiera/ese
	ponemos	poníamos	pusimos	pondremos	pondríamos	pongamos	pusiéramos/ésemos
	ponéis	poníais	pusisteis	pondréis	pondríais	pongáis	pusierais/eseis
	ponen	ponían	pusieron	pondrán	pondrían	pongan	pusieran/esen
					Gerundio: *poniendo*		
querer							**Participio pasado:** *querido*
quiere	quiero	quería	quise	querré	querría	quiera	quisiera/ese
quered	quieres	querías	quisiste	querrás	querrías	quieras	quisieras/eses
	quiere	quería	quiso	querrá	querría	quiera	quisiera/ese
	queremos	queríamos	quisimos	querremos	querríamos	queramos	quisiéramos/ésemos
	queréis	queríais	quisisteis	querréis	querríais	queráis	quisierais/eseis
	quieren	querían	quisieron	querrán	querrían	quieran	quisieran/esen
					Gerundio: *queriendo*		
saber							**Participio pasado:** *sabido*
sabe	sé	sabía	supe	sabré	sabría	sepa	supiera/ese
sabed	sabes	sabías	supiste	sabrás	sabrías	sepas	supieras/eses
	sabe	sabía	supo	sabrá	sabría	sepa	supiera/ese
	sabemos	sabíamos	supimos	sabremos	sabríamos	sepamos	supiéramos/ésemos
	sabéis	sabíais	supisteis	sabréis	sabríais	sepáis	supierais/eseis
	saben	sabían	supieron	sabrán	sabrían	sepan	supieran/esen
					Gerundio: *sabiendo*		
salir							**Participio pasado:** *salido*
sal	salgo	salía	salí	saldré	saldría	salga	saliera/ese
salid	sales	salías	saliste	saldrás	saldrías	salgas	salieras/eses
	sale	salía	salió	saldrá	saldría	salga	saliera/ese
	salimos	salíamos	salimos	saldremos	saldríamos	salgamos	saliéramos/ésemos
	salís	salíais	salisteis	saldréis	saldríais	salgáis	salierais/eseis
	salen	salían	salieron	saldrán	saldrían	salgan	salieran/esen
					Gerundio: *saliendo*		
seguir							**Participio pasado:** *seguido*
sigue	sigo	seguía	seguí	seguiré	seguiría	siga	siguiera/ese
seguid	sigues	seguías	seguiste	seguirás	seguirías	sigas	siguieras/eses
	sigue	seguía	siguió	seguirá	seguiría	siga	siguiera/ese
	seguimos	seguíamos	seguimos	seguiremos	seguiríamos	sigamos	siguiéramos/ésemos
	seguís	seguíais	seguisteis	seguiréis	seguiríais	sigáis	siguierais/eseis
	siguen	seguían	siguieron	seguirán	seguirían	sigan	siguieran/esen
					Gerundio: *siguiendo*		

Imperativo familiar	Presente de indicativo	Pretérito imperfecto	Pretérito indefinido	Futuro simple	Condicional	Presente de subjuntivo	Imperfecto de subjuntivo
sentir	siento	sentía	sentí	sentiré	sentiría	**Gerundio: sintiendo**	**Participio pasado: sentido**
siente	sientes	sentías	sentiste	sentirás	sentirías	sienta	sintiera/ese
sentid	siente	sentía	sintió	sentirá	sentiría	sientas	sintieras/eses
	sentimos	sentíamos	sentimos	sentiremos	sentiríamos	sienta	sintiera/ese
	sentís	sentíais	sentisteis	sentiréis	sentiríais	sintamos	sintiéramos/ésemos
	sienten	sentían	sintieron	sentirán	sentirían	sintáis	sintierais/eseis
						sientan	sintieran/esen
ser	soy	era	fui	seré	sería	**Gerundio: siendo**	**Participio pasado: sido**
sé	eres	eras	fuiste	serás	serías	sea	fuera/ese
sed	es	era	fue	será	sería	seas	fueras/eses
	somos	éramos	fuimos	seremos	seríamos	sea	fuera/ese
	sois	erais	fuisteis	seréis	seríais	seamos	fuéramos/ésemos
	son	eran	fueron	serán	serían	seáis	fuerais/eseis
						sean	fueran/esen
tener	tengo	tenía	tuve	tendré	tendría	**Gerundio: teniendo**	**Participio pasado: tenido**
ten	tienes	tenías	tuviste	tendrás	tendrías	tenga	tuviera/ese
tened	tiene	tenía	tuvo	tendrá	tendría	tengas	tuvieras/eses
	tenemos	teníamos	tuvimos	tendremos	tendríamos	tenga	tuviera/ese
	tenéis	teníais	tuvisteis	tendréis	tendríais	tengamos	tuviéramos/ésemos
	tienen	tenían	tuvieron	tendrán	tendrían	tengáis	tuvierais/eseis
						tengan	tuvieran/esen
traer	traigo	traía	traje	traeré	traería	**Gerundio: trayendo**	**Participio pasado: traído**
trae	traes	traías	trajiste	traerás	traerías	traiga	trajera/ese
traed	trae	traía	trajo	traerá	traería	traigas	trajeras/eses
	traemos	traíamos	trajimos	traeremos	traeríamos	traiga	trajera/ese
	traéis	traíais	trajisteis	traeréis	traeríais	traigamos	trajéramos/ésemos
	traen	traían	trajeron	traerán	traerían	traigáis	trajerais/eseis
						traigan	trajeran/esen
venir	vengo	venía	vine	vendré	vendría	**Gerundio: viniendo**	**Participio pasado: venido**
ven	vienes	venías	viniste	vendrás	vendrías	venga	viniera/ese
venid	viene	venía	vino	vendrá	vendría	vengas	vinieras/eses
	venimos	veníamos	vinimos	vendremos	vendríamos	venga	viniera/ese
	venís	veníais	vinisteis	vendréis	vendríais	vengamos	viniéramos/ésemos
	vienen	venían	vinieron	vendrán	vendrían	vengáis	vinierais/eseis
						vengan	vinieran/esen
ver	veo	veía	vi	veré	vería	**Gerundio: viendo**	**Participio pasado: visto**
ve	ves	veías	viste	verás	verías	vea	viera/ese
ved	ve	veía	vio	verá	vería	veas	vieras/eses
	vemos	veíamos	vimos	veremos	veríamos	vea	viera/ese
	veis	veíais	visteis	veréis	veríais	veamos	viéramos/ésemos
	ven	veían	vieron	verán	verían	veáis	vierais/eseis
						vean	vieran/esen
volver	vuelvo	volvía	volví	volveré	volvería	**Gerundio: volviendo**	**Participio pasado: vuelto**
vuelve	vuelves	volvías	volviste	volverás	volverías	vuelva	volviera/ese
volved	vuelve	volvía	volvió	volverá	volvería	vuelvas	volvieras/eses
	volvemos	volvíamos	volvimos	volveremos	volveríamos	vuelva	volviera/ese
	volvéis	volvíais	volvisteis	volveréis	volveríais	volvamos	volviéramos/ésemos
	vuelven	volvían	volvieron	volverán	volverían	volváis	volvierais/eseis
						vuelvan	volvieran/esen